ÉTAT-MAJOR

DU GOUVERNEMENT DE PARIS.

ORDRE du 1.er Germinal an 13.

SERVICE DE L'ÉTAT-MAJOR DU GOUVERNEMENT DE PARIS.

Du 1.er au 2 Germinal.

Adjudant de Place de service à l'État-major........................ GRAILLARD.
Adjudant de Place de ronde de nuit............................... CARON.

Visite aux Casernes, Prisons, Hôpital, et distribution de fourrages.

Rive droite de la Seine : le Capitaine Adjudant de Place................. CARON.
Rive gauche : le Capitaine Adjudant de Place........................ VILLERS.

Du 2 au 3 Germinal.

Adjudant de Place de service à l'État-major........................ SANSON.
Adjudant de Place de ronde de nuit............................... VILLERS.

Visite aux Casernes, Prisons, Hôpital, et distribution de fourrages.

Rive droite de la Seine : le Capitaine Adjudant de Place................. VILLERS.
Rive gauche : le Capitaine Adjudant de Place........................ GRAILLARD.

Rien de nouveau.

Le Général de Brigade, Chef de l'État-major général du Gouvernement de Paris et de la première Division militaire,

CÉSAR BERTHIER.

Pour copie conforme :

L'Adjudant-commandant, Sous-chef de l'État-major général du Gouvernement de Paris,

DOUCET.

ÉTAT-MAJOR

DU GOUVERNEMENT DE PARIS.

ORDRE du 2 Germinal an 13.

SERVICE DE L'ÉTAT-MAJOR DU GOUVERNEMENT DE PARIS.

Du 2 au 3 Germinal.

Adjudant de Place de service à l'État-major........................ SANSON.

Adjudant de Place de ronde de nuit............................. VILLERS.

Visite aux Casernes, Prisons, Hôpital, et distribution de fourrages.

Rive droite de la Seine : le Capitaine Adjudant de Place................. VILLERS.

Rive gauche : le Capitaine Adjudant de Place...................... GRAILLARD.

Du 3 au 4 Germinal.

Adjudant de Place de service à l'État-major....................... VIART.

Adjudant de Place de ronde de nuit............................ GRAILLARD.

Visite aux Casernes, Prisons, Hôpital, et distribution de fourrages.

Rive droite de la Seine : le Capitaine Adjudant de Place................. GRAILLARD.

Rive gauche : le Lieutenant Adjudant de Place..................... SANSON.

Rien de nouveau.

*Le Général de Brigade, Chef de l'État-major général du Gouvernement de Paris
et de la première Division militaire,*

CÉSAR BERTHIER.

Pour copie conforme :

L'Adjudant-commandant, Sous-chef de l'État-major général du Gouvernement de Paris,

DOUCET.

ÉTAT-MAJOR
DU GOUVERNEMENT DE PARIS.

ORDRE du 3 Germinal an 13.

SERVICE DE L'ÉTAT-MAJOR DU GOUVERNEMENT DE PARIS.

Du 3 au 4 Germinal.

Adjudant de Place de service à l'État-major........................ COTEAU.
Adjudant de Place de ronde de nuit............................... GRAILLARD.

Visite aux Casernes, Prisons, Hôpital, et distribution de fourrages.

Rive droite de la Seine : le Capitaine Adjudant de Place................ GRAILLARD.
Rive gauche : le Lieutenant Adjudant de Place....................... SANSON.

Du 4 au 5 Germinal.

Adjudant de Place de service à l'État-major........................ CORDIEZ.
Adjudant de Place de ronde de nuit............................... SANSON.

Visite aux Casernes, Prisons, Hôpital, et distribution de fourrages.

Rive droite de la Seine : le Lieutenant Adjudant de Place............... SANSON.
Rive gauche : le Capitaine Adjudant de Place....................... COTEAU.

Rien de nouveau.

Le Général de Brigade, Chef de l'État-major général du Gouvernement de Paris et de la première Division militaire,

CÉSAR BERTHIER.

Pour copie conforme :

L'Adjudant-commandant, Sous-chef de l'État-major général du Gouvernement de Paris,

DOUCET.

ÉTAT-MAJOR
DU GOUVERNEMENT DE PARIS.

ORDRE du 4 Germinal an 13.

SERVICE DE L'ÉTAT-MAJOR DU GOUVERNEMENT DE PARIS.

Du 4 au 5 Germinal.

Adjudant de Place de service à l'État-major........................... CORDIEZ.
Adjudant de Place de ronde de nuit................................. SANSON.

Visite aux Casernes, Prisons, Hôpital, et distribution de fourrages.

Rive droite de la Seine : le Lieutenant Adjudant de Place.............. SANSON.
Rive gauche : le Capitaine Adjudant de Place........................ COTEAU.

Du 5 au 6 Germinal.

Adjudant de Place de service à l'État-major........................... CARON.
Adjudant de Place de ronde de nuit................................. COTEAU.

Visite aux Casernes, Prisons, Hôpital, et distribution de fourrages.

Rive droite de la Seine : le Capitaine Adjudant de Place................. COTEAU.
Rive gauche : le Capitaine Adjudant de Place .... CORDIEZ.

Rien de nouveau.

Le Général de Brigade, Chef de l'État-major général du Gouvernement de Paris et de la première Division militaire,

CÉSAR BERTHIER.

Pour copie conforme :

L'Adjudant-commandant, Sous-chef de l'État-major général du Gouvernement de Paris,

DOUCET.

ÉTAT-MAJOR
DU GOUVERNEMENT DE PARIS.

ORDRE du 5 Germinal an 13.

SERVICE DE L'ÉTAT-MAJOR DU GOUVERNEMENT DE PARIS.

Du 5 au 6 Germinal.

Adjudant de Place de service à l'État-major........................ CARON.
Adjudant de Place de ronde de nuit................................ COTEAU.

Visite aux Casernes, Prisons, Hôpital, et distribution de fourrages.

Rive droite de la Seine : le Capitaine Adjudant de Place.................. COTEAU.
Rive gauche : le Capitaine Adjudant de Place...................... CORDIEZ.

Du 6 au 7 Germinal.

Adjudant de Place de service à l'État-major........................ VILLERS.
Adjudant de Place de ronde de nuit................................ CORDIEZ.

Visite aux Casernes, Prisons, Hôpital, et distribution de fourrages.

Rive droite de la Seine : le Capitaine Adjudant de Place................. CORDIEZ.
Rive gauche : le Capitaine Adjudant de Place....................... CARON.

Rien de nouveau.

Le Général de Brigade, Chef de l'État-major général du Gouvernement de Paris et de la première Division militaire,

CÉSAR BERTHIER.

Pour copie conforme :

L'Adjudant-commandant, Sous-chef de l'État-major général du Gouvernement de Paris,

DOUCET.

ÉTAT-MAJOR
DU GOUVERNEMENT DE PARIS.

ORDRE du 6 Germinal an 13.

SERVICE DE L'ÉTAT-MAJOR DU GOUVERNEMENT DE PARIS.

Du 6 au 7 Germinal.

Adjudant de Place de service à l'État-major......................... VILLERS.
Adjudant de Place de ronde de nuit.............................. CORDIEZ.

Visite aux Casernes, Prisons, Hôpital, et distribution de fourrages.

Rive droite de la Seine : le Capitaine Adjudant de Place................. CORDIEZ.
Rive gauche : le Capitaine Adjudant de Place........................ CARON.

Du 7 au 8 Germinal.

Adjudant de Place de service à l'État-major......................... GRAILLARD.
Adjudant de Place de ronde de nuit.............................. CARON.

Visite aux Casernes, Prisons, Hôpital, et distribution de fourrages.

Rive droite de la Seine : le Capitaine Adjudant de Place................. CARON.
Rive gauche : le Capitaine Adjudant de Place..................... VILLERS.

Rien de nouveau.

Le Général de Brigade, Chef de l'État-major général du Gouvernement de Paris et de la première Division militaire,

CÉSAR BERTHIER.

Pour copie conforme :

L'Adjudant-commandant, Sous-chef de l'État-major général du Gouvernement de Paris,

DOUCET.

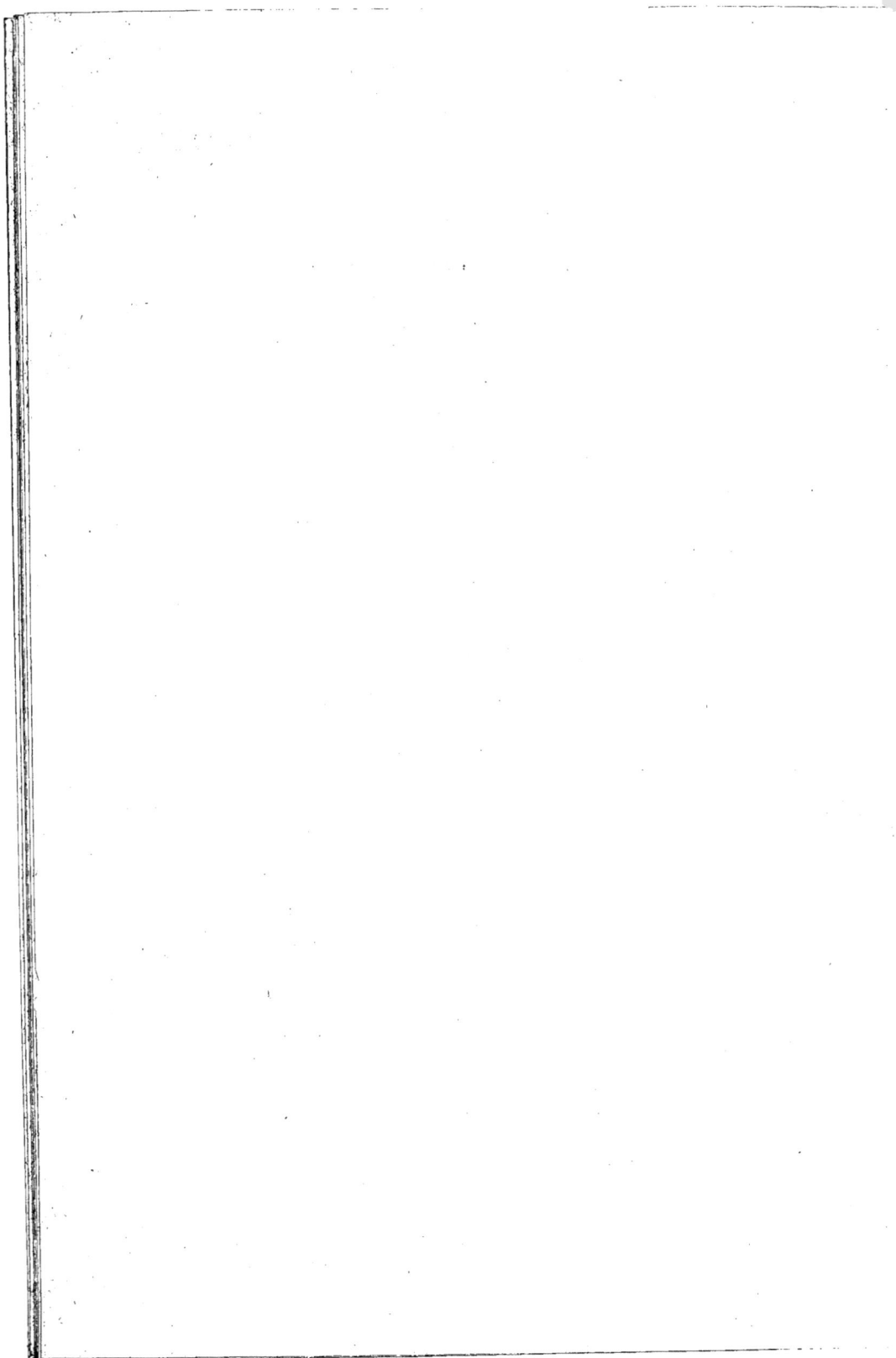

ÉTAT-MAJOR
DU GOUVERNEMENT DE PARIS.

ORDRE du 7 Germinal an 13.

SERVICE DE L'ÉTAT-MAJOR DU GOUVERNEMENT DE PARIS.

Du 7 au 8 Germinal.

Adjudant de Place de service à l'État-major........................ GRAILLARD.
Adjudant de Place de ronde de nuit................................ CARON.

Visite aux Casernes, Prisons, Hôpital, et distribution de fourrages.

Rive droite de la Seine : le Capitaine Adjudant de Place.................. CARON.
Rive gauche : le Capitaine Adjudant de Place .... VILLERS.

Du 8 au 9 Germinal.

Adjudant de Place de service à l'État-major........................ SANSON.
Adjudant de Place de ronde de nuit................................ VILLERS.

Visite aux Casernes, Prisons, Hôpital, et distribution de fourrages.

Rive droite de la Seine : le Capitaine Adjudant de Place.................. VILLERS.
Rive gauche : le Capitaine Adjudant de Place .... GRAILLARD.

Rien de nouveau.

*Le Général de Brigade, Chef de l'État-major général du Gouvernement de Paris
et de la première Division militaire,*

CÉSAR BERTHIER.

Pour copie conforme :

L'Adjudant-commandant, Sous-chef de l'État-major général du Gouvernement de Paris,

DOUCET.

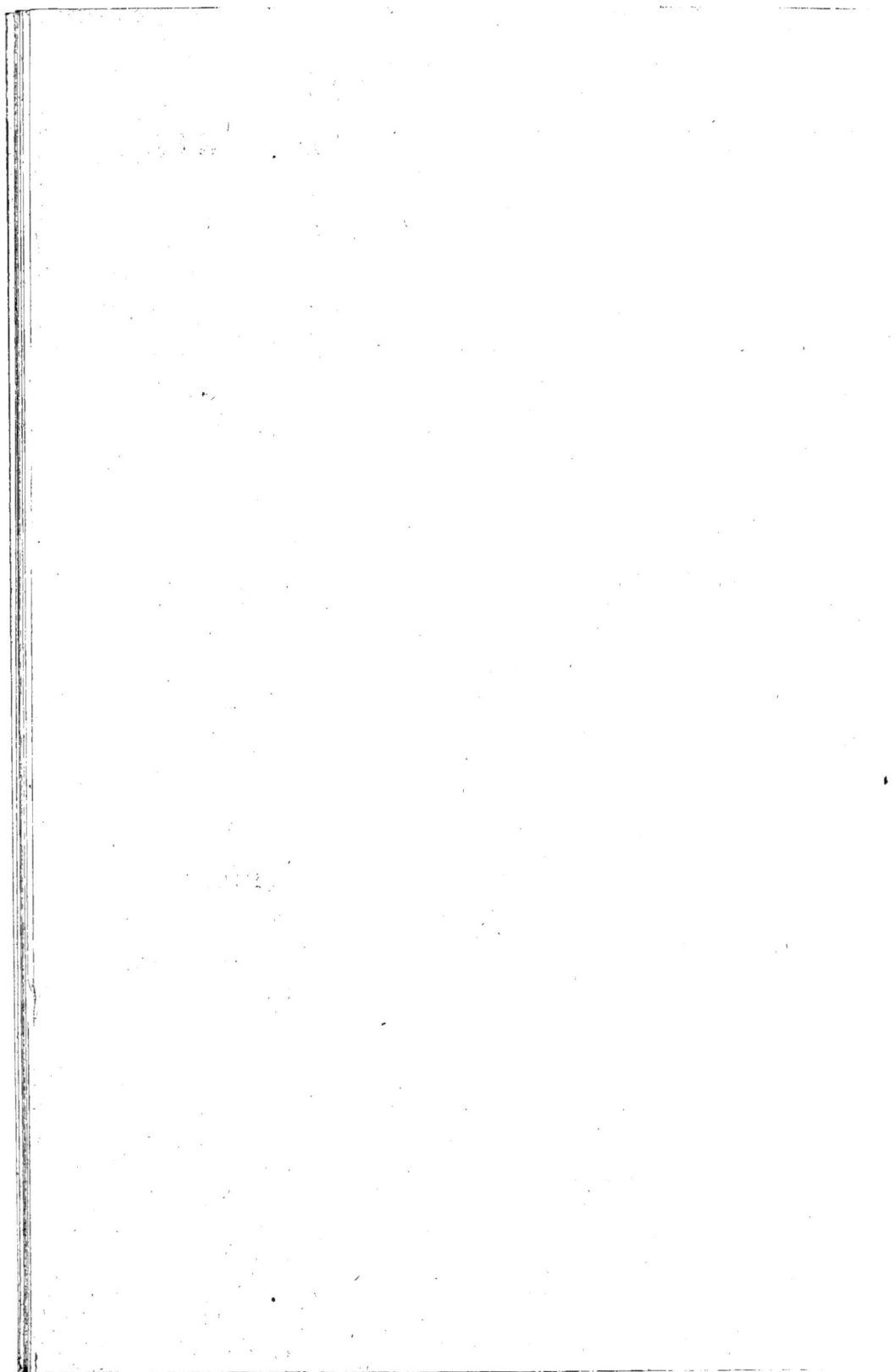

ÉTAT-MAJOR
DU GOUVERNEMENT DE PARIS.

ORDRE du 8 Germinal an 13.

SERVICE DE L'ÉTAT-MAJOR DU GOUVERNEMENT DE PARIS.

Du 8 au 9 Germinal.

Adjudant de Place de service à l'État-major........................ SANSON.
Adjudant de Place de ronde de nuit............................... VILLERS.

Visite aux Casernes, Prisons, Hôpital, et distribution de fourrages.

Rive droite de la Seine : le Capitaine Adjudant de Place............ VILLERS.
Rive gauche : le Capitaine Adjudant de Place..................... GRAILLARD.

Du 9 au 10 Germinal.

Adjudant de Place de service à l'État-major....................... VIART.
Adjudant de Place de ronde de nuit.............................. GRAILLARD.

Visite aux Casernes, Prisons, Hôpital, et distribution de fourrages.

Rive droite de la Seine : le Capitaine Adjudant de Place............ GRAILLARD.
Rive gauche : le Lieutenant Adjudant de Place.................... SANSON.

Rien de nouveau.

Le Général de Brigade, Chef de l'État-major général du Gouvernement de Paris et de la première Division militaire,

CÉSAR BERTHIER.

Pour copie conforme :

L'Adjudant-commandant, Sous-chef de l'État-major général du Gouvernement de Paris,

DOUCET.

ÉTAT-MAJOR
DU GOUVERNEMENT DE PARIS.

ORDRE du 9 Germinal an 13.

SERVICE DE L'ÉTAT-MAJOR DU GOUVERNEMENT DE PARIS.

Du 9 au 10 Germinal.

Adjudant de Place de service à l'État-major........................ VIART.
Adjudant de Place de ronde de nuit............................. GRAILLARD.

Visite aux Casernes, Prisons, Hôpital, et distribution de fourrages.

Rive droite de la Seine : le Capitaine Adjudant de Place................ GRAILLARD.
Rive gauche : le Lieutenant Adjudant de Place...................... SANSON.

Du 10 au 11 Germinal.

Adjudant de Place de service à l'État-major........................ COTEAU.
Adjudant de Place de ronde de nuit.............................. SANSON.

Visite aux Casernes, Prisons, Hôpital, et distribution de fourrages.

Rive droite de la Seine : le Lieutenant Adjudant de Place.............. SANSON.
Rive gauche : le Capitaine Adjudant de Place...................... VIART.

Rien de nouveau.

*Le Général de Brigade, Chef de l'État-major général du Gouvernement de Paris
et de la première Division militaire,*

CÉSAR BERTHIER.

Pour copie conforme :

L'Adjudant-commandant, Sous-chef de l'État-major général du Gouvernement de Paris,
DOUCET.

ÉTAT-MAJOR
DU GOUVERNEMENT DE PARIS.

ORDRE du 10 Germinal an 13.

SERVICE DE L'ÉTAT-MAJOR DU GOUVERNEMENT DE PARIS.

Du 10 au 11 Germinal.

Adjudant de Place de service à l'État-major...................... CORDIEZ.
Adjudant de Place de ronde de nuit........................... SANSON.

Visite aux Casernes, Prisons, Hôpital, et distribution de fourrages.

Rive droite de la Seine : le Lieutenant Adjudant de Place............ SANSON.
Rive gauche : le Capitaine Adjudant de Place...................... VIART.

Du 11 au 12 Germinal.

Adjudant de Place de service à l'État-major...................... CARON.
Adjudant de Place de ronde de nuit........................... VIART.

Visite aux Casernes, Prisons, Hôpital, et distribution de fourrages.

Rive droite de la Seine : le Capitaine Adjudant de Place............ VIART.
Rive gauche : le Capitaine Adjudant de Place...................... CORDIEZ.

Rien de nouveau.

Le Général de Brigade, Chef de l'État-major général du Gouvernement de Paris et de la première Division militaire,

CÉSAR BERTHIER.

Pour copie conforme :

L'Adjudant-commandant, Sous-chef de l'État-major général du Gouvernement de Paris,

DOUCET.

ÉTAT-MAJOR
DU GOUVERNEMENT DE PARIS.

ORDRE du 11 Germinal an 13.

SERVICE DE L'ÉTAT-MAJOR DU GOUVERNEMENT DE PARIS.

Du 11 au 12 Germinal.

Adjudant de Place de service à l'État-major........................ CARON.
Adjudant de Place de ronde de nuit.............................. VIART.

Visite aux Casernes, Prisons, Hôpital, et distribution de fourrages.

Rive droite de la Seine : le Capitaine Adjudant de Place................ VIART.
Rive gauche : le Capitaine Adjudant de Place..................... CORDIEZ.

Du 12 au 13 Germinal.

Adjudant de Place de service à l'État-major..................... VILLERS.
Adjudant de Place de ronde de nuit............................ CORDIEZ.

Visite aux Casernes, Prisons, Hôpital, et distribution de fourrages.

Rive droite de la Seine : le Capitaine Adjudant de Place.............. CORDIEZ.
Rive gauche : le Capitaine Adjudant de Place..................... CARON.

Rien de nouveau.

Le Général de Brigade, Chef de l'État-major général du Gouvernement de Paris et de la première Division militaire,

CÉSAR BERTHIER.

Pour copie conforme :

L'Adjudant-commandant, Sous-chef de l'État-major général du Gouvernement de Paris,

DOUCET.

ÉTAT-MAJOR
DU GOUVERNEMENT DE PARIS.

ORDRE du 12 Germinal an 13.

SERVICE DE L'ÉTAT-MAJOR DU GOUVERNEMENT DE PARIS.

Du 12 au 13 Germinal.

Adjudant de Place de service à l'État-major...................... VILLERS.
Adjudant de Place de ronde de nuit.......................... CORDIEZ.

Visite aux Casernes, Prisons, Hôpital, et distribution de fourrages.

Rive droite de la Seine : le Capitaine Adjudant de Place................. CORDIEZ.
Rive gauche : le Capitaine Adjudant de Place...................... CARON.

Du 13 au 14 Germinal.

Adjudant de Place de service à l'État-major...................... GRAILLARD.
Adjudant de Place de ronde de nuit.......................... CARON.

Visite aux Casernes, Prisons, Hôpital, et distribution de fourrages.

Rive droite de la Seine : le Capitaine Adjudant de Place................. CARON,
Rive gauche : le Capitaine Adjudant de Place...................... VILLERS.

Rien de nouveau.

Le Général de Brigade, Chef de l'État-major général du Gouvernement de Paris et de la première Division militaire,

CÉSAR BERTHIER.

Pour copie conforme :

L'Adjudant-commandant, Sous-chef de l'État-major général du Gouvernement de Paris,

DOUCET.

ÉTAT-MAJOR
DU GOUVERNEMENT DE PARIS.

ORDRE du 13 Germinal an 13.

SERVICE DE L'ÉTAT-MAJOR DU GOUVERNEMENT DE PARIS.

Du 13 au 14 Germinal.

Adjudant de Place de service à l'État-major......................... GRAILLARD.
Adjudant de Place de ronde de nuit.............................. CARON.

Visite aux Casernes, Prisons, Hôpital, et distribution de fourrages.

Rive droite de la Seine : le Capitaine Adjudant de Place................. CARON.
Rive gauche : le Capitaine Adjudant de Place........................ VILLERS.

Du 14 au 15 Germinal.

Adjudant de Place de service à l'État-major...................... SANSON.
Adjudant de Place de ronde de nuit............................. VILLERS.

Visite aux Casernes, Prisons, Hôpital, et distribution de fourrages.

Rive droite de la Seine : le Capitaine Adjudant de Place................. VILLERS.
Rive gauche : le Capitaine Adjudant de Place........................ GRAILLARD.

Rien de nouveau.

Le Général de Brigade, Chef de l'État-major général du Gouvernement de Paris et de la première Division militaire,

CÉSAR BERTHIER.

Pour copie conforme :

L'Adjudant-commandant, Sous-chef de l'État-major général du Gouvernement de Paris,

DOUCET.

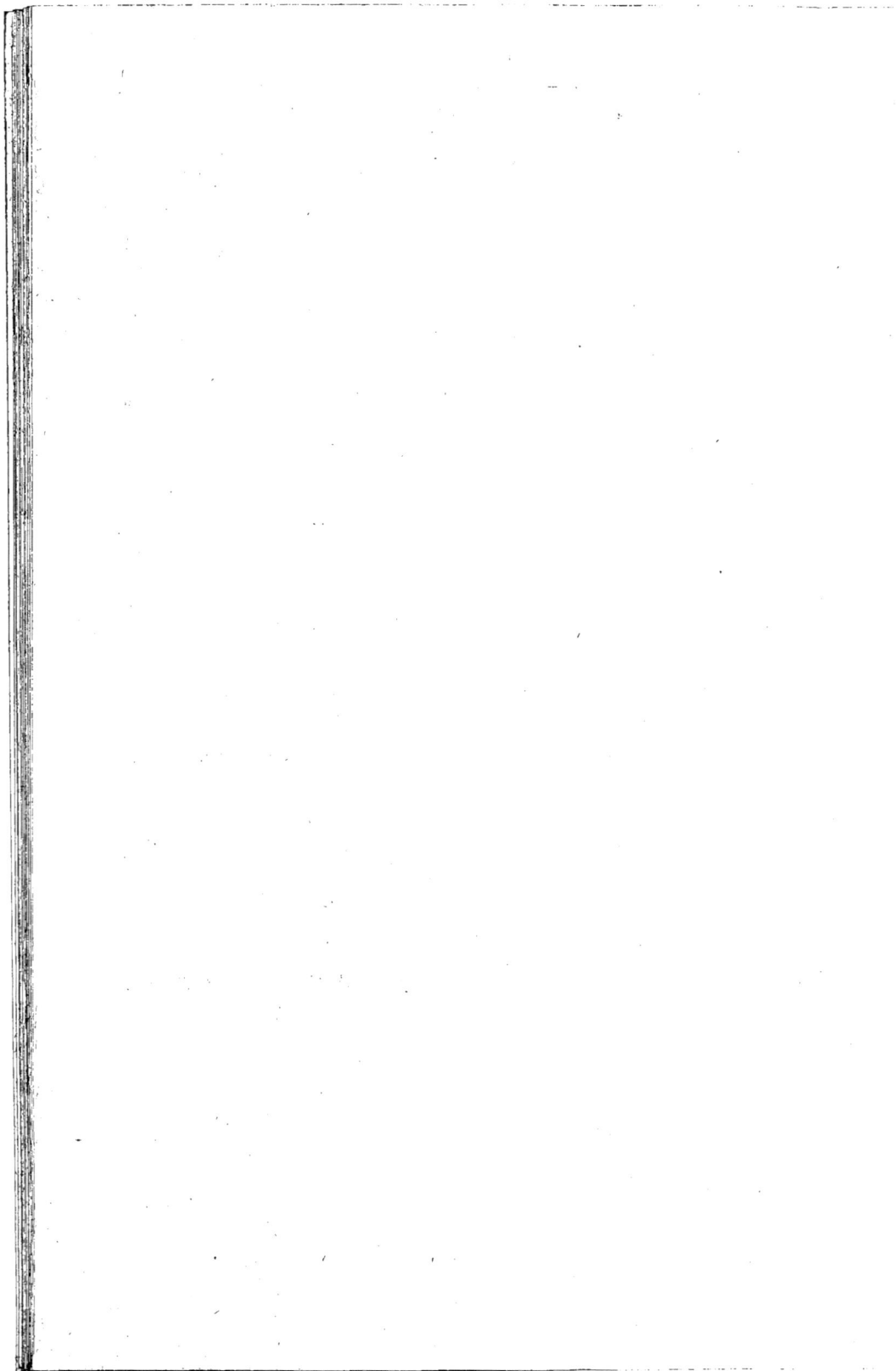

ÉTAT-MAJOR

DU GOUVERNEMENT DE PARIS.

ORDRE du 14 Germinal an 13.

SERVICE DE L'ÉTAT - MAJOR DU GOUVERNEMENT DE PARIS.

Du 14 au 15 Germinal.

Adjudant de Place de service à l'État-major......................... SANSON.
Adjudant de Place de ronde de nuit................................. VILLERS.

Visite aux Casernes, Prisons, Hôpital, et distribution de fourrages.

Rive droite de la Seine : le Capitaine Adjudant de Place................. VILLERS.
Rive gauche : le Capitaine Adjudant de Place........................ GRAILLARD.

Du 15 au 16 Germinal.

Adjudant de Place de service à l'État-major......................... VIART.
Adjudant de Place de ronde de nuit................................. GRAILLARD.

Visite aux Casernes, Prisons, Hôpital, et distribution de fourrages.

Rive droite de la Seine : le Capitaine Adjudant de Place................. GRAILLARD.
Rive gauche : le Lieutenant Adjudant de Place....................... SANSON.

Rien de nouveau.

Le Général de Brigade, Chef de l'État-major général du Gouvernement de Paris et de la première Division militaire,

CÉSAR BERTHIER.

Pour copie conforme :

L'Adjudant-commandant, Sous-chef de l'État-major général du Gouvernement de Paris,

DOUCET.

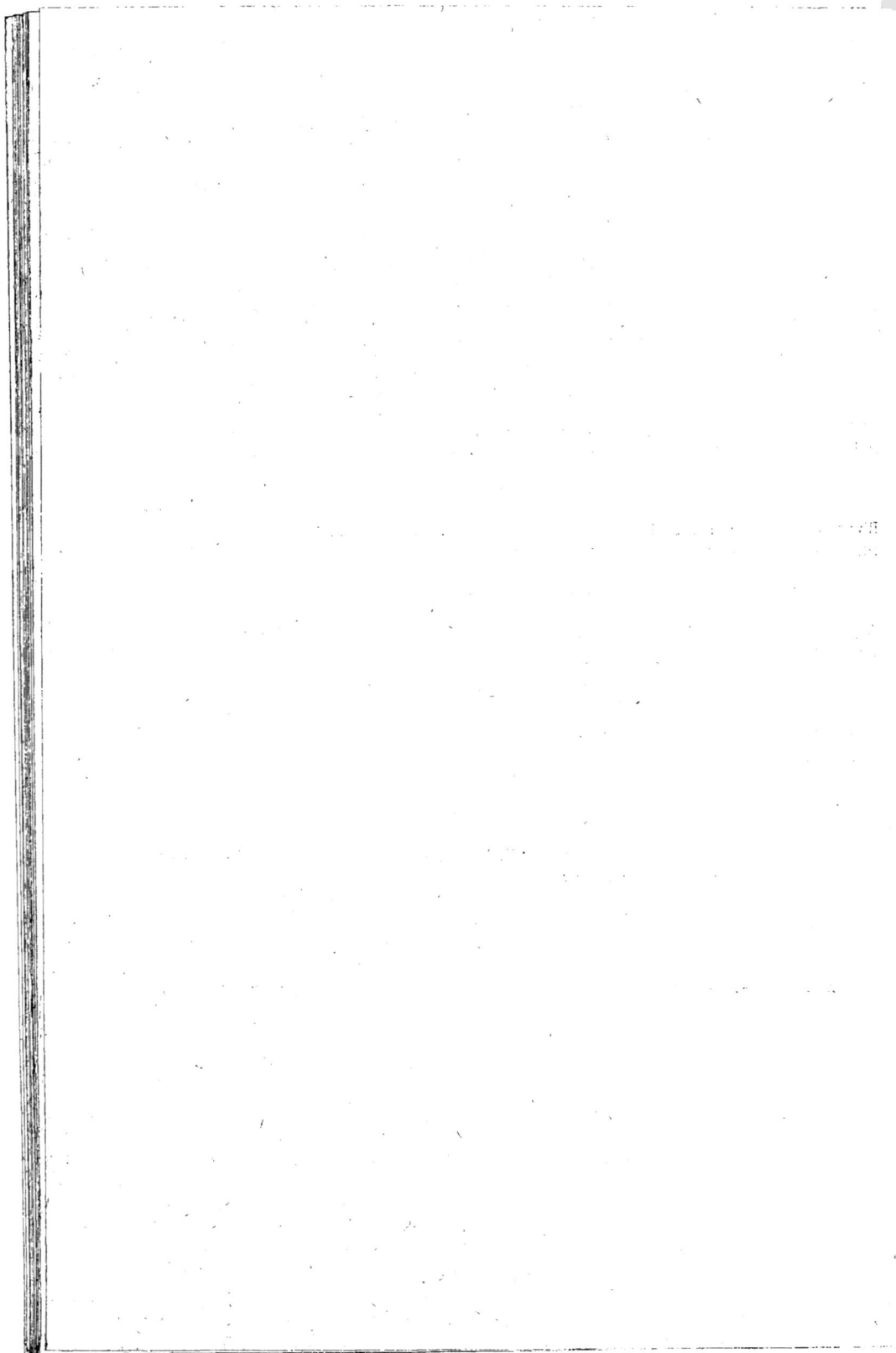

ÉTAT-MAJOR
DU GOUVERNEMENT DE PARIS.

ORDRE du 15 Germinal an 13.

SERVICE DE L'ÉTAT-MAJOR DU GOUVERNEMENT DE PARIS.

Du 15 au 16 Germinal.

Adjudant de Place de service à l'État-major...................... VIART.
Adjudant de Place de ronde de nuit............................... GRAILLARD.

Visite aux Casernes, Prisons, Hôpital, et distribution de fourrages.

Rive droite de la Seine : le Capitaine Adjudant de Place................. GRAILLARD.
Rive gauche : le Lieutenant Adjudant de Place........................ SANSON.

Du 16 au 17 Germinal.

Adjudant de Place de service à l'État-major......................... COTEAU.
Adjudant de Place de ronde de nuit............................... SANSON.

Visite aux Casernes, Prisons, Hôpital, et distribution de fourrages.

Rive droite de la Seine : le Lieutenant Adjudant de Place................ SANSON.
Rive gauche : le Capitaine Adjudant de Place........................ VIART.

Rien de nouveau.

Le Général de Brigade, Chef de l'État-major général du Gouvernement de Paris et de la première Division militaire,

CÉSAR BERTHIER.

Pour copie conforme :

L'Adjudant-commandant, Sous-chef de l'État-major général du Gouvernement de Paris,

DOUCET.

ÉTAT-MAJOR
DU GOUVERNEMENT DE PARIS.

ORDRE du 16 Germinal an 13.

SERVICE DE L'ÉTAT - MAJOR DU GOUVERNEMENT DE PARIS.

Du 16 au 17 Germinal.

Adjudant de Place de service à l'État-major.......................... COTEAU.
Adjudant de Place de ronde de nuit................................ SANSON.

Visite aux Casernes, Prisons, Hôpital, et distribution de fourrages.

Rive droite de la Seine : le Lieutenant Adjudant de Place................ SANSON.
Rive gauche : le Capitaine Adjudant de Place......................... VIART.

Du 17 au 18 Germinal.

Adjudant de Place de service à l'État-major.......................... CARON.
Adjudant de Place de ronde de nuit................................ VIART.

Visite aux Casernes, Prisons, Hôpital, et distribution de fourrages.

Rive droite de la Seine : le Capitaine Adjudant de Place................ VIART.
Rive gauche : le Capitaine Adjudant de Place......................... COTEAU.

Rien de nouveau.

Le Général de Brigade, Chef de l'État-major général du Gouvernement de Paris et de la première Division militaire,

CÉSAR BERTHIER.

Pour copie conforme :

L'Adjudant-commandant, Sous-chef de l'État-major général du Gouvernement de Paris,

DOUCET.

ÉTAT-MAJOR
DU GOUVERNEMENT DE PARIS.

ORDRE du 17 Germinal an 13.

SERVICE DE L'ÉTAT-MAJOR DU GOUVERNEMENT DE PARIS.

Du 17 au 18 Germinal.

Adjudant de Place de service à l'État-major........................ CARON.

Adjudant de Place de ronde de nuit............................... VIART.

Visite aux Casernes, Prisons, Hôpital, et distribution de fourrages.

Rive droite de la Seine : le Capitaine Adjudant de Place................ VIART.

Rive gauche : le Capitaine Adjudant de Place........................ COTEAU.

Du 18 au 19 Germinal.

Adjudant de Place de service à l'État-major......................... VILLERS.

Adjudant de Place de ronde de nuit............................... COTEAU.

Visite aux Casernes, Prisons, Hôpital, et distribution de fourrages.

Rive droite de la Seine : le Capitaine Adjudant de Place................ COTEAU.

Rive gauche : le Capitaine Adjudant de Place........................ CARON.

Rien de nouveau.

Le Général de Brigade, Chef de l'État-major général du Gouvernement de Paris et de la première Division militaire,

CÉSAR BERTHIER.

Pour copie conforme :

L'Adjudant-commandant, Sous-chef de l'État-major général du Gouvernement de Paris,

DOUCET.

ÉTAT-MAJOR
DU GOUVERNEMENT DE PARIS.

ORDRE du 18 Germinal an 13.

SERVICE DE L'ÉTAT-MAJOR DU GOUVERNEMENT DE PARIS.

Du 18 au 19 Germinal.

Adjudant de Place de service à l'État-major......................... VILLERS.
Adjudant de Place de ronde de nuit............................... COTEAU.

Visite aux Casernes, Prisons, Hôpital, et distribution de fourrages.

Rive droite de la Seine : le Capitaine Adjudant de Place.................. COTEAU.
Rive gauche : le Capitaine Adjudant de Place......................... CARON.

Du 19 au 20 Germinal.

Adjudant de Place de service à l'État-major......................... GRAILLARD.
Adjudant de Place de ronde de nuit............................... CARON.

Visite aux Casernes, Prisons, Hôpital, et distribution de fourrages.

Rive droite de la Seine : le Capitaine Adjudant de Place.................. CARON.
Rive gauche : le Capitaine Adjudant de Place......................... VILLERS.

Punition.

Le Général, chef de l'État-Major, ordonne que le Capitaine *Vatrin*, adjudant du 6.ᵉ arrondissement de Paris, soit aux arrêts pendant huit jours, à l'Abbaye, pour avoir méconnu les ordres de ses chefs.

Le Général de Brigade, Chef de l'État-major général du Gouvernement de Paris et de la première Division militaire,

CÉSAR BERTHIER.

Pour copie conforme :

L'Adjudant-commandant, Sous-chef de l'État-major général du Gouvernement de Paris,

DOUCET.

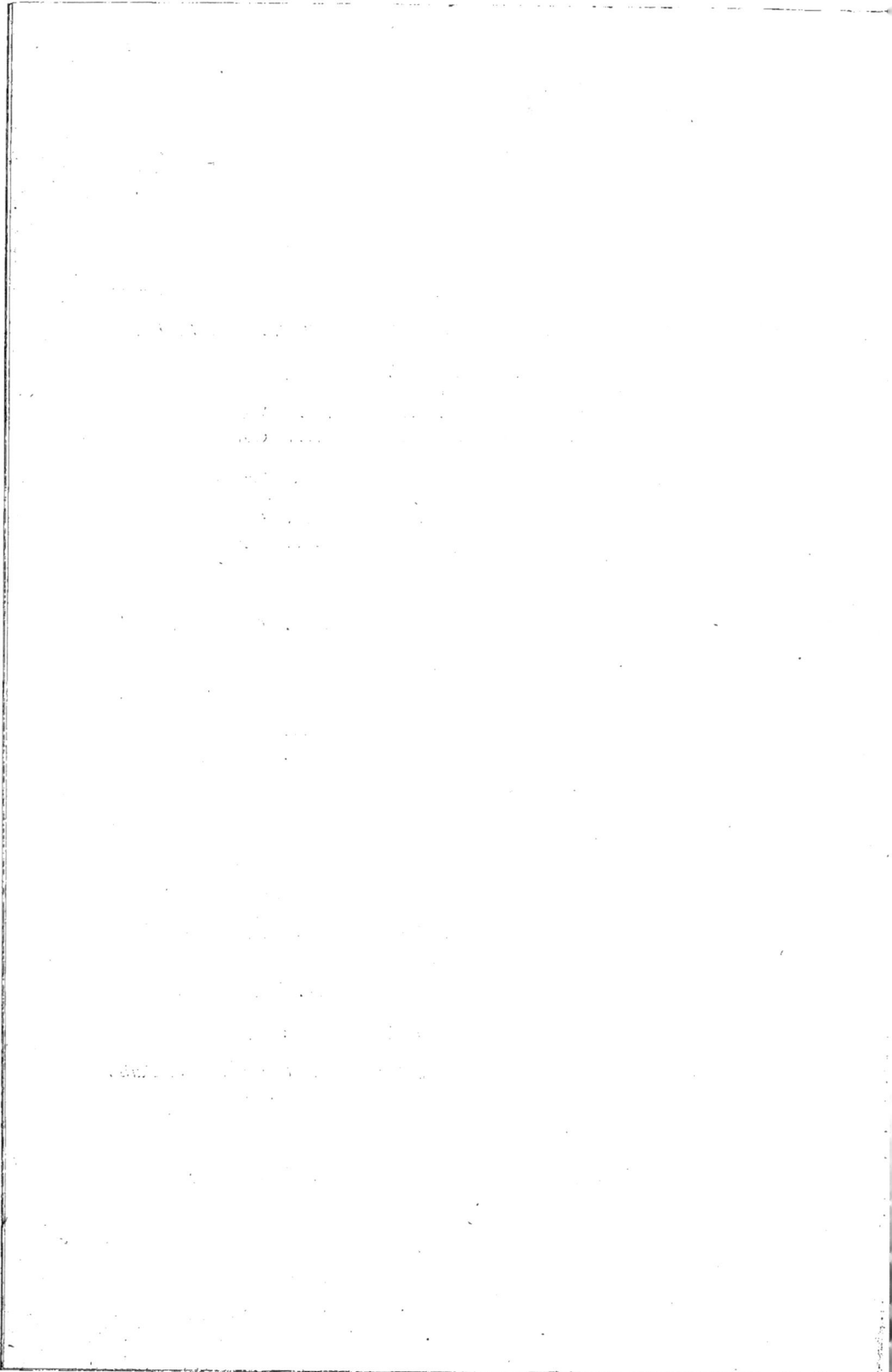

ÉTAT-MAJOR
DU GOUVERNEMENT DE PARIS.

ORDRE du 19 Germinal an 13.

SERVICE DE L'ÉTAT-MAJOR DU GOUVERNEMENT DE PARIS.

Du 19 au 20 Germinal.

Adjudant de Place de service à l'État-major........................ GRAILLARD.
Adjudant de Place de ronde de nuit............................... CARON.

Visite aux Casernes, Prisons, Hôpital, et distribution de fourrages.

Rive droite de la Seine : le Capitaine Adjudant de Place................. CARON.
Rive gauche : le Capitaine Adjudant de Place........................ VILLERS.

Du 20 au 21 Germinal.

Adjudant de Place de service à l'État-major........................ SANSON.
Adjudant de Place de ronde de nuit............................... VILLERS.

Visite aux Casernes, Prisons, Hôpital, et distribution de fourrages.

Rive droite de la Seine : le Capitaine Adjudant de Place................. VILLERS.
Rive gauche : le Capitaine Adjudant de Place........................ GRAILLARD.

Retraite.

A dater de ce jour, la retraite sera battue dans toutes les Casernes de cette ville et dans tous les postes où il y a un tambour, à huit heures précises du soir.

Le Général de Brigade, Chef de l'État-major général du Gouvernement de Paris et de la première Division militaire,

CÉSAR BERTHIER.

Pour copie conforme :

L'Adjudant-commandant, Sous-chef de l'État-major général du Gouvernement de Paris,

DOUCET.

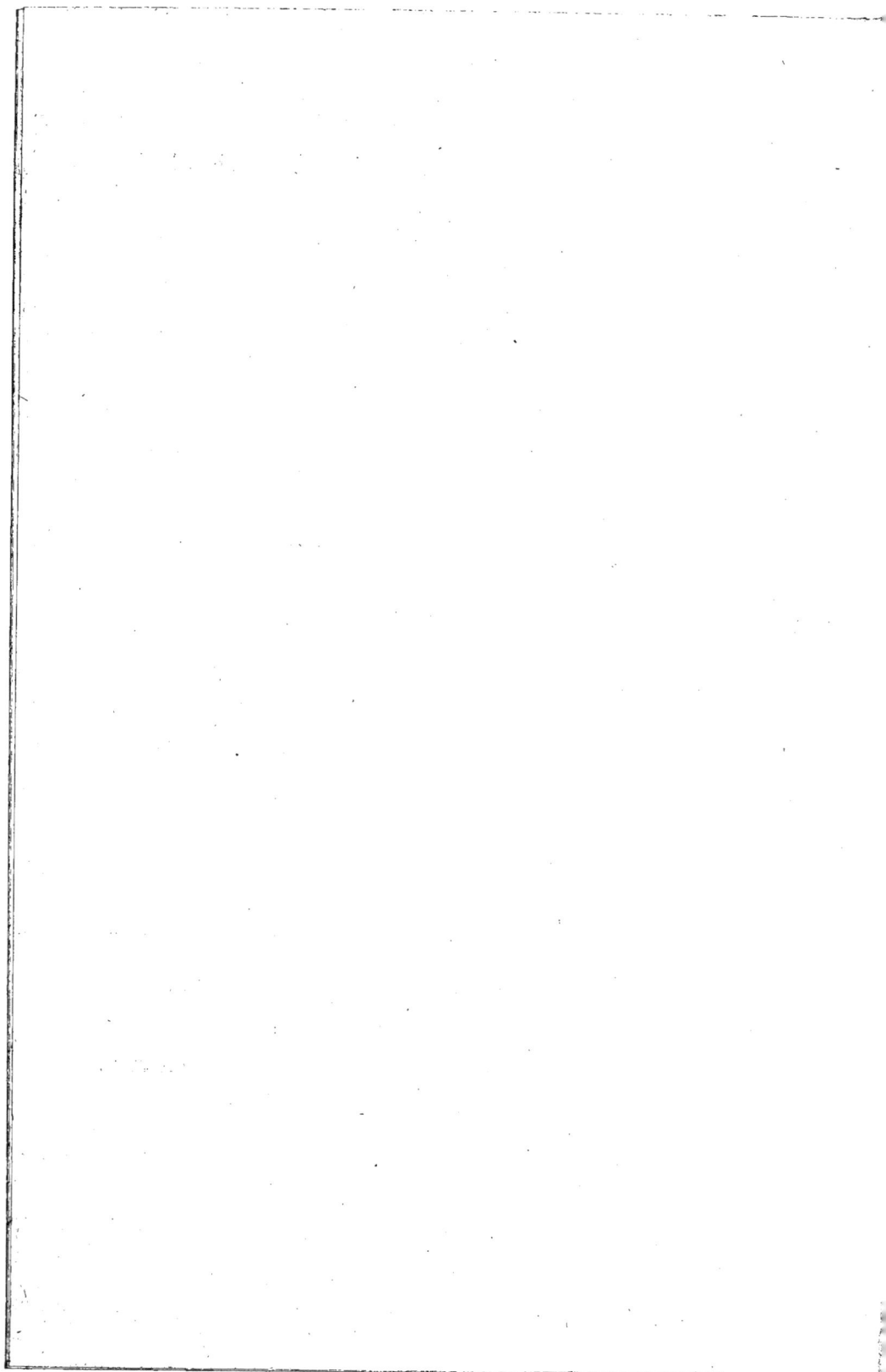

ÉTAT-MAJOR
DU GOUVERNEMENT DE PARIS.

ORDRE du 20 Germinal an 13.

SERVICE DE L'ÉTAT-MAJOR DU GOUVERNEMENT DE PARIS.

Du 20 au 21 Germinal.

Adjudant de Place de service à l'État-major............................... SANSON.
Adjudant de Place de ronde de nuit....................................... VILLERS.

Visite aux Casernes, Prisons, Hôpital, et distribution de fourrages.

Rive droite de la Seine : le Capitaine Adjudant de Place................. VILLERS.
Rive gauche : le Capitaine Adjudant de Place............................. GRAILLARD.

Du 21 au 22 Germinal.

Adjudant de Place de service à l'État-major............................... VIART.
Adjudant de Place de ronde de nuit....................................... GRAILLARD.

Visite aux Casernes, Prisons, Hôpital, et distribution de fourrages.

Rive droite de la Seine : le Capitaine Adjudant de Place................. GRAILLARD.
Rive gauche : le Lieutenant Adjudant de Place........................... SANSON.

Rien de nouveau.

Le Général de Brigade, Chef de l'État-major général du Gouvernement de Paris et de la première Division militaire,

CÉSAR BERTHIER.

Pour copie conforme :

L'Adjudant-commandant, Sous-chef de l'État-major général du Gouvernement de Paris,

DOUCET.

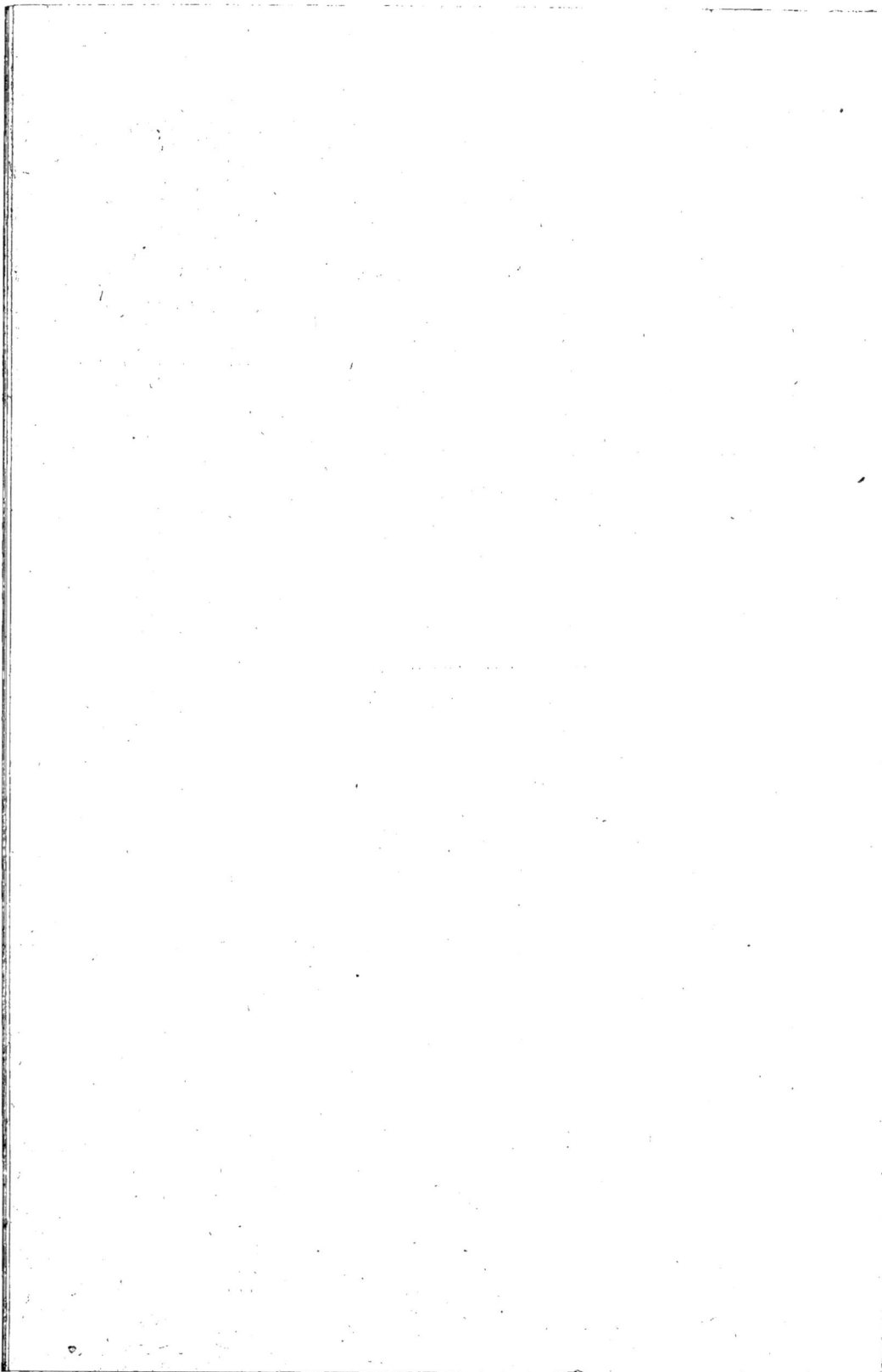

ÉTAT-MAJOR
DU GOUVERNEMENT DE PARIS.

ORDRE du 21 Germinal an 13.

SERVICE DE L'ÉTAT-MAJOR DU GOUVERNEMENT DE PARIS.

Du 21 au 22 Germinal.

Adjudant de Place de service à l'État-major........................ VIART.
Adjudant de Place de ronde de nuit............................... GRAILLARD.

Visite aux Casernes, Prisons, Hôpital, et distribution de fourrages.

Rive droite de la Seine : le Capitaine Adjudant de Place............... GRAILLARD.
Rive gauche : le Lieutenant Adjudant de Place...................... SANSON.

Du 22 au 23 Germinal.

Adjudant de Place de service à l'État-major....................... COTEAU.
Adjudant de Place de ronde de nuit.............................. SANSON.

Visite aux Casernes, Prisons, Hôpital, et distribution de fourrages.

Rive droite de la Seine : le Lieutenant Adjudant de Place............... SANSON.
Rive gauche : le Capitaine Adjudant de Place...................... VIART.

Rien de nouveau.

Le Général de Brigade, Chef de l'État-major général du Gouvernement de Paris et de la première Division militaire,

CÉSAR BERTHIER.

Pour copie conforme :

L'Adjudant-commandant, Sous-chef de l'État-major général du Gouvernement de Paris,

DOUCET.

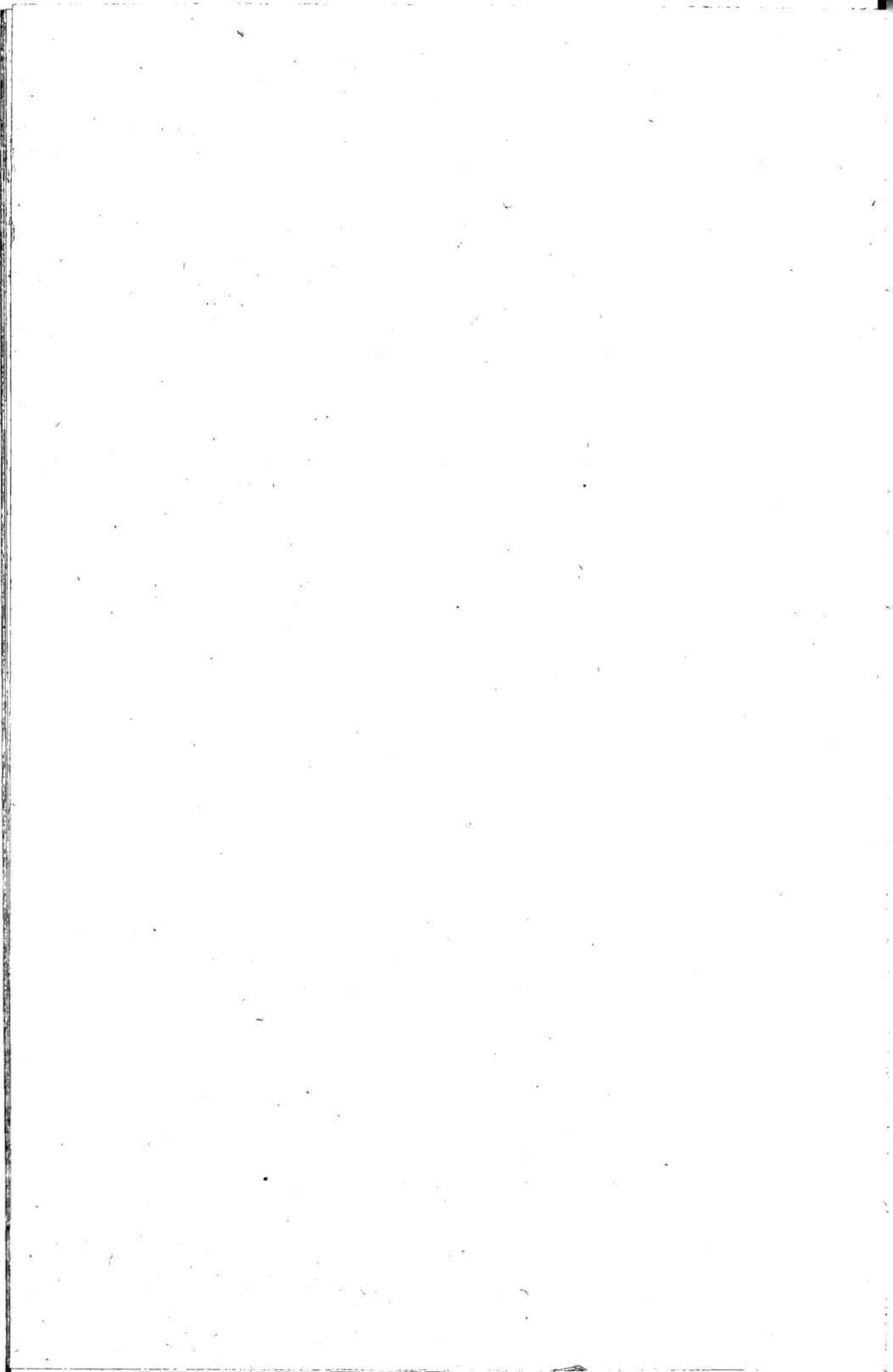

ÉTAT-MAJOR
DU GOUVERNEMENT DE PARIS.

ORDRE du 22 Germinal an 13.

SERVICE DE L'ÉTAT-MAJOR DU GOUVERNEMENT DE PARIS.

Du 22 au 23 Germinal.

Adjudant de Place de service à l'État-major......................... COTEAU.
Adjudant de Place de ronde de nuit............................... SANSON.

Visite aux Casernes, Prisons, Hôpital, et distribution de fourrages.

Rive droite de la Seine : le Lieutenant Adjudant de Place............... SANSON.
Rive gauche : le Capitaine Adjudant de Place........................ VIART.

Du 23 au 24 Germinal.

Adjudant de Place de service à l'État-major........................ CORDIEZ.
Adjudant de Place de ronde de nuit............................... VIART.

Visite aux Casernes, Prisons, Hôpital, et distribution de fourrages.

Rive droite de la Seine : le Capitaine Adjudant de Place............... VIART.
Rive gauche : le Capitaine Adjudant de Place........................ COTEAU.

Rien de nouveau.

Le Général de Brigade, Chef de l'État-major général du Gouvernement de Paris et de la première Division militaire,

CÉSAR BERTHIER.

Pour copie conforme :

L'Adjudant-commandant, Sous-chef de l'État-major général du Gouvernement de Paris,

DOUCET.

ÉTAT-MAJOR
DU GOUVERNEMENT DE PARIS.

ORDRE du 23 Germinal an 13.

SERVICE DE L'ÉTAT-MAJOR DU GOUVERNEMENT DE PARIS.

Du 23 au 24 Germinal.

Adjudant de Place de service à l'État-major............................... CORDIEZ.
Adjudant de Place de ronde de nuit.............................. VIART.

Visite aux Casernes, Prisons, Hôpital, et distribution de fourrages.

Rive droite de la Seine : le Capitaine Adjudant de Place................. VIART.
Rive gauche : le Capitaine Adjudant de Place........................ COTEAU.

Du 24 au 25 Germinal.

Adjudant de Place de service à l'État-major........................... VILLERS.
Adjudant de Place de ronde de nuit................................ COTEAU.

Visite aux Casernes, Prisons, Hôpital, et distribution de fourrages.

Rive droite de la Seine : le Capitaine Adjudant de Place................. COTEAU.
Rive gauche : le Capitaine Adjudant de Place........................ CORDIEZ.

Rien de nouveau.

Le Général de Brigade, Chef de l'État-major général du Gouvernement de Paris et de la première Division militaire,

CÉSAR BERTHIER.

Pour copie conforme :

L'Adjudant-commandant, Sous-chef de l'État-major général du Gouvernement de Paris,

DOUCET.

ÉTAT-MAJOR
DU GOUVERNEMENT DE PARIS.

ORDRE du 24 Germinal an 13.

SERVICE DE L'ÉTAT-MAJOR DU GOUVERNEMENT DE PARIS.

Du 24 au 25 Germinal.

Adjudant de Place de service à l'État-major......................... VILLERS.
Adjudant de Place de ronde de nuit............................... COTEAU.

Visite aux Casernes, Prisons, Hôpital, et distribution de fourrages.

Rive droite de la Seine : le Capitaine Adjudant de Place............ COTEAU.
Rive gauche : le Capitaine Adjudant de Place....................... CORDIEZ.

Du 25 au 26 Germinal.

Adjudant de Place de service à l'État-major......................... GRAILLARD.
Adjudant de Place de ronde de nuit............................... CORDIEZ.

Visite aux Casernes, Prisons, Hôpital, et distribution de fourrages.

Rive droite de la Seine : le Capitaine Adjudant de Place............. CORDIEZ.
Rive gauche : le Capitaine Adjudant de Place....................... VILLERS.

Rien de nouveau.

Le Général de Brigade, Chef de l'État-major général du Gouvernement de Paris et de la première Division militaire,

CÉSAR BERTHIER.

Pour copie conforme :

L'Adjudant-commandant, Sous-chef de l'État-major général du Gouvernement de Paris,

DOUCET.

ÉTAT-MAJOR

DU GOUVERNEMENT DE PARIS.

SERVICE DE L'ÉTAT-MAJOR DU GOUVERNEMENT DE PARIS.

ÉTAT-MAJOR
DU GOUVERNEMENT DE PARIS.

ORDRE du 25 Germinal an 13.

SERVICE DE L'ÉTAT-MAJOR DU GOUVERNEMENT DE PARIS.

Du 25 au 26 Germinal.

Adjudant de Place de service à l'État-major......................... GRAILLARD.
Adjudant de Place de ronde de nuit............................... CORDIEZ.

Visite aux Casernes, Prisons, Hôpital, et distribution de fourrages.

Rive droite de la Seine : le Capitaine Adjudant de Place................. CORDIEZ.
Rive gauche : le Capitaine Adjudant de Place........................ VILLERS.

Du 26 au 27 Germinal.

Adjudant de Place de service à l'État-major......................... SANSON.
Adjudant de Place de ronde de nuit............................... VILLERS.

Visite aux Casernes, Prisons, Hôpital, et distribution de fourrages.

Rive droite de la Seine : le Capitaine Adjudant de Place................. VILLERS.
Rive gauche : le Capitaine Adjudant de Place........................ GRAILLARD.

Rien de nouveau.

Le Général de Brigade, Chef de l'État-major général du Gouvernement de Paris et de la première Division militaire,

CÉSAR BERTHIER.

Pour copie conforme :

L'Adjudant-commandant, Sous-chef de l'État-major général du Gouvernement de Paris,

DOUCET.

GOUVERNEMENT DE PARIS.

ÉTAT-MAJOR DU GOUVERNEMENT DE PARIS.

ÉTAT-MAJOR
DU GOUVERNEMENT DE PARIS.

ORDRE du 26 Germinal an 13.

SERVICE DE L'ÉTAT-MAJOR DU GOUVERNEMENT DE PARIS.

Du 26 au 27 Germinal.

Adjudant de Place de service à l'État-major...................... SANSON.
Adjudant de Place de ronde de nuit............................... VILLERS.

Visite aux Casernes, Prisons, Hôpital, et distribution de fourrages.

Rive droite de la Seine : le Capitaine Adjudant de Place................. VILLERS.
Rive gauche : le Capitaine Adjudant de Place......................... GRAILLARD.

Du 27 au 28 Germinal.

Adjudant de Place de service à l'État-major......................... VIART.
Adjudant de Place de ronde de nuit................................. GRAILLARD.

Visite aux Casernes, Prisons, Hôpital, et distribution de fourrages.

Rive droite de la Seine : le Capitaine Adjudant de Place................. GRAILLARD.
Rive gauche : le Lieutenant Adjudant de Place......................... SANSON.

Rien de nouveau.

Le Général de Brigade, Chef de l'État-major général du Gouvernement de Paris et de la première Division militaire,

CÉSAR BERTHIER.

Pour copie conforme :

L'Adjudant-commandant, Sous-chef de l'État-major général du Gouvernement de Paris,

DOUCET.

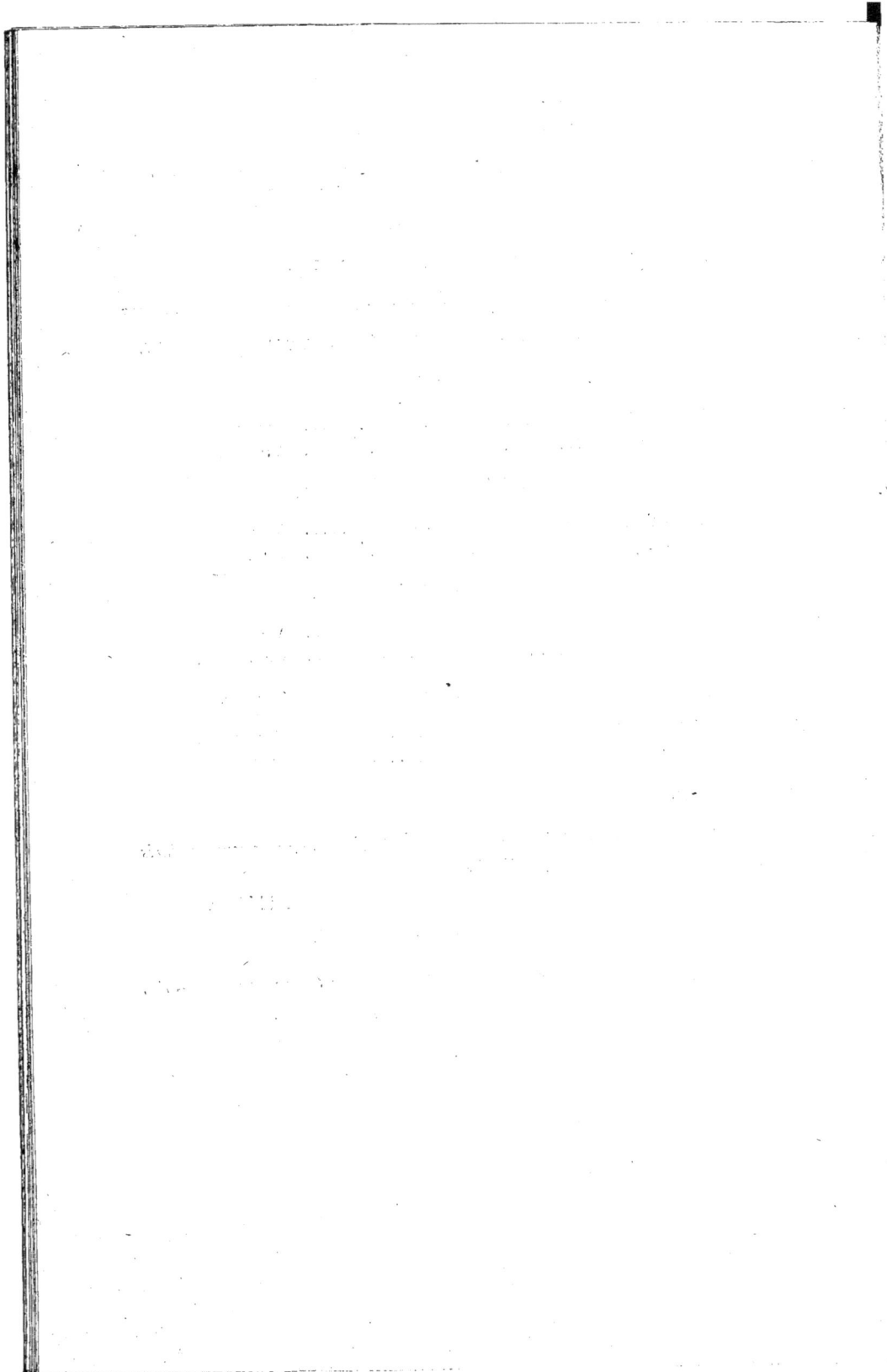

ÉTAT-MAJOR
DU GOUVERNEMENT DE PARIS.

ORDRE du 27 Germinal an 13.

SERVICE DE L'ÉTAT - MAJOR DU GOUVERNEMENT DE PARIS.

Du 27 au 28 Germinal.

Adjudant de Place de service à l'État-major......................... VIART.

Adjudant de Place de ronde de nuit............................... GRAILLARD.

Visite aux Casernes, Prisons, Hôpital, et distribution de fourrages.

Rive droite de la Seine : le Capitaine Adjudant de Place................ GRAILLARD.

Rive gauche : le Lieutenant Adjudant de Place....................... SANSON.

Du 28 au 29 Germinal.

Adjudant de Place de service à l'État-major......................... COTEAU.

Adjudant de Place de ronde de nuit................................ SANSON.

Visite aux Casernes, Prisons, Hôpital, et distribution de fourrages.

Rive droite de la Seine : le Lieutenant Adjudant de Place................. SANSON.

Rive gauche : le Capitaine Adjudant de Place........................ VIART.

Rien de nouveau.

Le Général de Brigade, Chef de l'État - major général du Gouvernement de Paris et de la première Division militaire,

CÉSAR BERTHIER.

Pour copie conforme :

L'Adjudant-commandant, Sous-chef de l'État-major général du Gouvernement de Paris,

DOUCET.

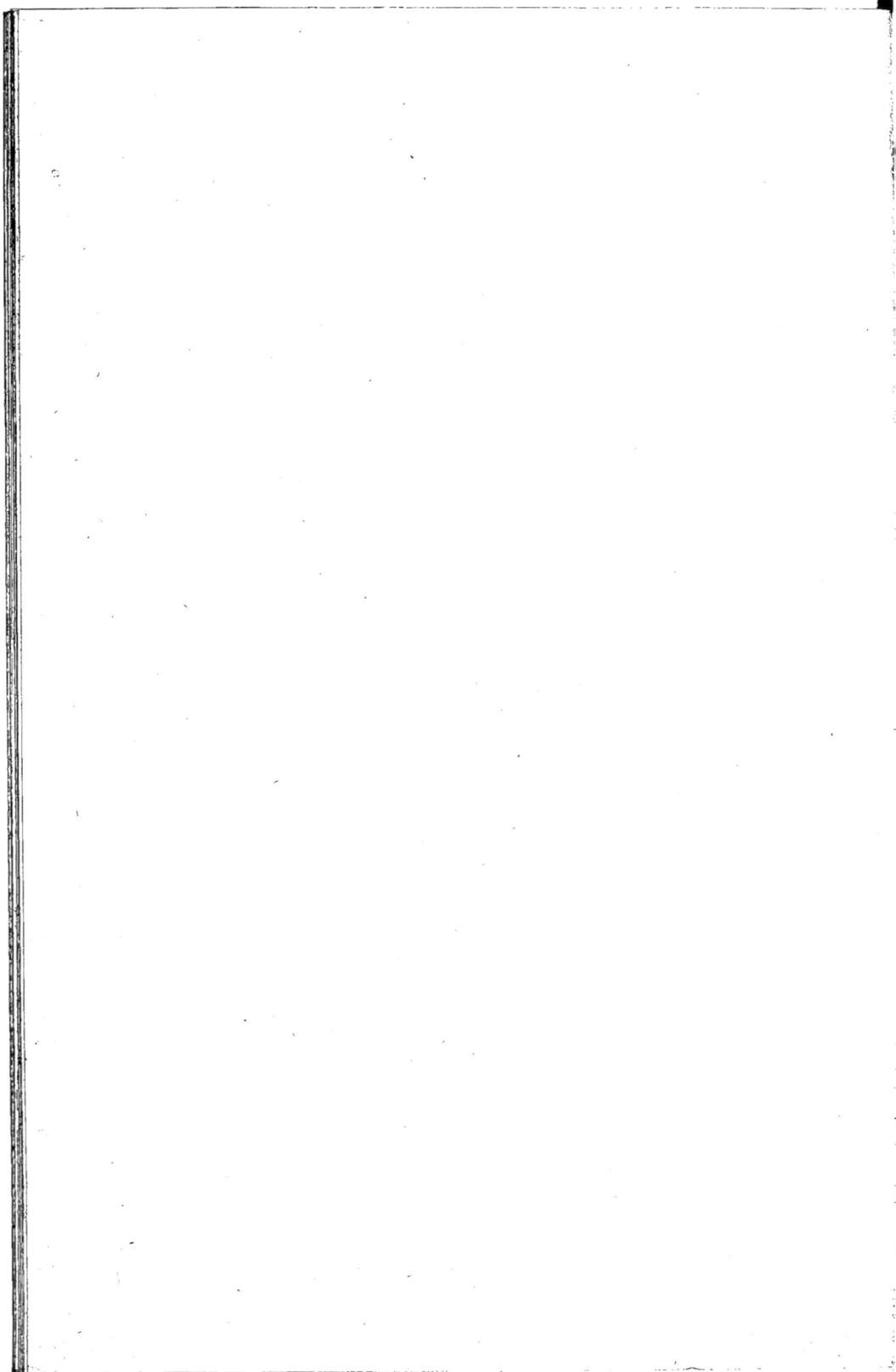

ÉTAT-MAJOR
DU GOUVERNEMENT DE PARIS.

ORDRE du 28 Germinal an 13.

Du 28 au 29 Germinal.

Adjudant de Place de service à l'État-major........................... COTEAU.

Adjudant de Place de ronde de nuit................................ SANSON.

Visite aux Casernes, Prisons, Hôpital, et distribution de fourrages.

Rive droite de la Seine : le Lieutenant Adjudant de Place............... SANSON.

Rive gauche : le Capitaine Adjudant de Place......................... VIART.

Du 29 au 30 Germinal.

Adjudant de Place de service à l'État-major........................... CORDIEZ.

Adjudant de Place de ronde de nuit................................ VIART.

Visite aux Casernes, Prisons, Hôpital, et distribution de fourrages.

Rive droite de la Seine : le Capitaine Adjudant de Place................. VIART.

Rive gauche : le Capitaine Adjudant de Place......................... COTEAU.

Rien de nouveau.

Le Général de Brigade, Chef de l'État-major général du Gouvernement de Paris et de la première Division militaire,

CÉSAR BERTHIER.

Pour copie conforme :

L'Adjudant-commandant, Sous-chef de l'État-major général du Gouvernement de Paris,

DOUCET.

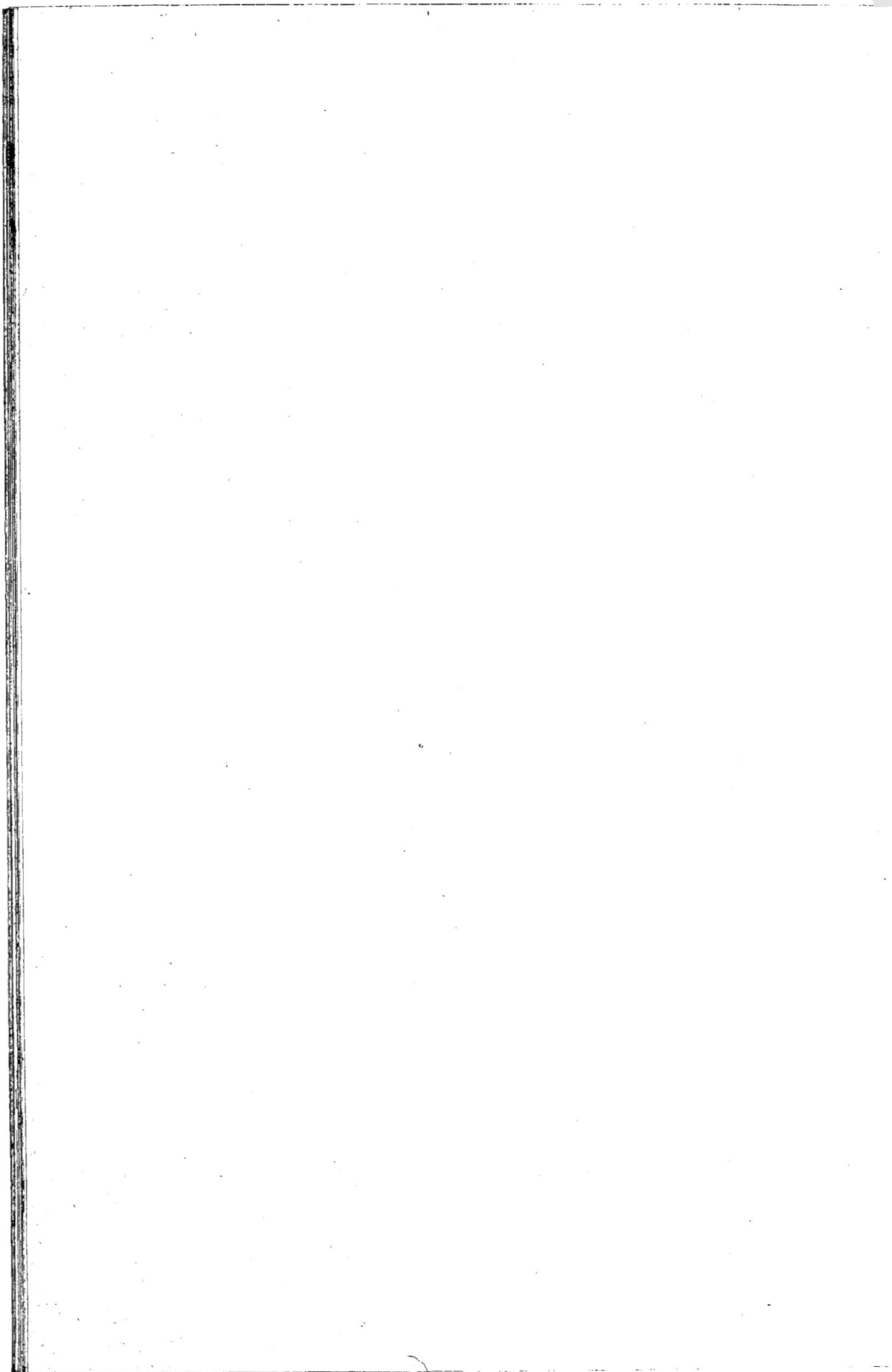

ÉTAT-MAJOR
DU GOUVERNEMENT DE PARIS.

ORDRE du 29 Germinal an 13.

SERVICE DE L'ÉTAT-MAJOR DU GOUVERNEMENT DE PARIS.

Du 29 au 30 Germinal.

Adjudant de Place de service à l'État-major.......................... CORDIEZ.
Adjudant de Place de ronde de nuit................................ VIART.

Visite aux Casernes, Prisons, Hôpital, et distribution de fourrages.

Rive droite de la Seine : le Capitaine Adjudant de Place................ VIART.
Rive gauche : le Capitaine Adjudant de Place........................ COTEAU.

Du 30 Germinal au 1.er Floréal.

Adjudant de Place de service à l'État-major.......................... CARON.
Adjudant de Place de ronde de nuit................................ COTEAU.

Visite aux Casernes, Prisons, Hôpital, et distribution de fourrages.

Rive droite de la Seine : le Capitaine Adjudant de Place................ COTEAU.
Rive gauche : le Capitaine Adjudant de Place........................ CORDIEZ.

Corvées.

Le 18.e Régiment d'Infanterie de ligne fournira tous les hommes de corvée nécessaires aux travaux du dépôt central de l'Artillerie, pendant le mois de Floréal prochain, sur la réquisition particulière de M. le Général S.t Laurent, Directeur dudit dépôt.

Le Général de Brigade, Chef de l'État-major général du Gouvernement de Paris et de la première Division militaire,

CÉSAR BERTHIER.

Pour copie conforme :

L'Adjudant-commandant, Sous-chef de l'État-major général du Gouvernement de Paris,

DOUCET.

ÉTAT-MAJOR
DU GOUVERNEMENT DE PARIS.

ORDRE du 30 Germinal an 13.

SERVICE DE L'ÉTAT-MAJOR DU GOUVERNEMENT DE PARIS.

Du 30 Germinal au 1.er Floréal.

Adjudant de Place de service à l'État-major......................... CARON.
Adjudant de Place de ronde de nuit............................... COTEAU.

Visite aux Casernes, Prisons, Hôpital, et distribution de fourrages.

Rive droite de la Seine : le Capitaine Adjudant de Place................ COTEAU.
Rive gauche : le Capitaine Adjudant de Place......................... CORDIEZ.

Du 1.er au 2 Floréal.

Adjudant de Place de service à l'État-major......................... GRAILLARD.
Adjudant de Place de ronde de nuit............................... CORDIEZ.

Visite aux Casernes, Prisons, Hôpital, et distribution de fourrages.

Rive droite de la Seine : le Capitaine Adjudant de Place................ CORDIEZ.
Rive gauche : le Capitaine Adjudant de Place......................... CARON.

Rien de nouveau.

Le Général de Brigade, Chef de l'État-major général du Gouvernement de Paris et de la première Division militaire,

CÉSAR BERTHIER.

Pour copie conforme :

L'Adjudant-commandant, Sous-chef de l'État-major général du Gouvernement de Paris ;

DOUCET.

ÉTAT-MAJOR
DU GOUVERNEMENT DE PARIS.

ORDRE du 1.er Floréal an 13.

SERVICE DE L'ÉTAT-MAJOR DU GOUVERNEMENT DE PARIS.

Du 1.er au 2 Floréal.

Adjudant de Place de service à l'État-major....................... GRAILLARD.
Adjudant de Place de ronde de nuit............................. CORDIEZ.

Visite aux Casernes, Prisons, Hôpital, et distribution de fourrages.

Rive droite de la Seine : le Capitaine Adjudant de Place................. CORDIEZ.
Rive gauche : le Capitaine Adjudant de Place....................... CARON.

Du 2 au 3 Floréal.

Adjudant de Place de service à l'État-major....................... SANSON.
Adjudant de Place de ronde de nuit............................. CARON.

Visite aux Casernes, Prisons, Hôpital, et distribution de fourrages.

Rive droite de la Seine : le Capitaine Adjudant de Place................. CARON.
Rive gauche : le Capitaine Adjudant de Place....................... GRAILLARD.

Rien de nouveau.

Le Général de Brigade, Chef de l'État-major général du Gouvernement de Paris et de la première Division militaire,

CÉSAR BERTHIER.

Pour copie conforme :

L'Adjudant-commandant, Sous-chef de l'État-major général du Gouvernement de Paris,

DOUCET.

ÉTAT-MAJOR
DU GOUVERNEMENT DE PARIS.

ORDRE du 2 Floréal an 13.

SERVICE DE L'ÉTAT-MAJOR DU GOUVERNEMENT DE PARIS.

Du 2 au 3 Floréal.

Adjudant de Place de service à l'État-major......................... SANSON.
Adjudant de Place de ronde de nuit............................... CARON.

Visite aux Casernes, Prisons, Hôpital, et distribution de fourrages.

Rive droite de la Seine : le Capitaine Adjudant de Place................. CARON.
Rive gauche : le Capitaine Adjudant de Place....................... GRAILLARD.

Du 3 au 4 Floréal.

Adjudant de Place de service à l'État-major...................... VIART.
Adjudant de Place de ronde de nuit................................ GRAILLARD.

Visite aux Casernes, Prisons, Hôpital, et distribution de fourrages.

Rive droite de la Seine : le Capitaine Adjudant de Place................. GRAILLARD.
Rive gauche : le Lieutenant Adjudant de Place....................... SANSON.

Rien de nouveau.

*Le Général de Brigade, Chef de l'État-major général du Gouvernement de Paris
et de la première Division militaire,*

CÉSAR BERTHIER.

Pour copie conforme :

L'Adjudant-commandant, Sous-chef de l'État-major général du Gouvernement de Paris,

DOUCET.

ÉTAT-MAJOR
DU GOUVERNEMENT DE PARIS.

ORDRE du 3 Floréal an 13.

SERVICE DE L'ÉTAT-MAJOR DU GOUVERNEMENT DE PARIS.

Du 3 au 4 Floréal.

Adjudant de Place de service à l'État-major......................... VIART.
Adjudant de Place de ronde de nuit................................ GRAILLARD.

Visite aux Casernes, Prisons, Hôpital, et distribution de fourrages.

Rive droite de la Seine : le Capitaine Adjudant de Place................ GRAILLARD.
Rive gauche : le Lieutenant Adjudant de Place....................... SANSON.

Du 4 au 5 Floréal.

Adjudant de Place de service à l'État-major......................... COTEAU.
Adjudant de Place de ronde de nuit................................. SANSON.

Visite aux Casernes, Prisons, Hôpital, et distribution de fourrages.

Rive droite de la Seine : le Lieutenant Adjudant de Place............... SANSON.
Rive gauche : le Capitaine Adjudant de Place........................ VIART.

Rien de nouveau.

Le Général de Brigade, Chef de l'État-major général du Gouvernement de Paris et de la première Division militaire,

CÉSAR BERTHIER.

Pour copie conforme :

L'Adjudant-commandant, Sous-chef de l'État-major général du Gouvernement de Paris,

DOUCET.

ÉTAT-MAJOR
DU GOUVERNEMENT DE PARIS.

ORDRE du 4 Floréal an 13.

Du 4 au 5 Floréal.

Adjudant de Place de service à l'État-major......................... COTEAU.
Adjudant de Place de ronde de nuit.............................. SANSON.

Visite aux Casernes, Prisons, Hôpital, et distribution de fourrages.

Rive droite de la Seine : le Lieutenant Adjudant de Place............... SANSON.
Rive gauche : le Capitaine Adjudant de Place........................ VIART.

Du 5 au 6 Floréal.

Adjudant de Place de service à l'État-major......................... CORDIEZ.
Adjudant de Place de ronde de nuit.............................. VIART.

Visite aux Casernes, Prisons, Hôpital, et distribution de fourrages.

Rive droite de la Seine : le Capitaine Adjudant de Place................ VIART.
Rive gauche : le Capitaine Adjudant de Place........................ COTEAU.

M. *Vatrin*, Capitaine-Adjudant du sixième arrondissement de Paris, est réformé par ordre de S. A. S. le Prince Gouverneur, pour cause d'indiscipline et de mauvais exemple.

Le Général de Brigade, Chef de l'État-major général du Gouvernement de Paris et de la première Division militaire,

CÉSAR BERTHIER.

Pour copie conforme :

L'Adjudant-commandant, Sous-chef de l'État-major général du Gouvernement de Paris,

DOUCET.

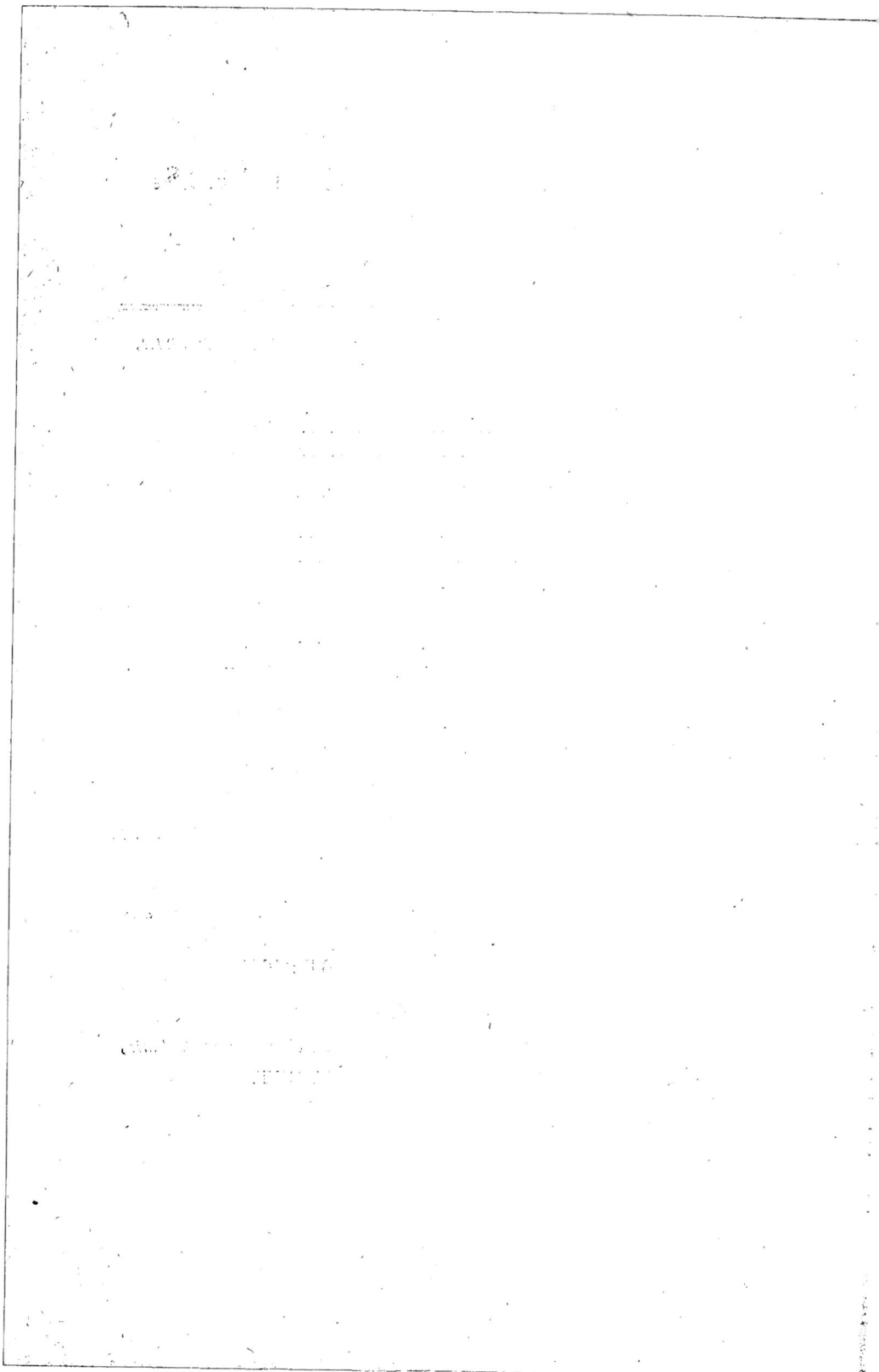

ÉTAT-MAJOR
DU GOUVERNEMENT DE PARIS.

ORDRE du 5 Floréal an 13.

SERVICE DE L'ÉTAT-MAJOR DU GOUVERNEMENT DE PARIS.

Du 5 au 6 Floréal.

Adjudant de Place de service à l'État-major......................... CORDIEZ.
Adjudant de Place de ronde de nuit.............................. VIART.

Visite aux Casernes, Prisons, Hôpital, et distribution de fourrages.

Rive droite de la Seine : le Capitaine Adjudant de Place................. VIART.
Rive gauche : le Capitaine Adjudant de Place........................ COTEAU.

Du 6 au 7 Floréal.

Adjudant de Place de service à l'État-major......................... CARON.
Adjudant de Place de ronde de nuit............................... COTEAU.

Visite aux Casernes, Prisons, Hôpital, et distribution de fourrages.

Rive droite de la Seine : le Capitaine Adjudant de Place................. COTEAU.
Rive gauche : le Capitaine Adjudant de Place........................ CORDIEZ.

Rien de nouveau.

Le Général de Brigade, Chef de l'État-major général du Gouvernement de Paris et de la première Division militaire,

CÉSAR BERTHIER.

Pour copie conforme :

L'Adjudant-commandant, Sous-chef de l'État-major général du Gouvernement de Paris,

DOUCET.

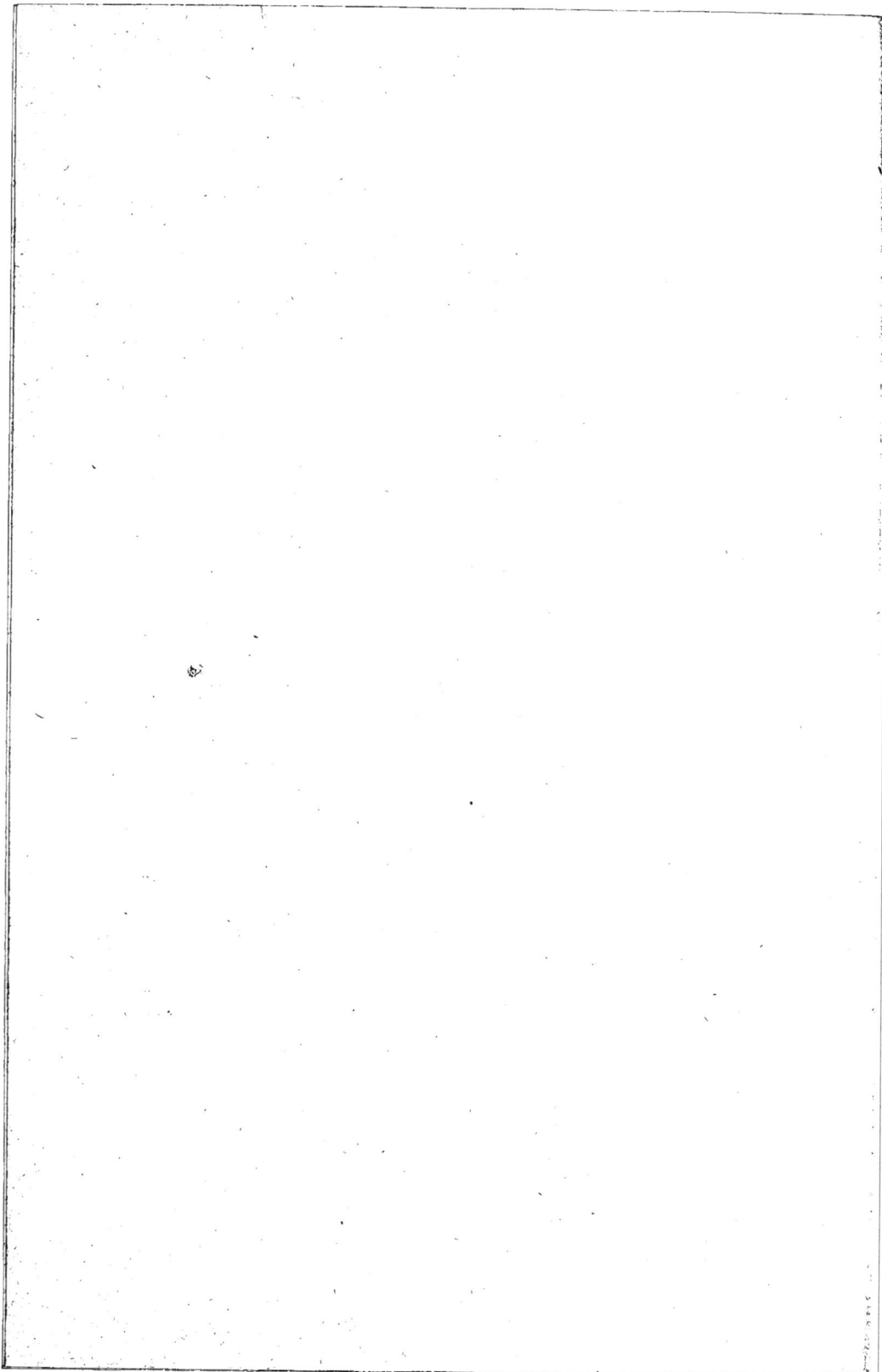

ÉTAT-MAJOR
DU GOUVERNEMENT DE PARIS.

ORDRE du 6 Floréal an 13.

Du 6 au 7 Floréal.

Adjudant de Place de service à l'État-major.......................... CARON.
Adjudant de Place de ronde de nuit............................... COTEAU.

Visite aux Casernes, Prisons, Hôpital, et distribution de fourrages.

Rive droite de la Seine : le Capitaine Adjudant de Place................ COTEAU.
Rive gauche : le Capitaine Adjudant de Place....................... CORDIEZ.

Du 7 au 8 Floréal.

Adjudant de Place de service à l'État-major....................... VILLERS.
Adjudant de Place de ronde de nuit.............................. CORDIEZ.

Visite aux Casernes, Prisons, Hôpital, et distribution de fourrages.

Rive droite de la Seine : le Capitaine Adjudant de Place................ CORDIEZ.
Rive gauche : le Capitaine Adjudant de Place....................... CARON.

Rien de nouveau.

Le Général de Brigade, Chef de l'État-major général du Gouvernement de Paris et de la première Division militaire,

CÉSAR BERTHIER.

Pour copie conforme :

L'Adjudant-commandant, Sous-chef de l'État-major général du Gouvernement de Paris,

DOUCET.

ÉTAT-MAJOR
DU GOUVERNEMENT DE PARIS.

ORDRE du 7 Floréal an 13.

SERVICE DE L'ÉTAT-MAJOR DU GOUVERNEMENT DE PARIS.

Du 7 au 8 Floréal.

Adjudant de Place de service à l'État-major................ .... VILLERS.
Adjudant de Place de ronde de nuit.............................. CORDIEZ.

Visite aux Casernes, Prisons, Hôpital, et distribution de fourrages.

Rive droite de la Seine : le Capitaine Adjudant de Place................. CORDIEZ.
Rive gauche : le Capitaine Adjudant de Place......................... CARON.

Du 8 au 9 Floréal.

Adjudant de Place de service à l'État-major......................... SANSON.
Adjudant de Place de ronde de nuit.............................. CARON.

Visite aux Casernes, Prisons, Hôpital, et distribution de fourrages.

Rive droite de la Seine : le Capitaine Adjudant de Place................. CARON.
Rive gauche : le Capitaine Adjudant de Place......................... VILLERS.

Rien de nouveau.

Le Général de Brigade, Chef de l'État-major général du Gouvernement de Paris et de la première Division militaire,

CÉSAR BERTHIER.

Pour copie conforme :

L'Adjudant-commandant, Sous-chef de l'État-major général du Gouvernement de Paris,

DOUCET.

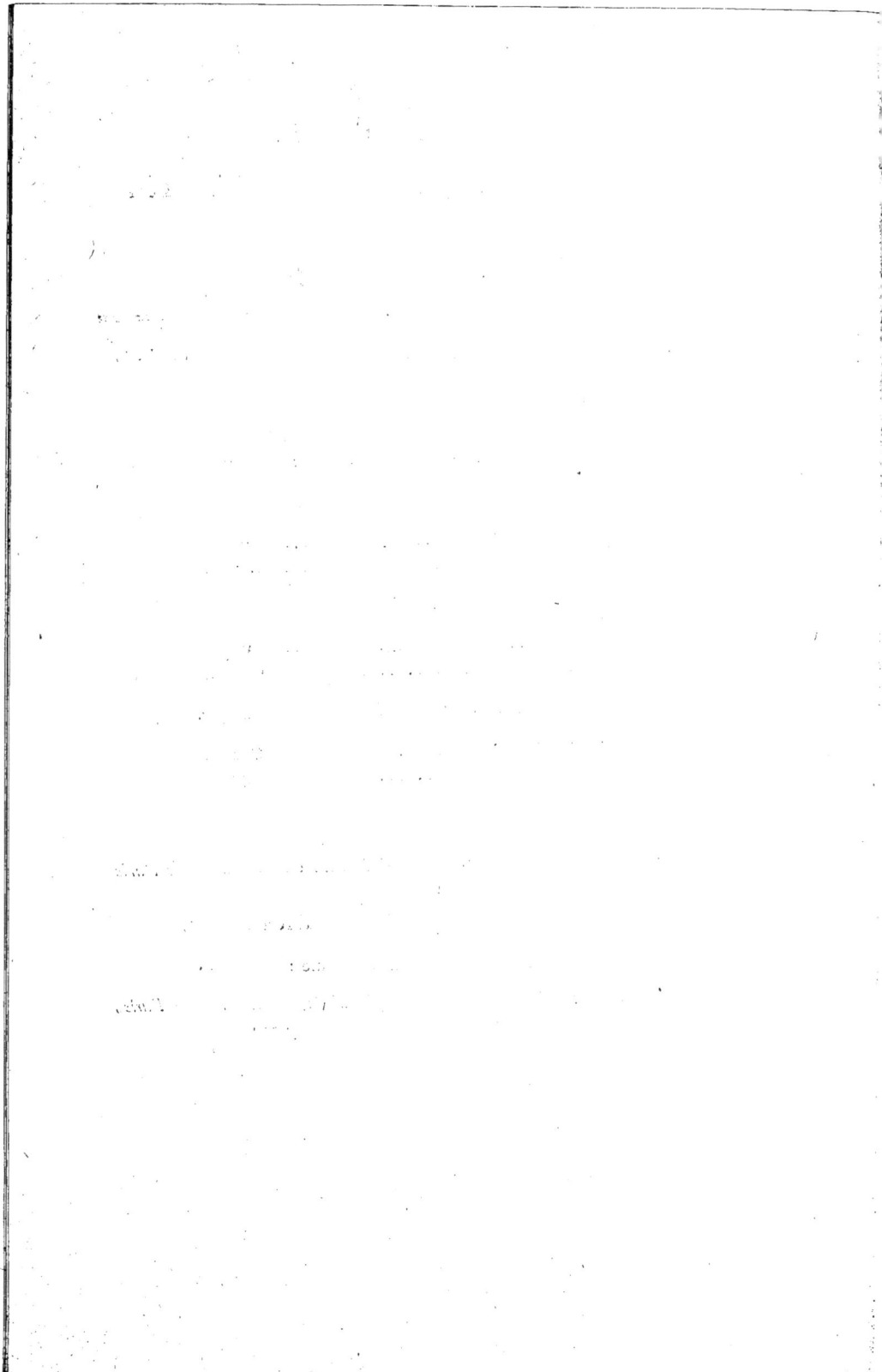

ÉTAT-MAJOR
DU GOUVERNEMENT DE PARIS.

ORDRE du 8 Floréal an 13.

SERVICE DE L'ÉTAT-MAJOR DU GOUVERNEMENT DE PARIS.

Du 8 au 9 Floréal.

Adjudant de Place de service à l'État-major...................... SANSON.
Adjudant de Place de ronde de nuit.................................. CARON.

Visite aux Casernes, Prisons, Hôpital, et distribution de fourrages.

Rive droite de la Seine : le Capitaine Adjudant de Place................. CARON.
Rive gauche : le Capitaine Adjudant de Place........................ VILLERS.

Du 9 au 10 Floréal.

Adjudant de Place de service à l'État-major.................. .... VIART.
Adjudant de Place de ronde de nuit.............................. VILLERS.

Visite aux Casernes, Prisons, Hôpital, et distribution de fourrages.

Rive droite de la Seine : le Capitaine Adjudant de Place................. VILLERS.
Rive gauche : le Lieutenant Adjudant de Place...................... SANSON.

Consigne.

Monsieur le Général Chef de l'État-major général du Gouvernement, informé que, le 6 de ce mois, un Huissier ayant requis la force armée du poste de la place Cadet, à l'effet de lui prêter main-forte pour une saisie, il en est résulté une rixe entre les soldats et plusieurs particuliers, ordonne, conformément aux ordres de S. A. S. Monseigneur le Prince MURAT, qu'il sera donné en consigne expresse à tous les Chefs des postes de cette ville de se refuser à de semblables réquisitions, qui ne doivent être faites que par des Commissaires de police ou Officiers de paix, à qui il appartient d'introduire la force armée dans une maison habitée.

La présente consigne sera affichée dans chaque poste, et les Chefs de poste demeureront responsables de son infraction.

Le Général de Brigade, Chef de l'État-major général du Gouvernement de Paris et de la première Division militaire,

CÉSAR BERTHIER.

Pour copie conforme :

L'Adjudant-commandant, Sous-chef de l'État-major général du Gouvernement de Paris,

DOUCET.

ÉTAT-MAJOR
DU GOUVERNEMENT DE PARIS.

ORDRE du 9 Floréal an 13.

SERVICE DE L'ÉTAT - MAJOR DU GOUVERNEMENT DE PARIS.

Du 9 au 10 Floréal.

Adjudant de Place de service à l'État-major...................... VIART.
Adjudant de Place de ronde de nuit............................. VILLERS.

Visite aux Casernes, Prisons, Hôpital, et distribution de fourrages.

Rive droite de la Seine : le Capitaine Adjudant de Place................ VILLERS.
Rive gauche : le Lieutenant Adjudant de Place..................... SANSON.

Du 10 au 11 Floréal.

Adjudant de Place de service à l'État-major...................... COTEAU.
Adjudant de Place de ronde de nuit............................. SANSON.

Visite aux Casernes, Prisons, Hôpital, et distribution de fourrages.

Rive droite de la Seine : le Lieutenant Adjudant de Place................ SANSON.
Rive gauche : le Capitaine Adjudant de Place..................... VIART.

Rien de nouveau.

Le Général de Brigade, Chef de l'État-major général du Gouvernement de Paris et de la première Division militaire,

CÉSAR BERTHIER.

Pour copie conforme :

L'Adjudant-commandant, Sous-chef de l'État-major général du Gouvernement de Paris,

DOUCET.

ÉTAT-MAJOR
DU GOUVERNEMENT DE PARIS.

ORDRE du 10 Floréal an 13.

SERVICE DE L'ÉTAT-MAJOR DU GOUVERNEMENT DE PARIS.

Du 10 au 11 Floréal.

Adjudant de Place de service à l'État-major......................... COTEAU.
Adjudant de Place de ronde de nuit................................ SANSON.

Visite aux Casernes, Prisons, Hôpital, et distribution de fourrages.

Rive droite de la Seine : le Lieutenant Adjudant de Place................ SANSON.
Rive gauche : le Capitaine Adjudant de Place......................... VIART.

Du 11 au 12 Floréal.

Adjudant de Place de service à l'État-major................. .... CORDIEZ.
Adjudant de Place de ronde de nuit................................ VIART.

Visite aux Casernes, Prisons, Hôpital, et distribution de fourrages.

Rive droite de la Seine : le Capitaine Adjudant de Place................ VIART.
Rive gauche : le Capitaine Adjudant de Place......................... COTEAU.

Rien de nouveau.

Le Général de Brigade, Chef de l'État-major général du Gouvernement de Paris et de la première Division militaire,

CÉSAR BERTHIER.

Pour copie conforme :

L'Adjudant-commandant, Sous-chef de l'État-major général du Gouvernement de Paris,

DOUCET.

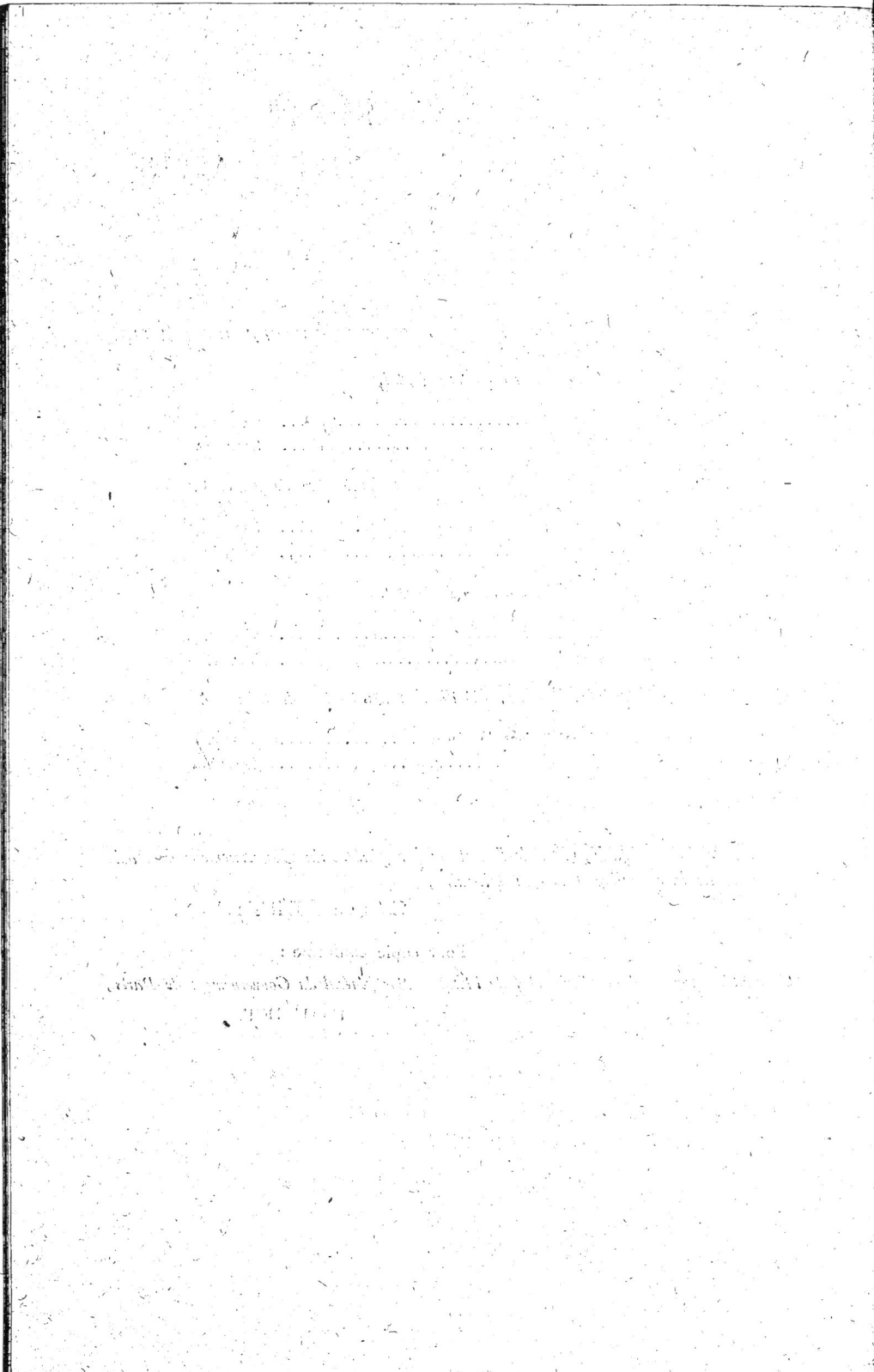

ÉTAT-MAJOR
DU GOUVERNEMENT DE PARIS.

ORDRE du 11 Floréal an 13.

SERVICE DE L'ÉTAT - MAJOR DU GOUVERNEMENT DE PARIS.

Du 11 au 12 Floréal.

Adjudant de Place de service à l'État-major................... CORDIEZ.
Adjudant de Place de ronde de nuit........................... VIART.

Visite aux Casernes, Prisons, Hôpital, et distribution de fourrages.

Rive droite de la Seine : le Capitaine Adjudant de Place............... VIART.
Rive gauche : le Capitaine Adjudant de Place........................ COTEAU.

Du 12 au 13 Floréal.

Adjudant de Place de service à l'État-major......................... CARON.
Adjudant de Place de ronde de nuit................................. COTEAU.

Visite aux Casernes, Prisons, Hôpital, et distribution de fourrages.

Rive droite de la Seine : le Capitaine Adjudant de Place................ COTEAU.
Rive gauche : le Capitaine Adjudant de Place....................... CORDIEZ.

Rien de nouveau.

Le Général de Brigade, Chef de l'État - major général du Gouvernement de Paris et de la première Division militaire,

CÉSAR BERTHIER.

Pour copie conforme :

L'Adjudant - commandant, Sous - chef de l'État - major général du Gouvernement de Paris,

DOUCET.

ÉTAT-MAJOR
DU GOUVERNEMENT DE PARIS.

ORDRE du 12 Floréal an 13.

SERVICE DE L'ÉTAT - MAJOR DU GOUVERNEMENT DE PARIS.

Du 12 au 13 Floréal.

Adjudant de Place de service à l'État-major......................... CARON.
Adjudant de Place de ronde de nuit............................... COTEAU.

Visite aux Casernes, Prisons, Hôpital, et distribution de fourrages.

Rive droite de la Seine : le Capitaine Adjudant de Place................. COTEAU.
Rive gauche : le Capitaine Adjudant de Place........................ CORDIEZ.

Du 13 au 14 Floréal.

Adjudant de Place de service à l'État-major.................. .... VILLERS.
Adjudant de Place de ronde de nuit...,......................... .... CORDIEZ.

Visite aux Casernes, Prisons, Hôpital, et distribution de fourrages.

Rive droite de la Seine : le Capitaine Adjudant de Place................. CORDIEZ.
Rive gauche : le Capitaine Adjudant de Place........................ CARON.

Rien de nouveau.

Le Général de Brigade, Chef de l'État - major général du Gouvernement de Paris et de la première Division militaire,

CÉSAR BERTHIER.

Pour copie conforme :

L'Adjudant - commandant, Sous - chef de l'État-major général du Gouvernement de Paris,

DOUCET.

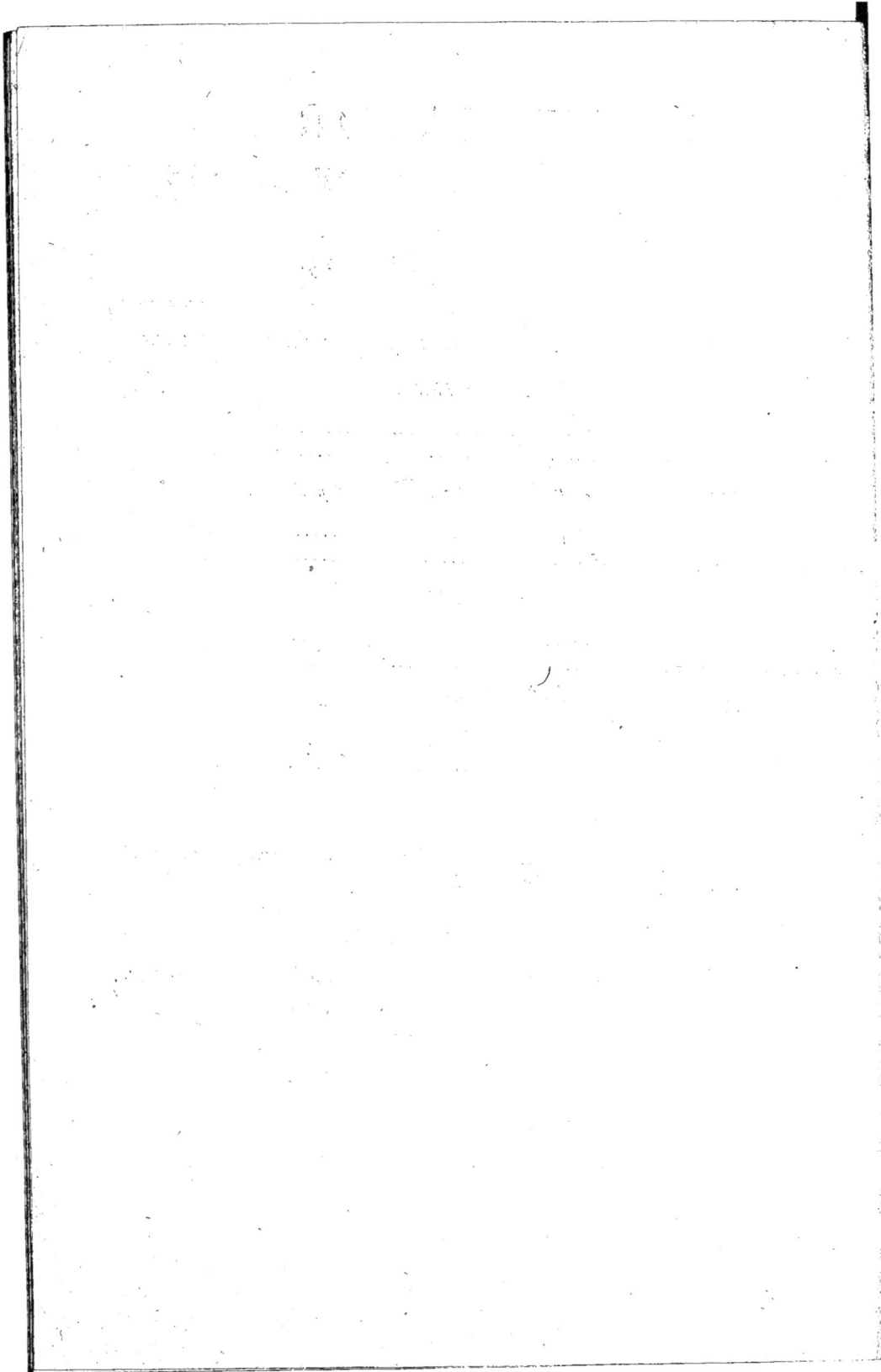

ÉTAT-MAJOR
DU GOUVERNEMENT DE PARIS.

ORDRE du 13 Floréal an 13.

SERVICE DE L'ÉTAT-MAJOR DU GOUVERNEMENT DE PARIS.

Du 13 au 14 Floréal.

Adjudant de Place de service à l'État-major................. .... VILLERS.
Adjudant de Place de ronde de nuit............................... CORDIEZ.

Visite aux Casernes, Prisons, Hôpital, et distribution de fourrages.

Rive droite de la Seine : le Capitaine Adjudant de Place................ CORDIEZ.
Rive gauche : le Capitaine Adjudant de Place........................ CARON.

Du 14 au 15 Floréal.

Adjudant de Place de service à l'État-major....................... GRAILLARD.
Adjudant de Place de ronde de nuit................................ CARON.

Visite aux Casernes, Prisons, Hôpital, et distribution de fourrages.

Rive droite de la Seine : le Capitaine Adjudant de Place................. CARON.
Rive gauche : le Capitaine Adjudant de Place........................ VILLERS.

Rien de nouveau.

Le Général de Brigade, Chef de l'État-major général du Gouvernement de Paris et de la première Division militaire,

CÉSAR BERTHIER.

Pour copie conforme :

L'Adjudant-commandant, Sous-chef de l'État-major général du Gouvernement de Paris,

DOUCET.

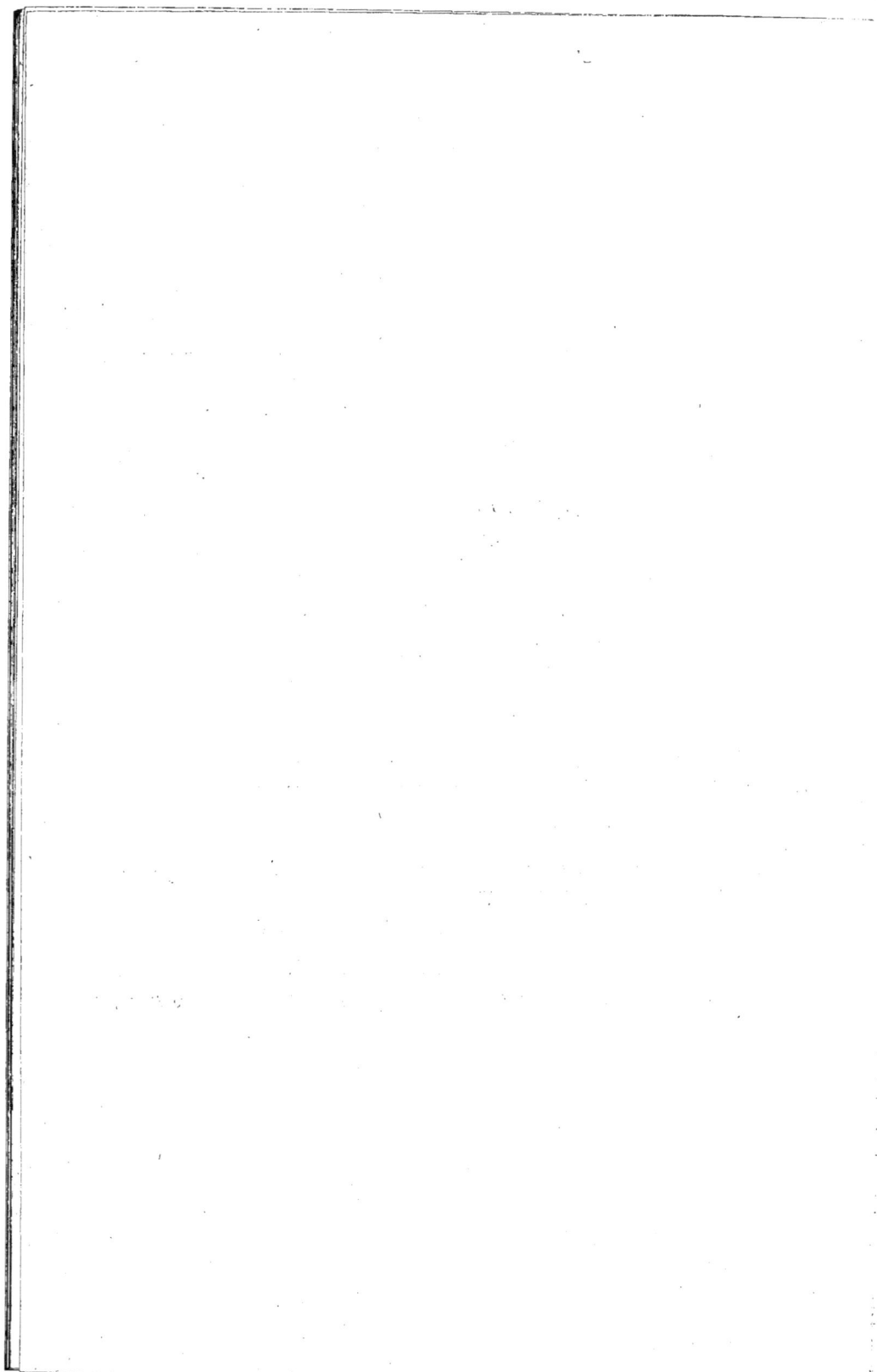

ÉTAT-MAJOR
DU GOUVERNEMENT DE PARIS.

ORDRE du 14 Floréal an 13.

SERVICE DE L'ÉTAT-MAJOR DU GOUVERNEMENT DE PARIS.

Du 14 au 15 Floréal.

Adjudant de Place de service à l'État-major......................... GRAILLARD.
Adjudant de Place de ronde de nuit............................... CARON.

Visite aux Casernes, Prisons, Hôpital, et distribution de fourrages.

Rive droite de la Seine : le Capitaine Adjudant de Place................. CARON.
Rive gauche : le Capitaine Adjudant de Place....................... VILLERS.

Du 15 au 16 Floréal.

Adjudant de Place de service à l'État-major.................. .... VIART.
Adjudant de Place de ronde de nuit............................... VILLERS.

Visite aux Casernes, Prisons, Hôpital, et distribution de fourrages.

Rive droite de la Seine : le Capitaine Adjudant de Place................. VILLERS.
Rive gauche : le Capitaine Adjudant de Place....................... GRAILLARD.

Rien de nouveau.

Le Général de Brigade, Chef de l'État-major général du Gouvernement de Paris et de la première Division militaire,

CÉSAR BERTHIER.

Pour copie conforme :

L'Adjudant-commandant, Sous-chef de l'État-major général du Gouvernement de Paris,

DOUCET.

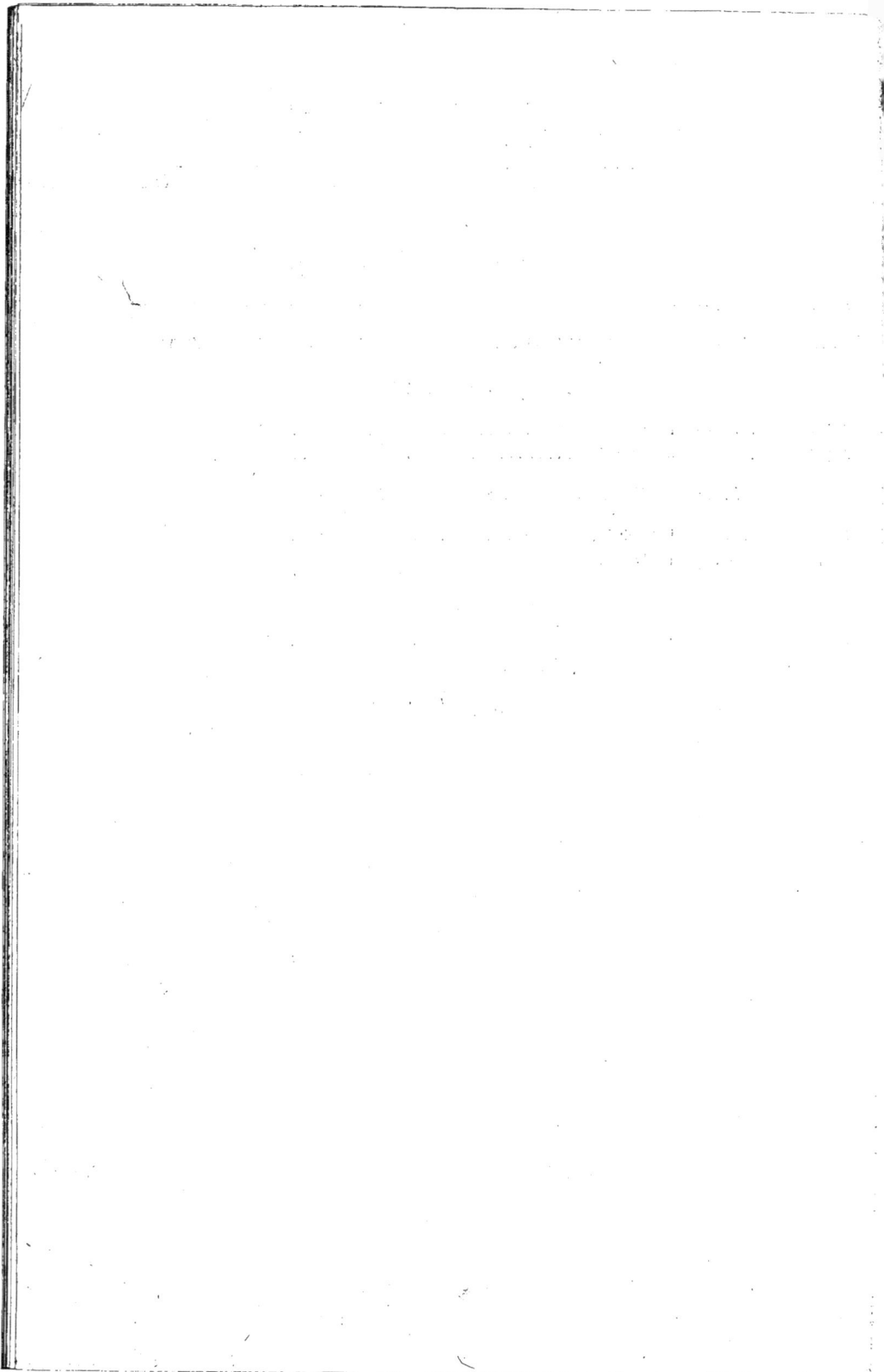

ÉTAT-MAJOR
DU GOUVERNEMENT DE PARIS.
ORDRE du 15 Floréal an 13.

SERVICE DE L'ÉTAT-MAJOR DU GOUVERNEMENT DE PARIS.

Du 15 au 16 Floréal.

Adjudant de Place de service à l'État-major..................... VIART.

Adjudant de Place de ronde de nuit............................. VILLERS.

Visite aux Casernes, Prisons, Hôpital, et distribution de fourrages.

Rive droite de la Seine : le Capitaine Adjudant de Place................. VILLERS.

Rive gauche : le Capitaine Adjudant de Place........................ GRAILLARD.

Du 16 au 17 Floréal.

Adjudant de Place de service à l'État-major........................ COTEAU.

Adjudant de Place de ronde de nuit............................... GRAILLARD.

Visite aux Casernes, Prisons, Hôpital, et distribution de fourrages.

Rive droite de la Seine : le Capitaine Adjudant de Place................ GRAILLARD.

Rive gauche : le Capitaine Adjudant de Place........................ VIART.

En conséquence des dispositions prises par S. A. S. Monseigneur le Prince Gouverneur, à dater de demain, 15 Floréal, les postes ci-après désignés, fournis, à tour de rôle, par les 4.ᵉ et 18.ᵉ Régimens de ligne, seront composés ainsi qu'il suit ;

SAVOIR:

DÉSIGNATION DES POSTES.	OFFICIERS.	SERGENS.	CAPORAUX	FUSILIERS.	TAMBOURS.
Palais de justice..................	1.	1.	2.	20.	1.
Prison de Saint-Lazare	1.	1.	2.	20.	1.
——— de Sainte-Pélagie..........	1.	1.	2.	20.	1.
Hôpital du Val-de-Grace..........	//	1.	2.	12.	//
Barrières de Passy................	//	//	//	1.	//
——— de Neuilly...............	//	//	//	1.	//
——— de Clichy	//	//	//	1.	//
——— de Clignancourt	//	//	//	1.	//
——— de Saint-Denis...........	//	//	//	1.	//
——— de la Villette............	//	//	//	1.	//
——— de Belleville	//	//	//	1.	//
——— de Vincennes	//	//	//	1.	//
——— de Marengo..............	//	//	//	1.	//
——— de Bercy.................	//	//	//	1.	//
——— de Fontainebleau..........	//	//	//	1.	//
——— de Sèvres	//	//	//	1.	//

Vu la réduction des postes ci-dessus, les Adjudans d'arrondissement, auxquels appartient leur surveillance, prendront les mesures nécessaires pour déterminer la pose des sentinelles de manière que, conformément à l'ordonnance du service des places, le soldat ne fasse que huit heures de faction; en conséquence, ils installeront ces nouvelles gardes, et en adresseront leur rapport, par écrit, à M. le Sous-chef de l'État-major du Gouvernement.

A dater également de demain, 15 floréal.

Le 18.ᵉ régiment fournira, seul, la garde de la place de Vincennes et celle de la prison de Bicêtre.

Les 4.ᵉ et 18.ᵉ régimens d'infanterie ne fourniront plus de plantons près les bureaux de
M. M. *Marescot*, Général;
Grobert et *Dufresne*, Sous-inspecteurs aux revues;
Lepelletier et *Lefebvre-Montaban*, Commissaires des guerres.

Plus, ces deux régimens ne fourniront que deux plantons, au lieu de trois, près les bureaux de M. le Commissaire ordonnateur de la 1.ᵉ Division.

Le Général de Brigade, Chef de l'État-major général du Gouvernement de Paris et de la première Division militaire,

CÉSAR BERTHIER.

Pour copie conforme :

L'Adjudant-commandant, Sous-chef de l'État-major général du Gouvernement de Paris,

DOUCET.

ÉTAT-MAJOR
DU GOUVERNEMENT DE PARIS.

ORDRE du 16 Floréal an 13.

SERVICE DE L'ÉTAT-MAJOR DU GOUVERNEMENT DE PARIS.

Du 16 au 17 Floréal.

Adjudant de Place de service à l'État-major......................... COTEAU.
Adjudant de Place de ronde de nuit................................. GRAILLARD.

Visite aux Casernes, Prisons, Hôpital, et distribution de fourrages.

Rive droite de la Seine : le Capitaine Adjudant de Place.................. GRAILLARD.
Rive gauche : le Capitaine Adjudant de Place......................... VIART.

Du 17 au 18 Floréal.

Adjudant de Place de service à l'État-major......................... CORDIEZ.
Adjudant de Place de ronde de nuit................................. VIART.

Visite aux Casernes, Prisons, Hôpital, et distribution de fourrages.

Rive droite de la Seine : le Capitaine Adjudant de Place................. VIART.
Rive gauche : le Capitaine Adjudant de Place......................... COTEAU.

Rien de nouveau.

*Le Général de Brigade, Chef de l'État-major général du Gouvernement de Paris
et de la première Division militaire,*

CÉSAR BERTHIER.

Pour copie conforme :

L'Adjudant-commandant, Sous-chef de l'État-major général du Gouvernement de Paris,

DOUCET.

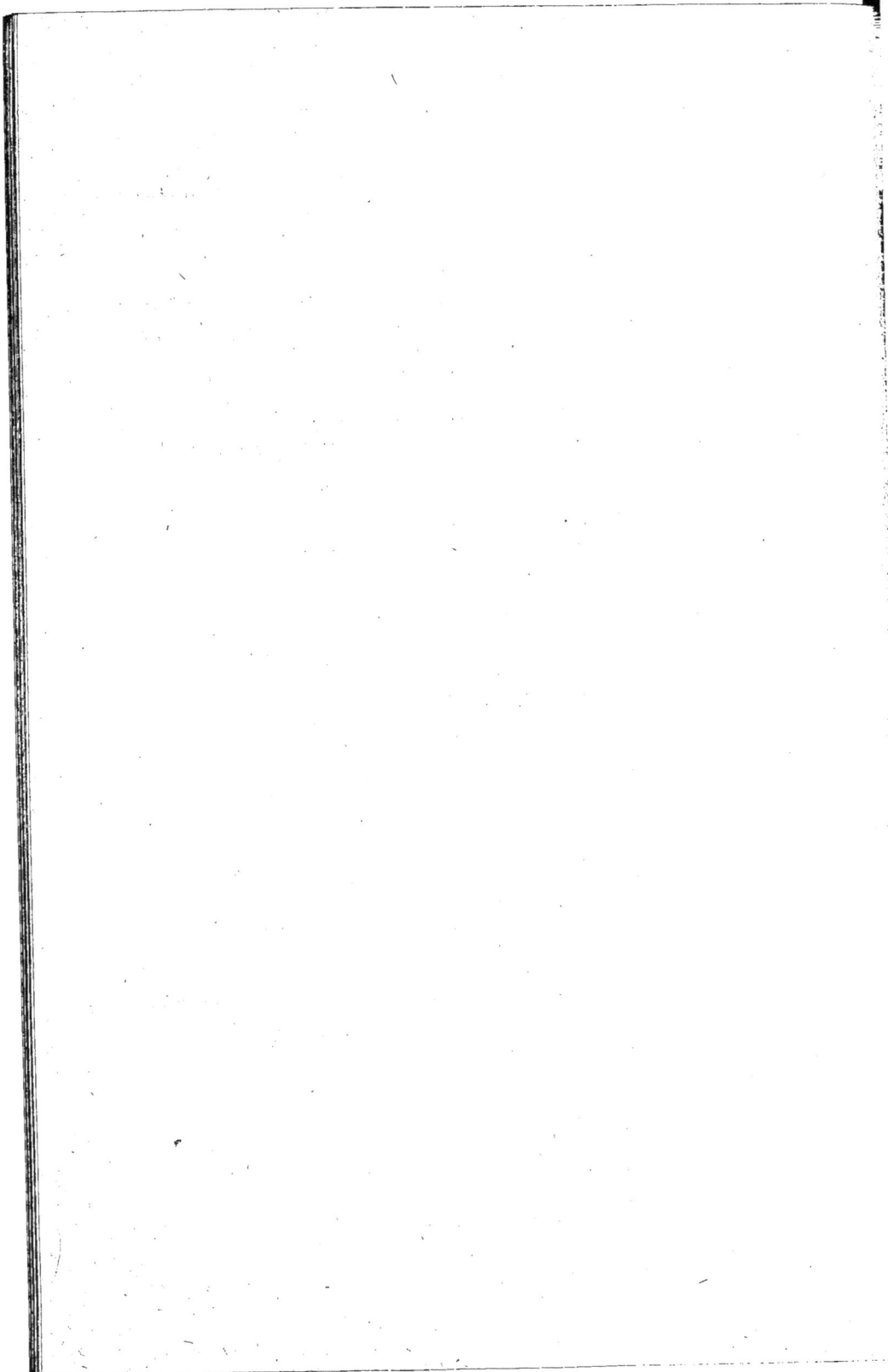

ÉTAT-MAJOR
DU GOUVERNEMENT DE PARIS.

ORDRE du 17 Floréal an 13.

SERVICE DE L'ÉTAT-MAJOR DU GOUVERNEMENT DE PARIS.

Du 17 au 18 Floréal.

Adjudant de Place de service à l'État-major...................... .... CORDIEZ.
Adjudant de Place de ronde de nuit............................ .... VIART.

Visite aux Casernes, Prisons, Hôpital, et distribution de fourrages.

Rive droite de la Seine : le Capitaine Adjudant de Place................. VIART.
Rive gauche : le Capitaine Adjudant de Place........................: COTEAU.

Du 18 au 19 Floréal.

Adjudant de Place de service à l'État-major........................... CARON.
Adjudant de Place de ronde de nuit.............................. ...... COTEAU.

Visite aux Casernes, Prisons, Hôpital, et distribution de fourrages.

Rive droite de la Seine : le Capitaine Adjudant de Place................. COTEAU.
Rive gauche : le Capitaine Adjudant de Place........................ CORDIEZ.

Rien de nouveau.

Le Général de Brigade, Chef de l'État-major général du Gouvernement de Paris et de la première Division militaire,

CÉSAR BERTHIER.

Pour copie conforme :

L'Adjudant-commandant, Sous-chef de l'État-major général du Gouvernement de Paris,

DOUCET.

ÉTAT-MAJOR
DU GOUVERNEMENT DE PARIS.

ORDRE du 18 Floréal an 13.

SERVICE DE L'ÉTAT-MAJOR DU GOUVERNEMENT DE PARIS.

Du 18 au 19 Floréal.

Adjudant de Place de service à l'État-major......................... CARON.
Adjudant de Place de ronde de nuit............................... COTEAU.

Visite aux Casernes, Prisons, Hôpital, et distribution de fourrages.

Rive droite de la Seine : le Capitaine Adjudant de Place.................. COTEAU.
Rive gauche : le Capitaine Adjudant de Place......................... CORDIEZ.

Du 19 au 20 Floréal.

Adjudant de Place de service à l'État-major....'..................... VILLERS.
Adjudant de Place de ronde de nuit.............................. CORDIEZ.

Visite aux Casernes, Prisons, Hôpital, et distribution de fourrages.

Rive droite de la Seine : le Capitaine Adjudant de Place................. CORDIEZ.
Rive gauche : le Capitaine Adjudant de Place......................... CARON.

Rien de nouveau.

Le Général de Brigade, Chef de l'État-major général du Gouvernement de Paris et de la première Division militaire,

CÉSAR BERTHIER.

Pour copie conforme :

L'Adjudant-commandant, Sous-chef de l'État-major général du Gouvernement de Paris,

DOUCET.

ÉTAT-MAJOR
DU GOUVERNEMENT DE PARIS.

ORDRE du 19 Floréal an 13.

SERVICE DE L'ÉTAT-MAJOR DU GOUVERNEMENT DE PARIS.

Du 19 au 20 Floréal.

Adjudant de Place de service à l'État-major........................ VILLERS.
Adjudant de Place de ronde de nuit............................... CORDIEZ.

Visite aux Casernes, Prisons, Hôpital, et distribution de fourrages.

Rive droite de la Seine : le Capitaine Adjudant de Place................ CORDIEZ.
Rive gauche : le Capitaine Adjudant de Place....................... CARON.

Du 20 au 21 Floréal.

Adjudant de Place de service à l'État-major........................ GRAILLARD.
Adjudant de Place de ronde de nuit............................... CARON.

Visite aux Casernes, Prisons, Hôpital, et distribution de fourrages.

Rive droite de la Seine : le Capitaine Adjudant de Place................ CARON.
Rive gauche : le Capitaine Adjudant de Place....................... VILLERS.

Rien de nouveau.

*Le Général de Brigade, Chef de l'État-major général du Gouvernement de Paris
et de la première Division militaire,*

CÉSAR BERTHIER.

Pour copie conforme :

L'Adjudant-commandant, Sous-chef de l'État-major général du Gouvernement de Paris,

DOUCET.

ÉTAT-MAJOR
DU GOUVERNEMENT DE PARIS.

ORDRE du 20 Floréal an 13.

SERVICE DE L'ÉTAT-MAJOR DU GOUVERNEMENT DE PARIS.

Du 20 au 21 Floréal.

Adjudant de Place de service à l'État-major........................ GRAILLARD.
Adjudant de Place de ronde de nuit............................... CARON.

Visite aux Casernes, Prisons, Hôpital, et distribution de fourrages.

Rive droite de la Seine : le Capitaine Adjudant de Place................. CARON.
Rive gauche : le Capitaine Adjudant de Place........................ VILLERS.

Du 21 au 22 Floréal.

Adjudant de Place de service à l'État-major........................ SANSON.
Adjudant de Place de ronde de nuit............................... VILLERS.

Visite aux Casernes, Prisons, Hôpital, et distribution de fourrages.

Rive droite de la Seine : le Capitaine Adjudant de Place................. VILLERS.
Rive gauche : le Capitaine Adjudant de Place........................ GRAILLARD.

Rien de nouveau.

Le Général de Brigade, Chef de l'État-major général du Gouvernement de Paris et de la première Division militaire,

CÉSAR BERTHIER.

Pour copie conforme :

L'Adjudant-commandant, Sous-chef de l'État-major général du Gouvernement de Paris,

DOUCET.

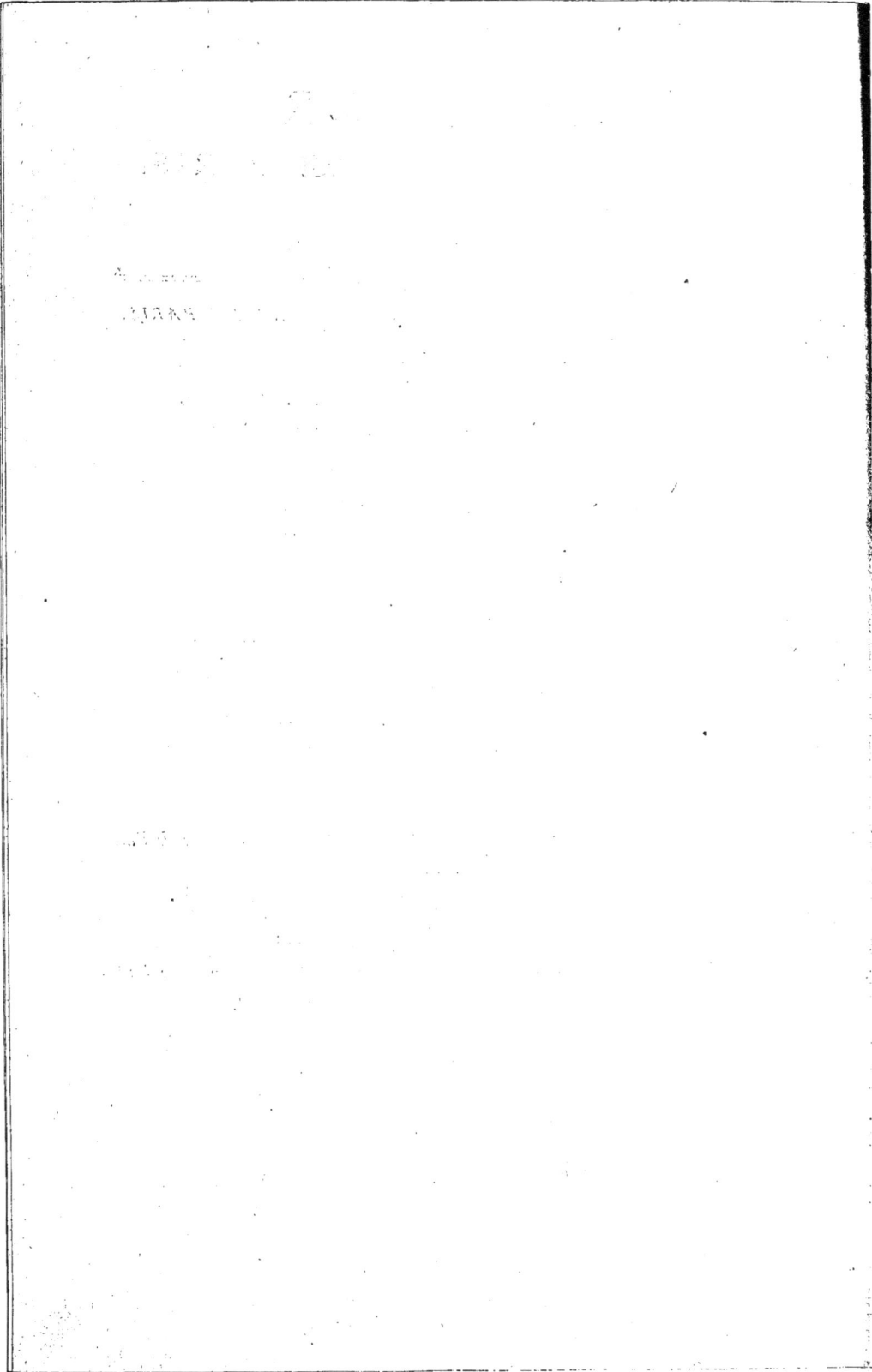

ÉTAT-MAJOR
DU GOUVERNEMENT DE PARIS.

ORDRE du 21 Floréal an 13.

SERVICE DE L'ÉTAT-MAJOR DU GOUVERNEMENT DE PARIS.

Du 21 au 22 Floréal.

Adjudant de Place de service à l'État-major...................... SANSON.
Adjudant de Place de ronde de nuit............................... VILLERS.

Visite aux Casernes, Prisons, Hôpital, et distribution de fourrages.

Rive droite de la Seine : le Capitaine Adjudant de Place................ VILLERS.
Rive gauche : le Capitaine Adjudant de Place....................... GRAILLARD.

Du 22 au 23 Floréal.

Adjudant de Place de service à l'État-major....................... COTEAU.
Adjudant de Place de ronde de nuit............................... GRAILLARD.

Visite aux Casernes, Prisons, Hôpital, et distribution de fourrages.

Rive droite de la Seine : le Capitaine Adjudant de Place................ GRAILLARD.
Rive gauche : le Lieutenant Adjudant de Place....................... SANSON.

Rien de nouveau.

Le Général de Brigade, Chef de l'État-major général du Gouvernement de Paris et de la première Division militaire,

CÉSAR BERTHIER.

Pour copie conforme :

L'Adjudant-commandant, Sous-chef de l'État-major général du Gouvernement de Paris,

DOUCET.

ÉTAT-MAJOR
DU GOUVERNEMENT DE PARIS.

ORDRE du 22 Floréal an 13.

SERVICE DE L'ÉTAT-MAJOR DU GOUVERNEMENT DE PARIS.

Du 22 au 23 Floréal.

Adjudant de Place de service à l'État-major........................... COTEAU.
Adjudant de Place de ronde de nuit................................ GRAILLARD.

Visite aux Casernes, Prisons, Hôpital, et distribution de fourrages.

Rive droite de la Seine : le Capitaine Adjudant de Place................. GRAILLARD.
Rive gauche : le Lieutenant Adjudant de Place....................... SANSON.

Du 23 au 24 Floréal.

Adjudant de Place de service à l'État-major........................ CORDIEZ.
Adjudant de Place de ronde de nuit............................... SANSON.

Visite aux Casernes, Prisons, Hôpital, et distribution de fourrages.

Rive droite de la Seine : le Lieutenant Adjudant de Place............... SANSON.
Rive gauche : le Capitaine Adjudant de Place....................... COTEAU.

Rien de nouveau.

Le Général de Brigade, Chef de l'État-major général du Gouvernement de Paris et de la première Division militaire,

CÉSAR BERTHIER.

Pour copie conforme :

L'Adjudant-commandant, Sous-chef de l'État-major général du Gouvernement de Paris,

DOUCET.

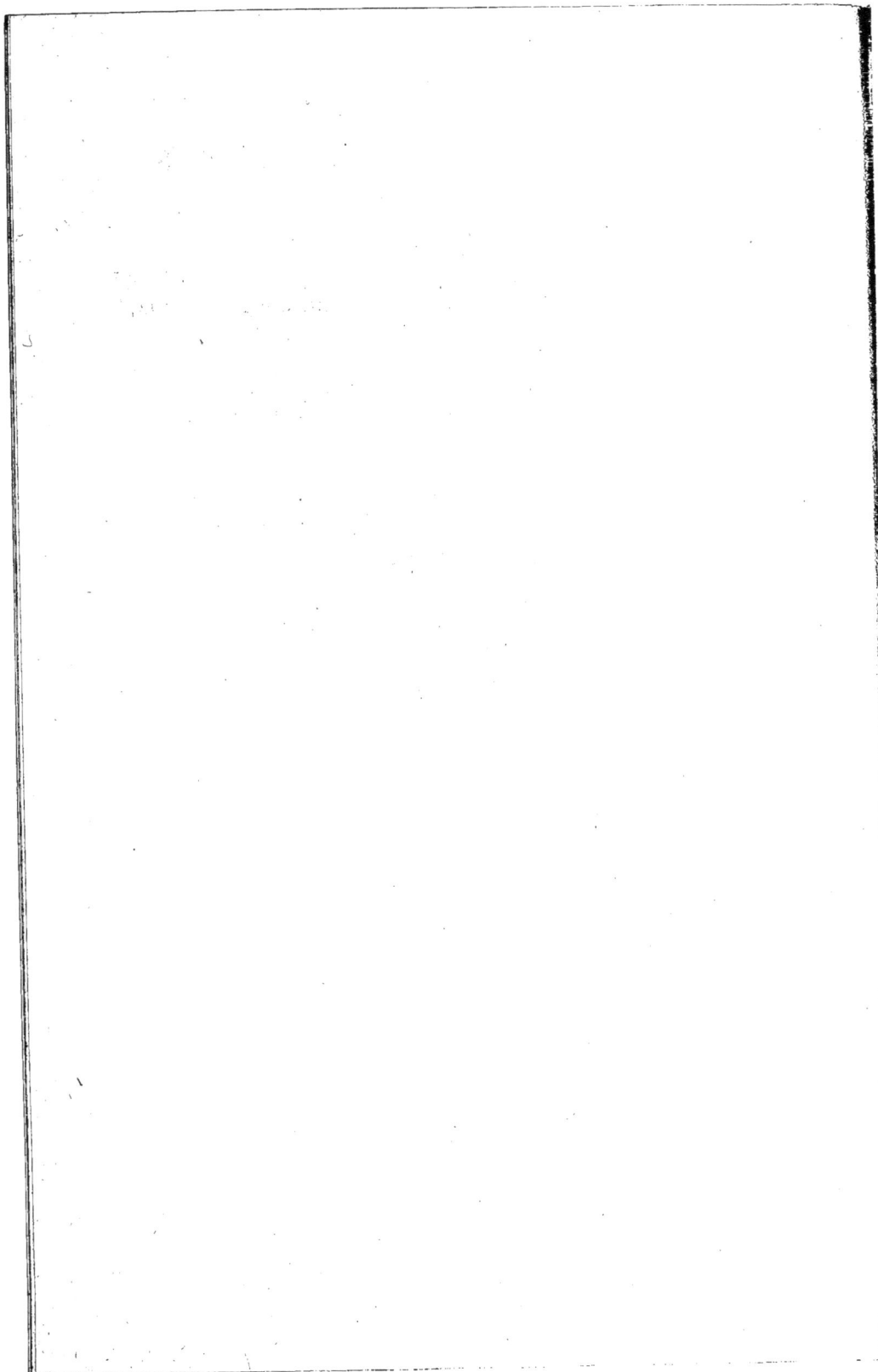

ÉTAT-MAJOR
DU GOUVERNEMENT DE PARIS.

ORDRE du 23 Floréal an 13.

Du 23 au 24 Floréal.

Adjudant de Place de service à l'État-major......................... CORDIEZ.
Adjudant de Place de ronde de nuit............................... SANSON.

Visite aux Casernes, Prisons, Hôpital, et distribution de fourrages.

Rive droite de la Seine : le Lieutenant Adjudant de Place............... SANSON.
Rive gauche : le Capitaine Adjudant de Place........................ COTEAU.

Du 24 au 25 Floréal.

Adjudant de Place de service à l'État-major........................ CARON.
Adjudant de Place de ronde de nuit............................... COTEAU.

Visite aux Casernes, Prisons, Hôpital, et distribution de fourrages.

Rive droite de la Seine : le Capitaine Adjudant de Place.................. COTEAU.
Rive gauche : le Capitaine Adjudant de Place........................ CORDIEZ.

Rien de nouveau.

Le Général de Brigade, Chef de l'État - major général du Gouvernement de Paris et de la première Division militaire,

CÉSAR BERTHIER.

Pour copie conforme :

L'Adjudant - commandant, Sous - chef de l'État - major général du Gouvernement de Paris,

DOUCET.

ÉTAT-MAJOR
DU GOUVERNEMENT DE PARIS.

ORDRE du 24 Floréal an 13.

SERVICE DE L'ÉTAT-MAJOR DU GOUVERNEMENT DE PARIS.

Du 24 au 25 Floréal.

Adjudant de Place de service à l'État-major............................ CARON.
Adjudant de Place de ronde de nuit.................................. COTEAU.

Visite aux Casernes, Prisons, Hôpital, et distribution de fourrages.

Rive droite de la Seine : le Capitaine Adjudant de Place................. COTEAU.
Rive gauche : le Capitaine Adjudant de Place........................... CORDIEZ.

Du 25 au 26 Floréal.

Adjudant de Place de service à l'État-major........................... VILLERS.
Adjudant de Place de ronde de nuit................................. CORDIEZ.

Visite aux Casernes, Prisons, Hôpital, et distribution de fourrages.

Rive droite de la Seine : le Capitaine Adjudant de Place................. CORDIEZ.
Rive gauche : le Capitaine Adjudant de Place........................... CARON.

Rien de nouveau.

Le Général de Brigade, Chef de l'État-major général du Gouvernement de Paris et de la première Division militaire,

CÉSAR BERTHIER.

Pour copie conforme :

L'Adjudant-commandant, Sous-chef de l'État-major général du Gouvernement de Paris,

DOUCET.

ÉTAT-MAJOR
DU GOUVERNEMENT DE PARIS.

ORDRE du 25 Floréal an 13.

Du 25 au 26 Floréal.

Adjudant de Place de service à l'État-major.......................... VILLERS.

Adjudant de Place de ronde de nuit............................... CORDIEZ.

Visite aux Casernes, Prisons, Hôpital, et distribution de fourrages.

Rive droite de la Seine : le Capitaine Adjudant de Place................. CORDIEZ.

Rive gauche : le Capitaine Adjudant de Place......................... CARON.

Du 26 au 27 Floréal.

Adjudant de Place de service à l'État-major........................... GRAILLARD.

Adjudant de Place de ronde de nuit................................ CARON.

Visite aux Casernes, Prisons, Hôpital, et distribution de fourrages.

Rive droite de la Seine : le Capitaine Adjudant de Place................. CARON.

Rive gauche : le Capitaine Adjudant de Place......................... VILLERS.

Nomination.

Son Altesse Sérénissime le Prince Gouverneur de Paris a nommé Capitaine adjudant près le 8.ᵉ arrondissement de cette ville, M. *Emmanuel Giraud*, Capitaine réformé du 2.ᵉ régiment de Chasseurs à cheval, qui jouira des appointemens affectés à ce grade à dater du 4 du présent mois.

Le Général de Brigade, Chef de l'État - major général du Gouvernement de Paris et de la première Division militaire,

CÉSAR BERTHIER.

Pour copie conforme :

L'Adjudant - commandant, Sous - chef de l'État - major général du Gouvernement de Paris,

DOUCET.

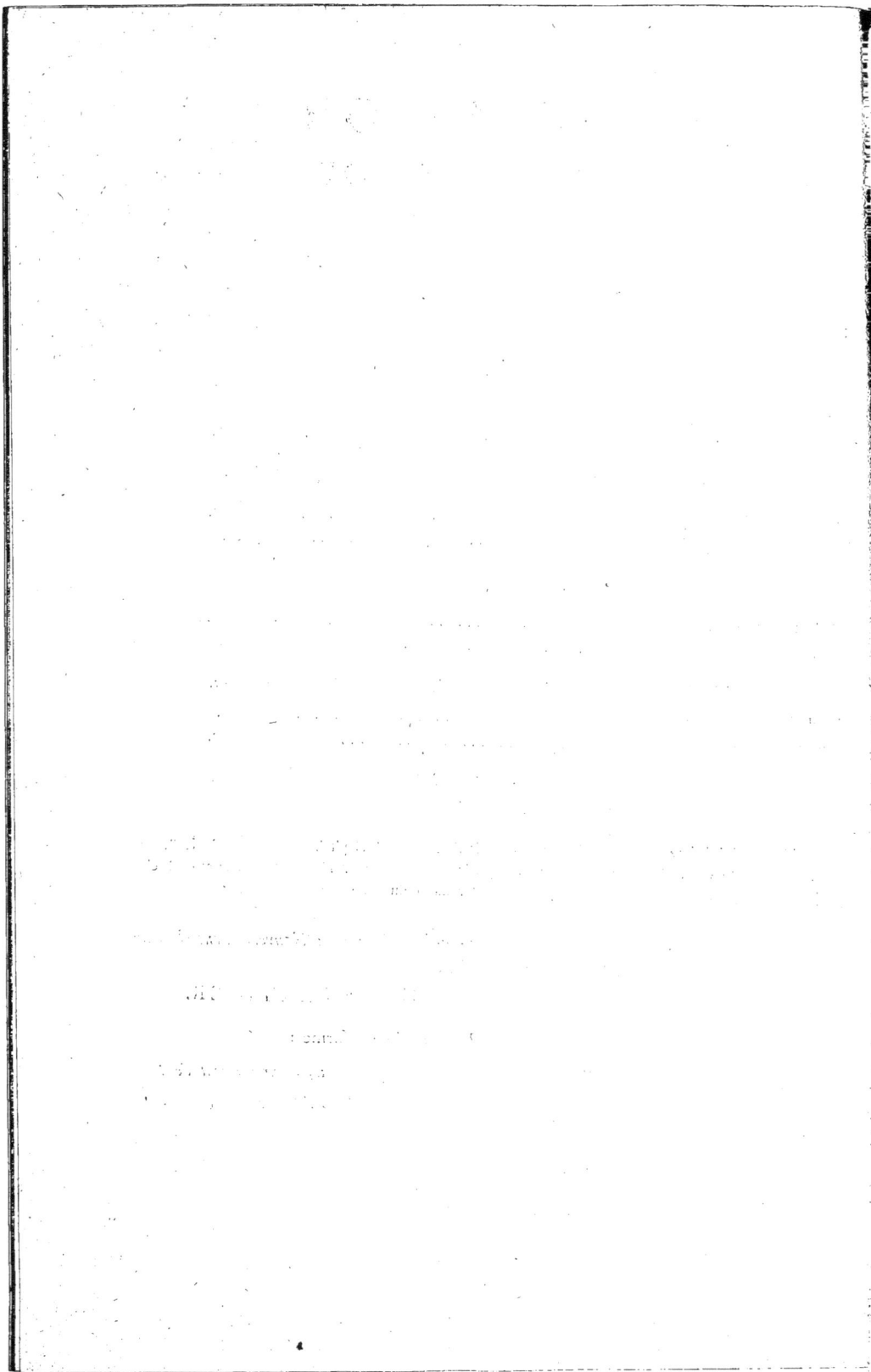

ÉTAT-MAJOR
DU GOUVERNEMENT DE PARIS.

ORDRE du 26 Floréal an 13.

SERVICE DE L'ÉTAT-MAJOR DU GOUVERNEMENT DE PARIS.

Du 26 au 27 Floréal.

Adjudant de Place de service à l'État-major......................... GRAILLARD.
Adjudant de Place de ronde de nuit............................... CARON.

Visite aux Casernes, Prisons, Hôpital, et distribution de fourrages.

Rive droite de la Seine : le Capitaine Adjudant de Place................. CARON.
Rive gauche : le Capitaine Adjudant de Place........................ VILLERS.

Du 27 au 28 Floréal.

Adjudant de Place de service à l'État-major........................ SANSON.
Adjudant de Place de ronde de nuit............................... VILLERS.

Visite aux Casernes, Prisons, Hôpital, et distribution de fourrages.

Rive droite de la Seine : le Capitaine Adjudant de Place................. VILLERS.
Rive gauche : le Capitaine Adjudant de Place........................ GRAILLARD.

Rien de nouveau.

*Le Général de Brigade, Chef de l'État-major général du Gouvernement de Paris
et de la première Division militaire,*

CÉSAR BERTHIER.

Pour copie conforme :

L'Adjudant-commandant, Sous-chef de l'État-major général du Gouvernement de Paris,

DOUCET.

ÉTAT-MAJOR
DU GOUVERNEMENT DE PARIS.

ORDRE du 27 Floréal an 13.

SERVICE DE L'ÉTAT-MAJOR DU GOUVERNEMENT DE PARIS.

Du 27 au 28 Floréal.

Adjudant de Place de service à l'État-major......................... SANSON.
Adjudant de Place de ronde de nuit................................ VILLERS.

Visite aux Casernes, Prisons, Hôpital, et distribution de fourrages.

Rive droite de la Seine : le Capitaine Adjudant de Place................. VILLERS.
Rive gauche : le Capitaine Adjudant de Place........................ GRAILLARD.

Du 28 au 29 Floréal.

Adjudant de Place de service à l'État-major......................... VIART.
Adjudant de Place de ronde de nuit................................ GRAILLARD.

Visite aux Casernes, Prisons, Hôpital, et distribution de fourrages.

Rive droite de la Seine : le Capitaine Adjudant de Place................. GRAILLARD.
Rive gauche : le Lieutenant Adjudant de Place,...................... SANSON.

Rien de nouveau.

Le Général de Brigade, Chef de l'État-major général du Gouvernement de Paris et de la première Division militaire,

CÉSAR BERTHIER.

Pour copie conforme :

L'Adjudant-commandant, Sous-chef de l'État-major général du Gouvernement de Paris,

DOUCET.

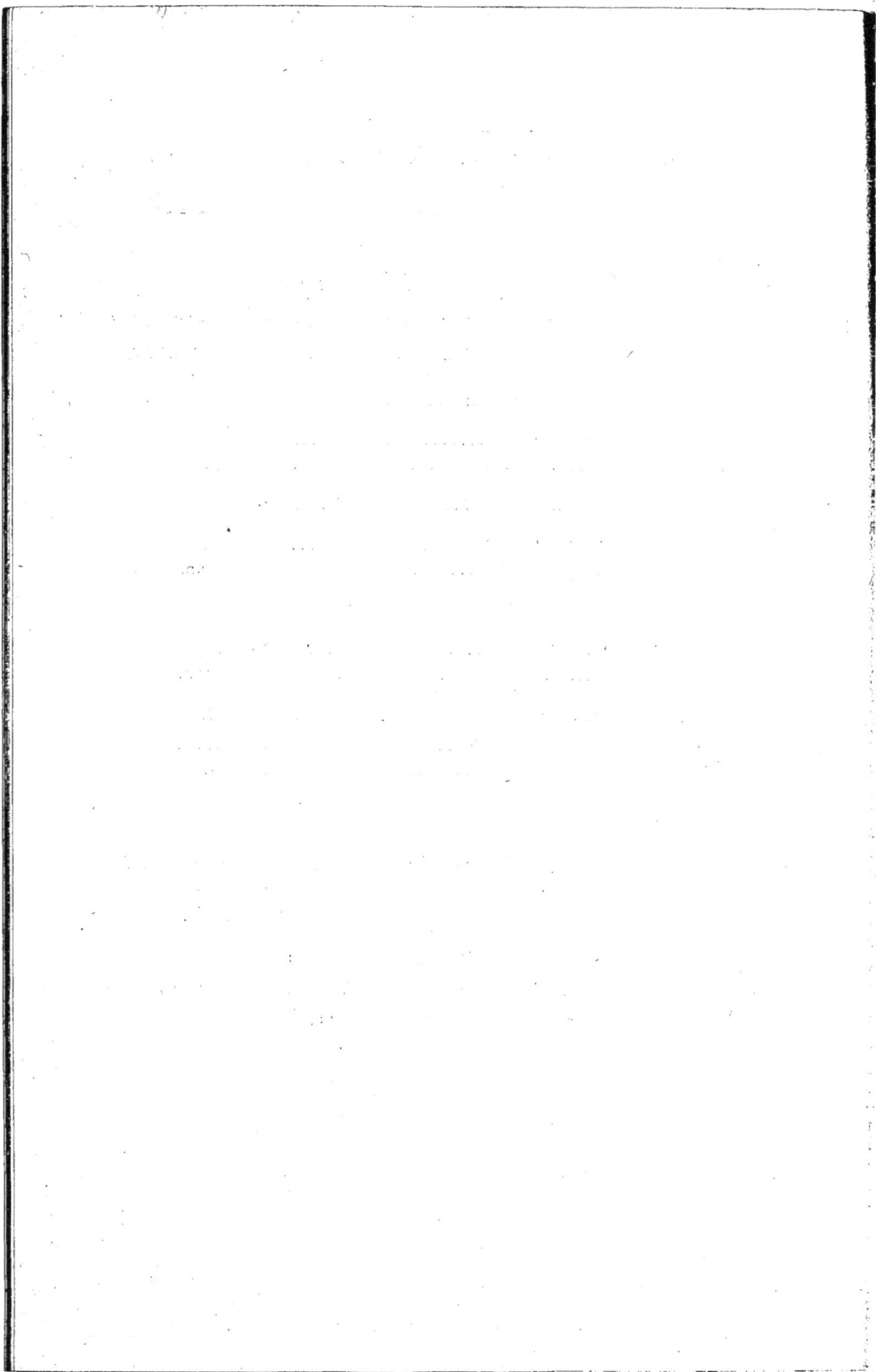

ÉTAT-MAJOR
DU GOUVERNEMENT DE PARIS.

ORDRE du 28 Floréal an 13.

SERVICE DE L'ÉTAT-MAJOR DU GOUVERNEMENT DE PARIS.

Du 28 au 29 Floréal.

Adjudant de Place de service à l'État-major.......................... VIART.
Adjudant de Place de ronde de nuit............................... GRAILLARD.

Visite aux Casernes, Prisons, Hôpital, et distribution de fourrages.

Rive droite de la Seine : le Capitaine Adjudant de Place................. GRAILLARD.
Rive gauche : le Lieutenant Adjudant de Place......................... SANSON.

Du 29 au 30 Floréal.

Adjudant de Place de service à l'État-major......................... CORDIEZ.
Adjudant de Place de ronde de nuit............................... SANSON.

Visite aux Casernes, Prisons, Hôpital, et distribution de fourrages.

Rive droite de la Seine : le Lieutenant Adjudant de Place............... SANSON.
Rive gauche : le Capitaine Adjudant de Place......................... VIART.

Rien de nouveau.

Le Général de Brigade, Chef de l'État-major général du Gouvernement de Paris et de la première Division militaire,

CÉSAR BERTHIER.

Pour copie conforme :

L'Adjudant-commandant, Sous-chef de l'État-major général du Gouvernement de Paris,

DOUCET.

ÉTAT-MAJOR
DU GOUVERNEMENT DE PARIS.

ORDRE du 29 Floréal an 13.

SERVICE DE L'ÉTAT-MAJOR DU GOUVERNEMENT DE PARIS.

Du 29 au 30 Floréal.

Adjudant de Place de service à l'État-major......................... CORDIEZ.
Adjudant de Place de ronde de nuit................................ SANSON.

Visite aux Casernes, Prisons, Hôpital, et distribution de fourrages.

Rive droite de la Seine : le Lieutenant Adjudant de Place................ SANSON.
Rive gauche : le Capitaine Adjudant de Place........................ VIART.

Du 30 Floréal au 1.er Prairial.

Adjudant de Place de service à l'État-major......................... CARON.
Adjudant de Place de ronde de nuit................................ VIART.

Visite aux Casernes, Prisons, Hôpital, et distribution de fourrages.

Rive droite de la Seine : le Capitaine Adjudant de Place................. VIART.
Rive gauche : le Capitaine Adjudant de Place........................ CORDIEZ.

Corvées.

Le 2.e Régiment d'infanterie légère fournira, pendant le mois de Prairial prochain, tous les hommes de corvée nécessaires aux travaux du dépôt central d'Artillerie, sur la réquisition particulière du Général *S.t Laurent*, Directeur dudit dépôt.

Le Général de Brigade, Chef de l'État-major général du Gouvernement de Paris et de la première Division militaire,

CÉSAR BERTHIER.

Pour copie conforme :

L'Adjudant-commandant, Sous-chef de l'État-major général du Gouvernement de Paris,

DOUCET.

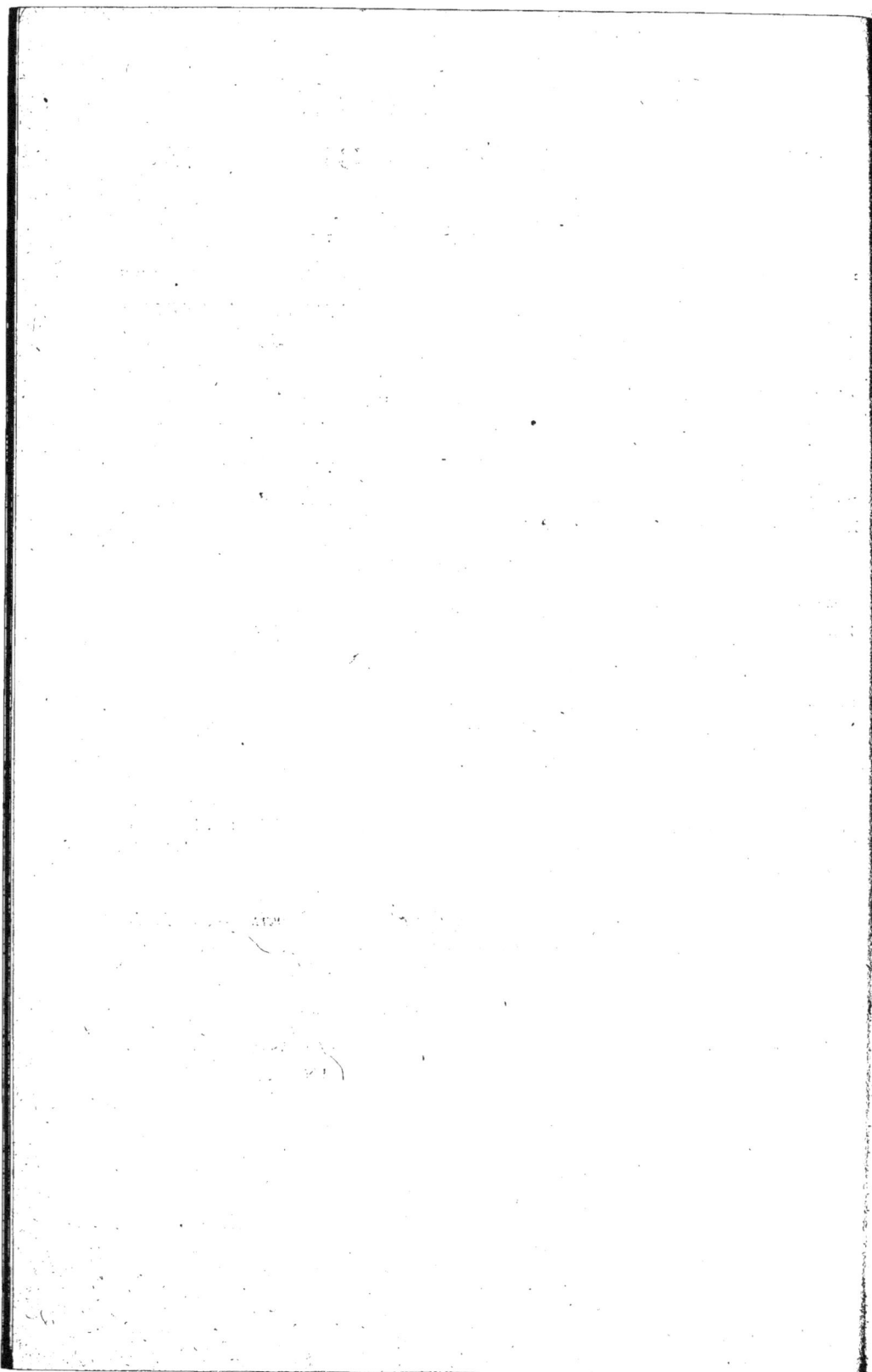

ÉTAT-MAJOR
DU GOUVERNEMENT DE PARIS.

ORDRE du 30 Floréal an 13.

SERVICE DE L'ÉTAT - MAJOR DU GOUVERNEMENT DE PARIS.

Du 30 Floréal au 1.er Prairial.

Adjudant de Place de service à l'État-major............................ CARON.
Adjudant de Place de ronde de nuit................................. VIART.

Visite aux Casernes, Prisons, Hôpital, et distribution de fourrages.

Rive droite de la Seine : le Capitaine Adjudant de Place.................. VIART.
Rive gauche : le Capitaine Adjudant de Place........................ CORDIEZ.

Du 1.er au 2 Prairial.

Adjudant de Place de service à l'État-major.......................... VILLERS.
Adjudant de Place de ronde de nuit................................ CORDIEZ.

Visite aux Casernes, Prisons, Hôpital, et distribution de fourrages.

Rive droite de la Seine : le Capitaine Adjudant de Place................. CORDIEZ.
Rive gauche : le Capitaine Adjudant de Place........................ CARON.

Rien de nouveau.

Le Général de Brigade, Chef de l'État-major général du Gouvernement de Paris et de la première Division militaire,

CÉSAR BERTHIER.

Pour copie conforme :

L'Adjudant-commandant, Sous-chef de l'État-major général du Gouvernement de Paris,

DOUCET.

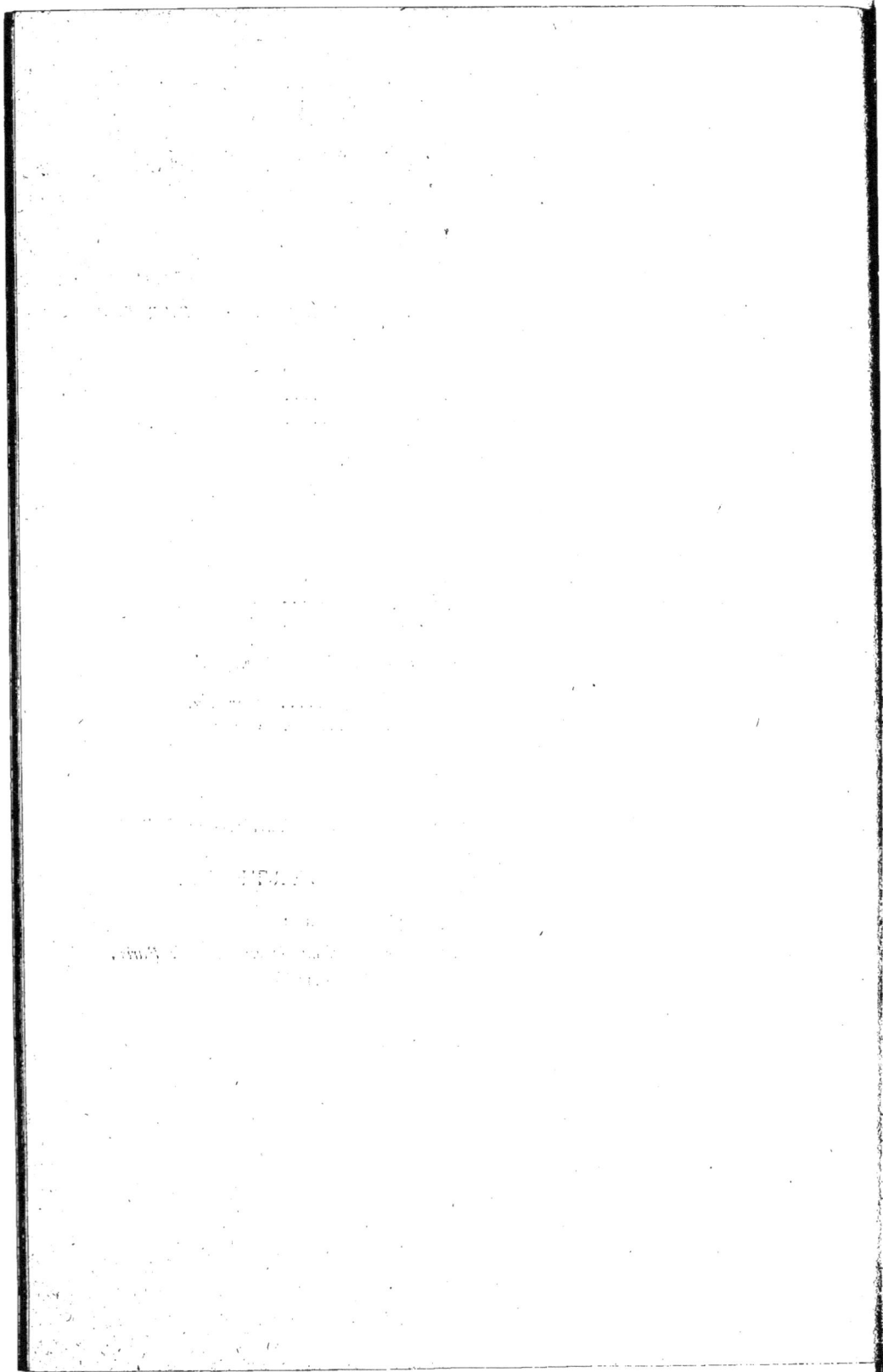

ÉTAT-MAJOR
DU GOUVERNEMENT DE PARIS.

ORDRE du 1.er Prairial an 13.

SERVICE DE L'ÉTAT-MAJOR DU GOUVERNEMENT DE PARIS.

Du 1.er au 2 Prairial.

Adjudant de Place de service à l'État-major.......................... VILLERS.
Adjudant de Place de ronde de nuit................................ CORDIEZ.

Visite aux Casernes, Prisons, Hôpital, et distribution de fourrages.

Rive droite de la Seine : le Capitaine Adjudant de Place.................. CORDIEZ.
Rive gauche : le Capitaine Adjudant de Place........................ CARON.

Du 2 au 3 Prairial.

Adjudant de Place de service à l'État-major.......................... GRAILLARD.
Adjudant de Place de ronde de nuit................................ CARON.

Visite aux Casernes, Prisons, Hôpital, et distribution de fourrages.

Rive droite de la Seine : le Capitaine Adjudant de Place.................. CARON.
Rive gauche : le Capitaine Adjudant de Place........................ VILLERS.

Rien de nouveau.

Le Général de Brigade, Chef de l'État-major général du Gouvernement de Paris et de la première Division militaire,

CÉSAR BERTHIER.

Pour copie conforme :

L'Adjudant-commandant, Sous-chef de l'État-major général du Gouvernement de Paris,

DOUCET.

ÉTAT-MAJOR
DU GOUVERNEMENT DE PARIS.

ORDRE du 2 Prairial an 13.

Du 2 au 3 Prairial.

Adjudant de Place de service à l'État-major......................... GRAILLARD.
Adjudant de Place de ronde de nuit............................... CARON.

Visite aux Casernes, Prisons, Hôpital, et distribution de fourrages.

Rive droite de la Seine : le Capitaine Adjudant de Place.................. CARON.
Rive gauche : le Capitaine Adjudant de Place........................ VILLERS.

Du 3 au 4 Prairial.

Adjudant de Place de service à l'État-major......................... SANSON.
Adjudant de Place de ronde de nuit............................... VILLERS.

Visite aux Casernes, Prisons, Hôpital, et distribution de fourrages.

Rive droite de la Seine : le Capitaine Adjudant de Place.................. VILLERS.
Rive gauche : le Capitaine Adjudant de Place........................ GRAILLARD.

Rien de nouveau.

Le Général de Brigade, Chef de l'État-major général du Gouvernement de Paris et de la première Division militaire,

CÉSAR BERTHIER.

Pour copie conforme :

L'Adjudant-commandant, Sous-chef de l'État-major général du Gouvernement de Paris,

DOUCET.

ÉTAT-MAJOR
DU GOUVERNEMENT DE PARIS.

ORDRE du 3 Prairial an 13.

SERVICE DE L'ÉTAT - MAJOR DU GOUVERNEMENT DE PARIS.

Du 3 au 4 Prairial.

Adjudant de Place de service à l'État-major........................... SANSON.
Adjudant de Place de ronde de nuit................................ VILLERS.

Visite aux Casernes, Prisons, Hôpital, et distribution de fourrages.

Rive droite de la Seine : le Capitaine Adjudant de Place................. VILLERS.
Rive gauche : le Capitaine Adjudant de Place........................ GRAILLARD.

Du 4 au 5 Prairial.

Adjudant de Place de service à l'État-major........................ VIART.
Adjudant de Place de ronde de nuit................................ GRAILLARD.

Visite aux Casernes, Prisons, Hôpital, et distribution de fourrages.

Rive droite de la Seine : le Capitaine Adjudant de Place................. GRAILLARD.
Rive gauche : le Lieutenant Adjudant de Place........................ SANSON.

Rien de nouveau.

Le Général de Brigade, Chef de l'État - major général du Gouvernement de Paris et de la première Division militaire,

CÉSAR BERTHIER.

Pour copie conforme :

L'Adjudant - commandant, Sous - chef de l'État - major général du Gouvernement de Paris,

DOUCET.

ÉTAT-MAJOR
DU GOUVERNEMENT DE PARIS.

ORDRE du 4 Prairial an 13.

SERVICE DE L'ÉTAT-MAJOR DU GOUVERNEMENT DE PARIS.

Du 4 au 5 Prairial.

Adjudant de Place de service à l'État-major...................... VIART.
Adjudant de Place de ronde de nuit............................... GRAILLARD.

Visite aux Casernes, Prisons, Hôpital, et distribution de fourrages.

Rive droite de la Séine : le Capitaine Adjudant de Place................ GRAILLARD.
Rive gauche : le Lieutenant Adjudant de Place........................ SANSON.

Du 5 au 6 Prairial.

Adjudant de Place de service à l'État-major......................... COTEAU.
Adjudant de Place de ronde de nuit................................ SANSON.

Visite aux Casernes, Prisons, Hôpital, et distribution de fourrages.

Rive droite de la Seine : le Lieutenant Adjudant de Place............... SANSON.
Rive gauche : le Capitaine Adjudant de Place........................ VIART.

Rien de nouveau.

Le Général de Brigade, Chef de l'État-major général du Gouvernement de Paris
et de la première Division militaire,

CÉSAR BERTHIER.

Pour copie conforme :

L'Adjudant-commandant, Sous-chef de l'État-major général du Gouvernement de Paris,

DOUCET.

ÉTAT-MAJOR
DU GOUVERNEMENT DE PARIS.

ORDRE du 5 Prairial an 13.

SERVICE DE L'ÉTAT-MAJOR DU GOUVERNEMENT DE PARIS.

Du 5 au 6 Prairial.

Adjudant de Place de service à l'État-major...................... COTEAU.
Adjudant de Place de ronde de nuit.............................. SANSON.

Visite aux Casernes, Prisons, Hôpital, et distribution de fourrages.

Rive droite de la Seine : le Lieutenant Adjudant de Place............... SANSON.
Rive gauche : le Capitaine Adjudant de Place........................ VIART.

Du 6 au 7 Prairial.

Adjudant de Place de service à l'État-major......................... CARON.
Adjudant de Place de ronde de nuit............................... VIART.

Visite aux Casernes, Prisons, Hôpital, et distribution de fourrages.

Rive droite de la Seine : le Capitaine Adjudant de Place................ VIART.
Rive gauche : le Capitaine Adjudant de Place....................... COTEAU.

Rien de nouveau.

Le Général de Brigade, Chef de l'État-major général du Gouvernement de Paris
et de la première Division militaire,

CÉSAR BERTHIER.

Pour copie conforme :

L'Adjudant-commandant, Sous-chef de l'État-major général du Gouvernement de Paris,

DOUCET.

ÉTAT-MAJOR
DU GOUVERNEMENT DE PARIS.

ORDRE du 6 Prairial an 13.

SERVICE DE L'ÉTAT-MAJOR DU GOUVERNEMENT DE PARIS.

Du 6 au 7 Prairial.

Adjudant de Place de service à l'État-major.......................... CARON.
Adjudant de Place de ronde de nuit................................ VIART.

Visite aux Casernes, Prisons, Hôpital, et distribution de fourrages.

Rive droite de la Seine : le Capitaine Adjudant de Place.................. CARON.
Rive gauche : le Capitaine Adjudant de Place........................ COTEAU.

Du 7 au 8 Prairial.

Adjudant de Place de service à l'État-major......................... VILLERS.
Adjudant de Place de ronde de nuit................................ COTEAU.

Visite aux Casernes, Prisons, Hôpital, et distribution de fourrages.

Rive droite de la Seine : le Capitaine Adjudant de Place.................. COTEAU.
Rive gauche : le Capitaine Adjudant de Place........................ CARON.

Rien de nouveau.

*Le Général de Brigade, Chef de l'État-major général du Gouvernement de Paris
et de la première Division militaire,*

CÉSAR BERTHIER.

Pour copie conforme :

L'Adjudant-commandant, Sous-chef de l'État-major général du Gouvernement de Paris,

DOUCET.

ÉTAT-MAJOR
DU GOUVERNEMENT DE PARIS.

ORDRE du 7 Prairial an 13.

SERVICE DE L'ÉTAT-MAJOR DU GOUVERNEMENT DE PARIS.

Du 7 au 8 Prairial.

Adjudant de Place de service à l'État-major........................... VILLERS.
Adjudant de Place de ronde de nuit................................ COTEAU.

Visite aux Casernes, Prisons, Hôpital, et distribution de fourrages.

Rive droite de la Seine : le Capitaine Adjudant de Place................. COTEAU.
Rive gauche : le Capitaine Adjudant de Place......................... CARON.

Du 8 au 9 Prairial.

Adjudant de Place de service à l'État-major........................... GRAILLARD.
Adjudant de Place de ronde de nuit................................ CARON.

Visite aux Casernes, Prisons, Hôpital, et distribution de fourrages.

Rive droite de la Seine : le Capitaine Adjudant de Place................. CARON.
Rive gauche : le Capitaine Adjudant de Place......................... VILLERS.

Rien de nouveau.

*Le Général de Brigade, Chef de l'État-major général du Gouvernement de Paris
et de la première Division militaire,*

CÉSAR BERTHIER.

Pour copie conforme :

L'Adjudant-commandant, Sous-chef de l'État-major général du Gouvernement de Paris,

DOUCET.

ÉTAT-MAJOR
DU GOUVERNEMENT DE PARIS.

ORDRE du 8 Prairial an 13.

SERVICE DE L'ÉTAT-MAJOR DU GOUVERNEMENT DE PARIS.

Du 8 au 9 Prairial.

Adjudant de Place de service à l'État-major......................... GRAILLARD.
Adjudant de Place de ronde de nuit................................ CARON.

Visite aux Casernes, Prisons, Hôpital, et distribution de fourrages.

Rive droite de la Seine : le Capitaine Adjudant de Place................. CARON.
Rive gauche : le Capitaine Adjudant de Place........................ VILLERS.

Du 9 au 10 Prairial.

Adjudant de Place de service à l'État-major......................... SANSON.
Adjudant de Place de ronde de nuit................................ VILLERS.

Visite aux Casernes, Prisons, Hôpital, et distribution de fourrages.

Rive droite de la Seine : le Capitaine Adjudant de Place................. VILLERS.
Rive gauche : le Capitaine Adjudant de Place........................ GRAILLARD.

Rien de nouveau.

Le Général de Brigade, Chef de l'État-major général du Gouvernement de Paris et de la première Division militaire,

CÉSAR BERTHIER.

Pour copie conforme :

L'Adjudant-commandant, Sous-chef de l'État-major général du Gouvernement de Paris,

DOUCET.

ÉTAT-MAJOR
DU GOUVERNEMENT DE PARIS.

ORDRE du 9 Prairial an 13.

SERVICE DE L'ÉTAT-MAJOR DU GOUVERNEMENT DE PARIS.

Du 9 au 10 Prairial.

Adjudant de Place de service à l'État-major......................... SANSON.
Adjudant de Place de ronde de nuit............................... VILLERS.

Visite aux Casernes, Prisons, Hôpital, et distribution de fourrages.

Rive droite de la Seine : le Capitaine Adjudant de Place................. VILLERS.
Rive gauche : le Capitaine Adjudant de Place......................... GRAILLARD.

Du 10 au 11 Prairial.

Adjudant de Place de service à l'État-major......................... VIART.
Adjudant de Place de ronde de nuit............................... GRAILLARD.

Visite aux Casernes, Prisons, Hôpital, et distribution de fourrages.

Rive droite de la Seine : le Capitaine Adjudant de Place................. GRAILLARD.
Rive gauche : le Capitaine Adjudant de Place......................... SANSON.

Rien de nouveau.

Le Général de Brigade, Chef de l'État-major général du Gouvernement de Paris et de la première Division militaire,

CÉSAR BERTHIER.

Pour copie conforme :

L'Adjudant-commandant, Sous-chef de l'État-major général du Gouvernement de Paris,

DOUCET.

ÉTAT-MAJOR
DU GOUVERNEMENT DE PARIS.

ORDRE du 10 Prairial an 13.

SERVICE DE L'ÉTAT-MAJOR DU GOUVERNEMENT DE PARIS.

Du 10 au 11 Prairial.

Adjudant de Place de service à l'État-major........................ VIART.
Adjudant de Place de ronde de nuit............................... GRAILLARD.

Visite aux Casernes, Prisons, Hôpital, et distribution de fourrages.

Rive droite de la Seine : le Capitaine Adjudant de Place................. GRAILLARD.
Rive gauche : le Lieutenant Adjudant de Place....................... SANSON.

Du 11 au 12 Prairial.

Adjudant de Place de service à l'État-major........................ COTEAU.
Adjudant de Place de ronde de nuit............................... SANSON.

Visite aux Casernes, Prisons, Hôpital, et distribution de fourrages.

Rive droite de la Seine : le Lieutenant Adjudant de Place................ SANSON.
Rive gauche : le Capitaine Adjudant de Place....................... VIART.

Rien de nouveau.

Le Général de Brigade, Chef de l'État-major général du Gouvernement de Paris et de la première Division militaire,
CÉSAR BERTHIER.

Pour copie conforme :

L'Adjudant-commandant, Sous-chef de l'État-major général du Gouvernement de Paris,
DOUCET.

ÉTAT-MAJOR
DU GOUVERNEMENT DE PARIS.

ORDRE du 11 Prairial an 13.

SERVICE DE L'ÉTAT-MAJOR DU GOUVERNEMENT DE PARIS.

Du 11 au 12 Prairial.

Adjudant de Place de service à l'État-major...................... COTEAU.
Adjudant de Place de ronde de nuit............................... SANSON.

Visite aux Casernes, Prisons, Hôpital, et distribution de fourrages.

Rive droite de la Seine : le Lieutenant Adjudant de Place............... SANSON.
Rive gauche : le Capitaine Adjudant de Place........................ VIART.

Du 12 au 13 Prairial.

Adjudant de Place de service à l'État-major......................... CORDIEZ.
Adjudant de Place de ronde de nuit................................ VIART.

Visite aux Casernes, Prisons, Hôpital, et distribution de fourrages.

Rive droite de la Seine : le Capitaine Adjudant de Place............... VIART.
Rive gauche : le Capitaine Adjudant de Place........................ COTEAU.

Rien de nouveau.

*Le Général de Brigade, Chef de l'État-major général du Gouvernement de Paris
et de la première Division militaire,*

CÉSAR BERTHIER.

Pour copie conforme :

L'Adjudant-commandant, Sous-chef de l'État-major général du Gouvernement de Paris,

DOUCET.

ÉTAT-MAJOR

DU GOUVERNEMENT DE PARIS.

ORDRE du 12 Prairial an 13.

SERVICE DE L'ÉTAT-MAJOR DU GOUVERNEMENT DE PARIS.

Du 12 au 13 Prairial.

Adjudant de Place de service à l'État-major......................... CORDIEZ.
Adjudant de Place de ronde de nuit............................... VIART.

Visite aux Casernes, Prisons, Hôpital, et distribution de fourrages.

Rive droite de la Seine : le Capitaine Adjudant de Place................. VIART.
Rive gauche : le Capitaine Adjudant de Place......................... COTEAU.

Du 13 au 14 Prairial.

Adjudant de Place de service à l'État-major......................... VILLERS.
Adjudant de Place de ronde de nuit............................... COTEAU.

Visite aux Casernes, Prisons, Hôpital, et distribution de fourrages.

Rive droite de la Seine : le Capitaine Adjudant de Place................. COTEAU.
Rive gauche : le Capitaine Adjudant de Place......................... CORDIEZ.

Rien de nouveau.

Le Général de Brigade, Chef de l'État-major général du Gouvernement de Paris et de la première Division militaire,

CÉSAR BERTHIER.

Pour copie conforme :

L'Adjudant-commandant, Sous-chef de l'État-major général du Gouvernement de Paris,

DOUCET.

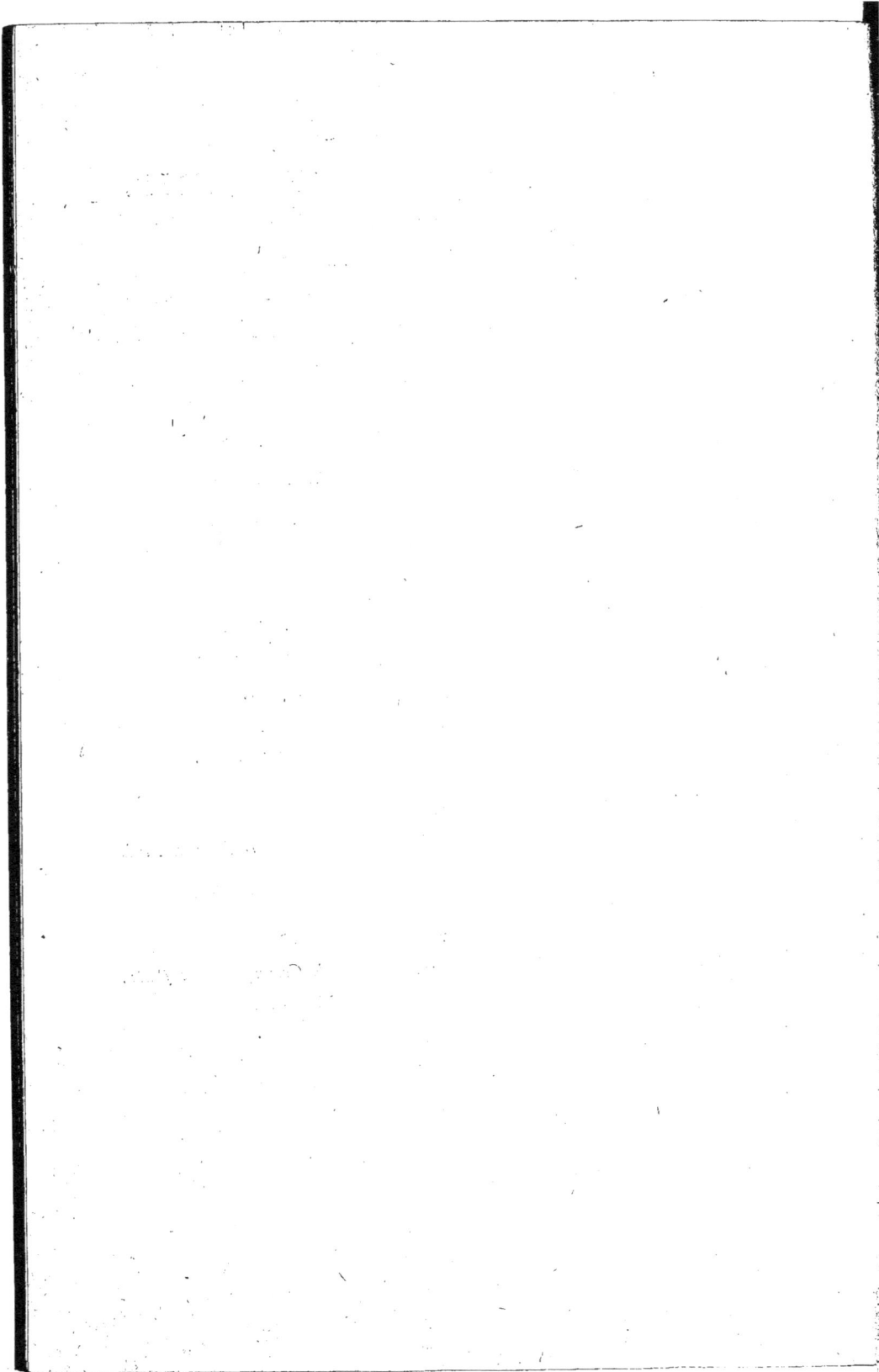

ÉTAT-MAJOR
DU GOUVERNEMENT DE PARIS.

ORDRE du 13 Prairial an 13.

SERVICE DE L'ÉTAT - MAJOR DU GOUVERNEMENT DE PARIS.

Du 13 au 14 Prairial.

Adjudant de Place de service à l'État-major...................,......7.. VILLERS.
Adjudant de Place de ronde de nuit............................... COTEAU.

Visite aux Casernes, Prisons, Hôpital, et distribution de fourrages.

Rive droite de la Seine : le Capitaine Adjudant de Place................. COTEAU.
Rive gauche : le Capitaine Adjudant de Place........................ CORDIEZ.

Du 14 au 15 Prairial.

Adjudant de Place de service à l'État-major......................... GRAILLARD.
Adjudant de Place de ronde de nuit................................ CORDIEZ.

Visite aux Casernes, Prisons, Hôpital, et distribution de fourrages.

Rive droite de la Seine : le Capitaine Adjudant de Place................. CORDIEZ.
Rive gauche : le Capitaine Adjudant de Place........................ VILLERS.

Rien de nouveau.

Le Général de Brigade, Chef de l'État - major général du Gouvernement de Paris et de la première Division militaire,

CÉSAR BERTHIER.

Pour copie conforme :

L'Adjudant - commandant, Sous - chef de l'État - major général du Gouvernement de Paris,

DOUCET.

ÉTAT-MAJOR
DU GOUVERNEMENT DE PARIS.

ORDRE du 14 Prairial an 13.

SERVICE DE L'ÉTAT-MAJOR DU GOUVERNEMENT DE PARIS.

Du 14 au 15 Prairial.

Adjudant de Place de service à l'État-major......................... GRAILLARD.
Adjudant de Place de ronde de nuit............................... CORDIEZ.

Visite aux Casernes, Prisons, Hôpital, et distribution de fourrages.

Rive droite de la Seine : le Capitaine Adjudant de Place.................. CORDIEZ.
Rive gauche : le Capitaine Adjudant de Place........................ VILLERS.

Du 15 au 16 Prairial.

Adjudant de Place de service à l'État-major......................... SANSON.
Adjudant de Place de ronde de nuit............................... VILLERS.

Visite aux Casernes, Prisons, Hôpital, et distribution de fourrages.

Rive droite de la Seine : le Capitaine Adjudant de Place.................. VILLERS.
Rive gauche : le Capitaine Adjudant de Place........................: GRAILLARD.

Rien de nouveau.

*Le Général de Brigade, Chef de l'État-major général du Gouvernement de Paris
et de la première Division militaire,*
CÉSAR BERTHIER.

Pour copie conforme :

L'Adjudant-commandant, Sous-chef de l'État-major général du Gouvernement de Paris,
DOUCET.

ÉTAT-MAJOR
DU GOUVERNEMENT DE PARIS.

ORDRE du 15 Prairial an 13.

SERVICE DE L'ÉTAT-MAJOR DU GOUVERNEMENT DE PARIS.

Du 15 au 16 Prairial.

Adjudant de Place de service à l'État-major........................... SANSON.
Adjudant de Place de ronde de nuit.............................. VILLERS.

Visite aux Casernes, Prisons, Hôpital, et distribution de fourrages.

Rive droite de la Seine : le Capitaine Adjudant de Place................. VILLERS.
Rive gauche : le Capitaine Adjudant de Place......................... GRAILLARD.

Du 16 au 17 Prairial.

Adjudant de Place de service à l'État-major........................... VIART.
Adjudant de Place de ronde de nuit.............................. GRAILLARD.

Visite aux Casernes, Prisons, Hôpital, et distribution de fourrages.

Rive droite de la Seine : le Capitaine Adjudant de Place................. GRAILLARD.
Rive gauche : le Lieutenant Adjudant de Place......................... SANSON.

Rien de nouveau.

Le Général de Brigade, Chef de l'État-major général du Gouvernement de Paris et de la première Division militaire,

CÉSAR BERTHIER.

Pour copie conforme :

L'Adjudant-commandant, Sous-chef de l'État-major général du Gouvernement de Paris,

DOUCET.

ÉTAT-MAJOR
DU GOUVERNEMENT DE PARIS.

ORDRE du 16 Prairial an 13.

SERVICE DE L'ÉTAT-MAJOR DU GOUVERNEMENT DE PARIS.

Du 16 au 17 Prairial.

Adjudant de Place de service à l'État-major......................... VIART.
Adjudant de Place de ronde de nuit................................. GRAILLARD.

Visite aux Casernes, Prisons, Hôpital, et distribution de fourrages.

Rive droite de la Seine : le Capitaine Adjudant de Place.................. GRAILLARD.
Rive gauche : le Lieutenant Adjudant de Place....................... SANSON.

Du 17 au 18 Prairial.

Adjudant de Place de service à l'État-major......................... COTEAU.
Adjudant de Place de ronde de nuit................................. SANSON.

Visite aux Casernes, Prisons, Hôpital, et distribution de fourrages.

Rive droite de la Seine : le Lieutenant Adjudant de Place............... SANSON.
Rive gauche : le Capitaine Adjudant de Place........................ VIART.

Rien de nouveau.

Le Général de Brigade, Chef de l'État-major général du Gouvernement de Paris et de la première Division militaire,

CÉSAR BERTHIER.

Pour copie conforme :

L'Adjudant-commandant, Sous-chef de l'État-major général du Gouvernement de Paris,

DOUCET.

ÉTAT-MAJOR
DU GOUVERNEMENT DE PARIS.

ORDRE du 17 Prairial an 13.

SERVICE DE L'ÉTAT-MAJOR DU GOUVERNEMENT DE PARIS.

Du 17 au 18 Prairial.

Adjudant de Place de service à l'État-major.......................... COTEAU.
Adjudant de Place de ronde de nuit............................... SANSON.

Visite aux Casernes, Prisons, Hôpital, et distribution de fourrages.

Rive droite de la Seine : le Lieutenant Adjudant de Place................ SANSON.
Rive gauche : le Capitaine Adjudant de Place......................... VIART.

Du 18 au 19 Prairial.

Adjudant de Place de service à l'État-major.......................... CORDIEZ.
Adjudant de Place de ronde de nuit................................. VIART.

Visite aux Casernes, Prisons, Hôpital, et distribution de fourrages.

Rive droite de la Seine : le Capitaine Adjudant de Place.................. VIART.
Rive gauche : le Capitaine Adjudant de Place......................... COTEAU.

Rien de nouveau.

Le Général de Brigade, Chef de l'État-major général du Gouvernement de Paris et de la première Division militaire,

CÉSAR BERTHIER.

Pour copie conforme :

L'Adjudant-commandant, Sous-chef de l'État-major général du Gouvernement de Paris,

DOUCET.

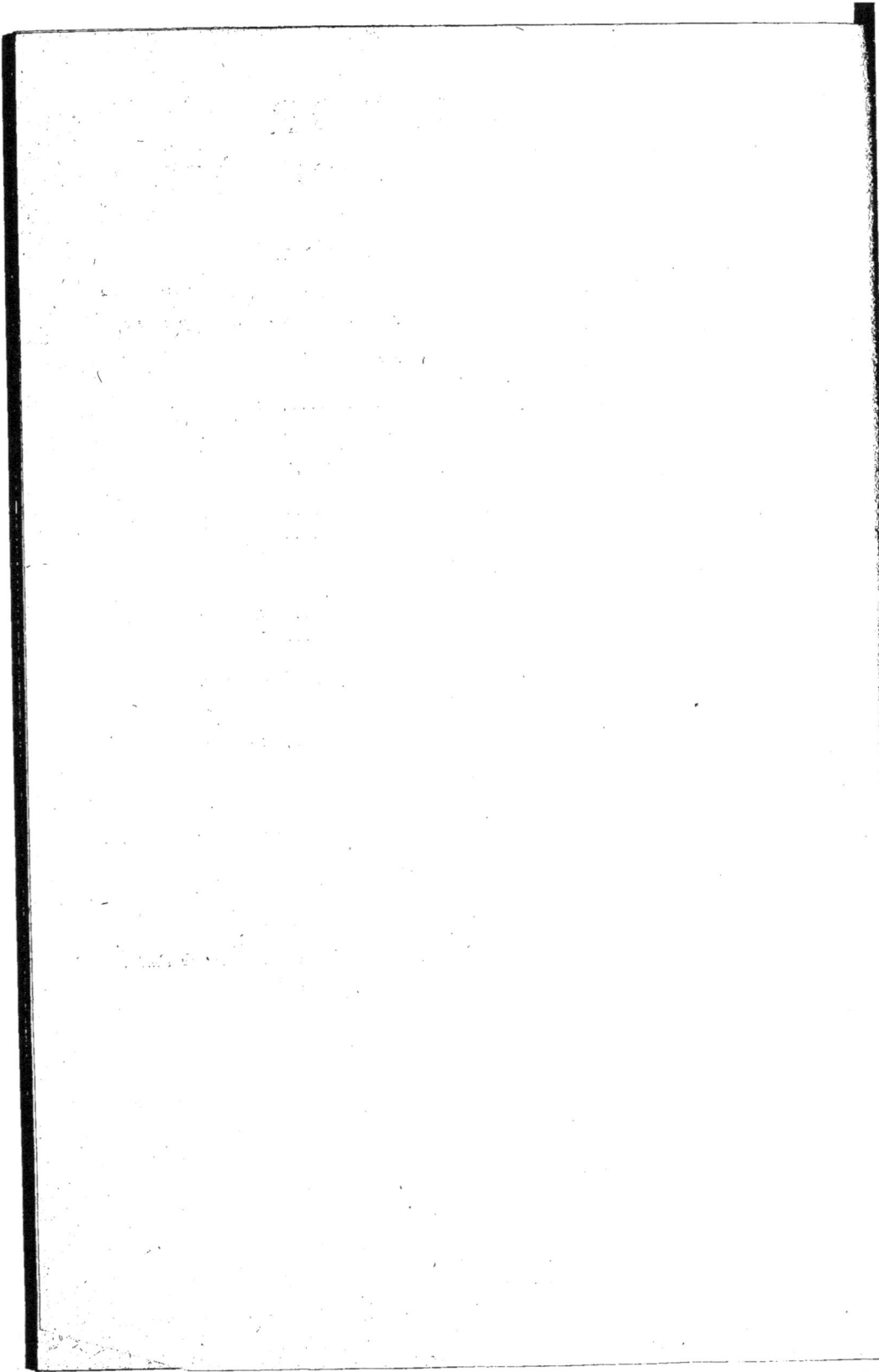

ÉTAT-MAJOR
DU GOUVERNEMENT DE PARIS.

ORDRE du 18 Prairial an 13.

SERVICE DE L'ÉTAT-MAJOR DU GOUVERNEMENT DE PARIS.

Du 18 au 19 Prairial.

Adjudant de Place de service à l'État-major............................ CORDIEZ.
Adjudant de Place de ronde de nuit................................ VIART.

Visite aux Casernes, Prisons, Hôpital, et distribution de fourrages.

Rive droite de la Seine : le Capitaine-Adjudant de Place............... VIART.
Rive gauche : le Capitaine-Adjudant de Place........................ COTEAU.

Du 19 au 20 Prairial.

Adjudant de Place de service à l'État-major......................... CARON.
Adjudant de Place de ronde de nuit................................ COTEAU.

Visite aux Casernes, Prisons, Hôpital, et distribution de fourrages.

Rive droite de la Seine : le Capitaine-Adjudant de Place.............. COTEAU.
Rive gauche : le Capitaine-Adjudant de Place........................ CORDIEZ.

Rien de nouveau.

Le Général de Brigade Chef de l'État-major général du Gouvernement de Paris et de la première Division militaire,

CÉSAR BERTHIER.

Pour copie conforme :

L'Adjudant-commandant, Sous-chef de l'État-major général du Gouvernement de Paris,

DOUCET.

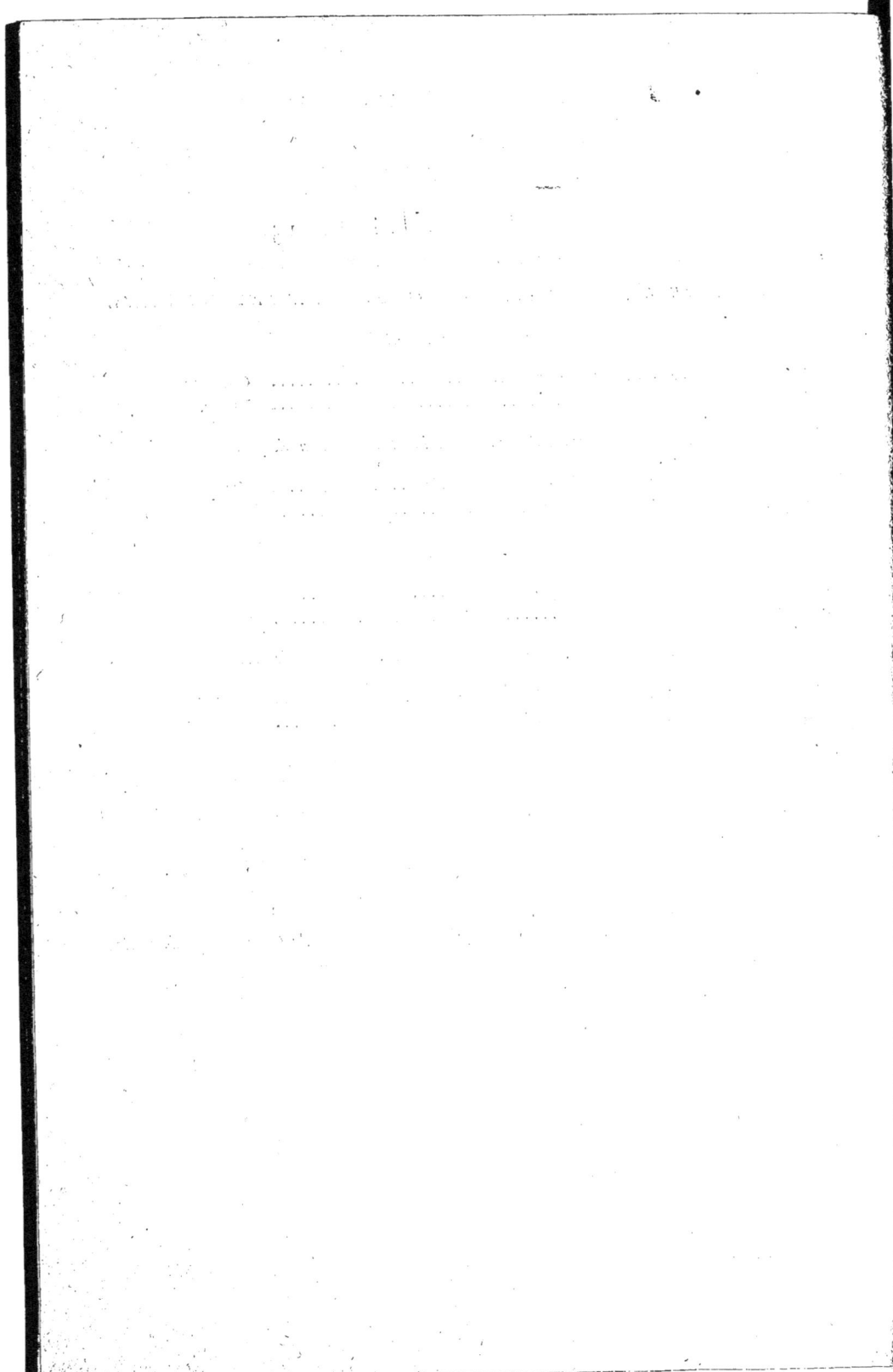

ÉTAT-MAJOR
DU GOUVERNEMENT DE PARIS.

ORDRE du 19 Prairial an 13.

SERVICE DE L'ÉTAT-MAJOR DU GOUVERNEMENT DE PARIS.

Du 19 au 20 Prairial.

Adjudant de Place de service à l'État-major......................... CARON.

Adjudant de Place de ronde de nuit.............................. COTEAU.

Visite aux Casernes, Prisons, Hôpital, et distribution de fourrages.

Rive droite de la Seine : le Capitaine-Adjudant de Place.............. COTEAU.

Rive gauche : le Capitaine-Adjudant de Place....................... CORDIEZ.

Du 20 au 21 Prairial.

Adjudant de Place de service à l'État-major......................... GRAILLARD.

Adjudant de Place de ronde de nuit.............................. CORDIEZ.

Visite aux Casernes, Prisons, Hôpital, et distribution de fourrages.

Rive droite de la Seine : le Capitaine-Adjudant de Place.............. CORDIEZ.

Rive gauche : le Capitaine-Adjudant de Place....................... CARON.

Rien de nouveau.

Le Général de Brigade Chef de l'État-major général du Gouvernement de Paris et de la première Division militaire,

CÉSAR BERTHIER.

Pour copie conforme :

L'Adjudant-commandant, Sous-chef de l'État-major général du Gouvernement de Paris,

DOUCET.

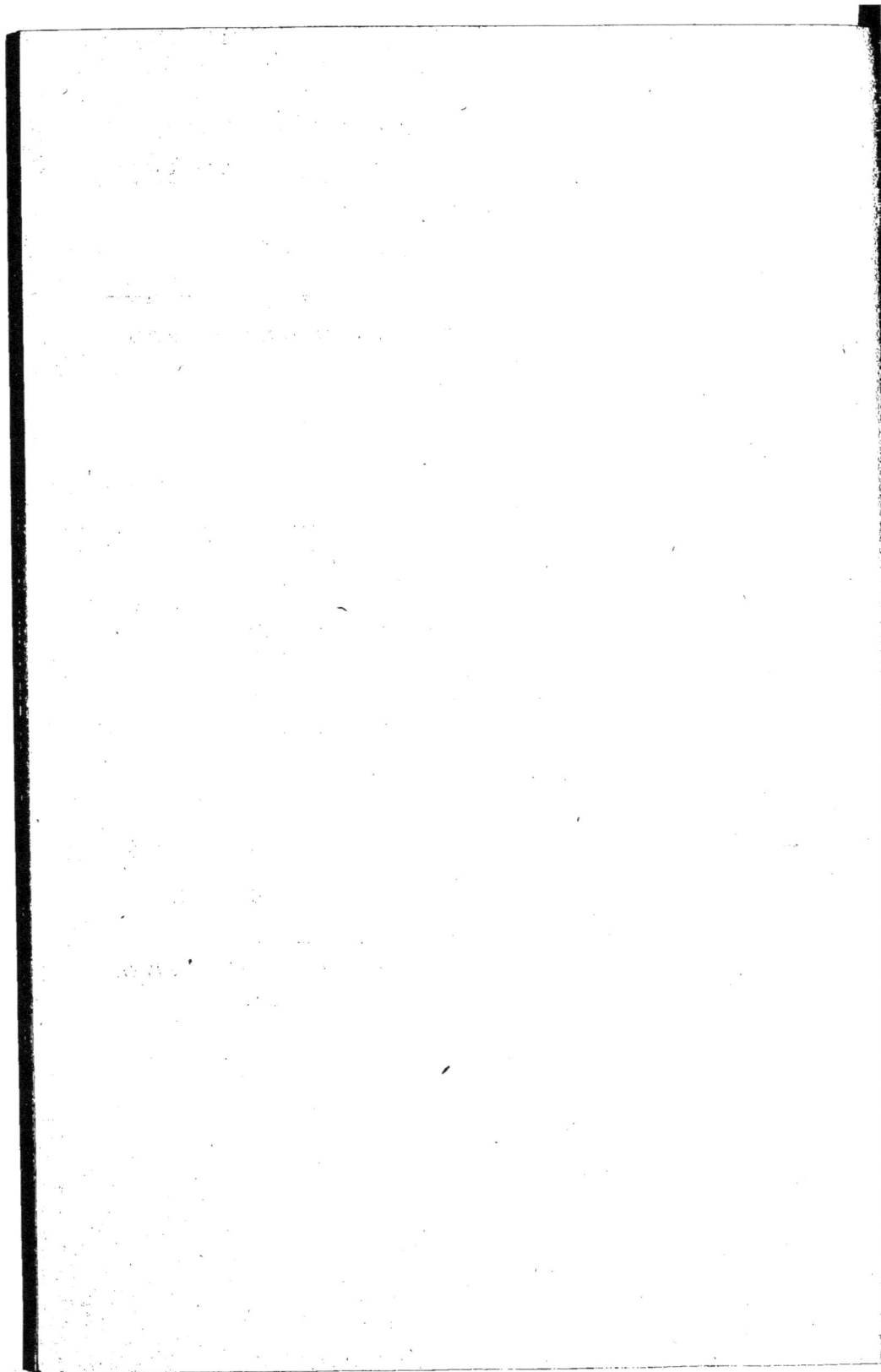

ÉTAT-MAJOR
DU GOUVERNEMENT DE PARIS.

ORDRE du 20 Prairial an 13.

SERVICE DE L'ÉTAT-MAJOR DU GOUVERNEMENT DE PARIS.

Du 20 au 21 Prairial.

Adjudant de Place de service à l'État-major......................... GRAILLARD.
Adjudant de Place de ronde de nuit............................... CORDIEZ.

Visite aux Casernes, Prisons, Hôpital, et distribution de fourrages.

Rive droite de la Seine : le Capitaine-Adjudant de Place............... CORDIEZ.
Rive gauche : le Capitaine-Adjudant de Place........................ CARON.

Du 21 au 22 Prairial.

Adjudant de Place de service à l'État-major......................... SANSON.
Adjudant de Place de ronde de nuit............................... CARON.

Visite aux Casernes, Prisons, Hôpital, et distribution de fourrages.

Rive droite de la Seine : le Capitaine-Adjudant de Place............... CARON.
Rive gauche : le Capitaine-Adjudant de Place........................ GRAILLARD.

Rien de nouveau.

*Le Général de Brigade Chef de l'État-major général du Gouvernement de Paris
et de la première Division militaire,*

CÉSAR BERTHIER.

Pour copie conforme :

L'Adjudant-commandant, Sous-chef de l'État-major général du Gouvernement de Paris,

DOUCET.

ÉTAT-MAJOR
DU GOUVERNEMENT DE PARIS.

ORDRE du 21 Prairial an 13.

SERVICE DE L'ÉTAT-MAJOR DU GOUVERNEMENT DE PARIS.

Du 21 au 22 Prairial.

Adjudant de Place de service à l'État-major......................... SANSON.
Adjudant de Place de ronde de nuit............................... CARON.

Visite aux Casernes, Prisons, Hôpital, et distribution de fourrages.

Rive droite de la Seine : le Capitaine-Adjudant de Place.............. CARON.
Rive gauche : le Capitaine-Adjudant de Place....................... GRAILLARD.

Du 22 au 23 Prairial.

Adjudant de Place de service à l'État-major......................... VIART.
Adjudant de Place de ronde de nuit............................... GRAILLARD.

Visite aux Casernes, Prisons, Hôpital, et distribution de fourrages.

Rive droite de la Seine : le Capitaine-Adjudant de Place.............. GRAILLARD.
Rive gauche : le Lieutenant-Adjudant de Place....................... SANSON.

Rien de nouveau.

*Le Général de Brigade Chef de l'État-major général du Gouvernement de Paris
et de la première Division militaire,*

CÉSAR BERTHIER.

Pour copie conforme :

L'Adjudant-commandant, Sous-chef de l'État-major général du Gouvernement de Paris,

DOUCET.

ÉTAT-MAJOR
DU GOUVERNEMENT DE PARIS.

ORDRE du 22 Prairial an 13.

SERVICE DE L'ÉTAT-MAJOR DU GOUVERNEMENT DE PARIS.

Du 22 au 23 Prairial.

Adjudant de Place de service à l'État-major......................... VIART.
Adjudant de Place de ronde de nuit................................. GRAILLARD.

Visite aux Casernes, Prisons, Hôpital, et distribution de fourrages.

Rive droite de la Seine : le Capitaine-Adjudant de Place.............. GRAILLARD.
Rive gauche : le Lieutenant-Adjudant de Place...................... SANSON.

Du 23 au 24 Prairial.

Adjudant de Place de service à l'État-major......................... COTEAU.
Adjudant de Place de ronde de nuit................................. SANSON.

Visite aux Casernes, Prisons, Hôpital, et distribution de fourrages.

Rive droite de la Seine : le Lieutenant-Adjudant de Place............. SANSON.
Rive gauche : le Capitaine-Adjudant de Place....................... VIART.

Rien de nouveau.

Le Général de Brigade Chef de l'État-major général du Gouvernement de Paris et de la première Division militaire,

CÉSAR BERTHIER.

Pour copie conforme :

L'Adjudant-commandant, Sous-chef de l'État-major général du Gouvernement de Paris,

DOUCET.

ÉTAT-MAJOR
DU GOUVERNEMENT DE PARIS.

ORDRE du 23 Prairial an 13.

SERVICE DE L'ÉTAT-MAJOR DU GOUVERNEMENT DE PARIS.

Du 23 au 24 Prairial.

Adjudant de Place de service à l'État-major........................ COTEAU.
Adjudant de Place de ronde de nuit............................... SANSON.

Visite aux Casernes, Prisons, Hôpital, et distribution de fourrages.

Rive droite de la Seine : le Lieutenant-Adjudant de Place............. SANSON.
Rive gauche : le Capitaine-Adjudant de Place...................... VIART.

Du 24 au 25 Prairial.

Adjudant de Place de service à l'État-major........................ CORDIEZ.
Adjudant de Place de ronde de nuit............................... VIART.

Visite aux Casernes, Prisons, Hôpital, et distribution de fourrages.

Rive droite de la Seine : le Capitaine-Adjudant de Place............. VIART.
Rive gauche : le Capitaine-Adjudant de Place...................... COTEAU.

Rien de nouveau.

*Le Général de Brigade Chef de l'État-major général du Gouvernement de Paris
et de la première Division militaire,*

CÉSAR BERTHIER.

Pour copie conforme :

L'Adjudant-commandant, Sous-chef de l'État-major général du Gouvernement de Paris,

DOUCET.

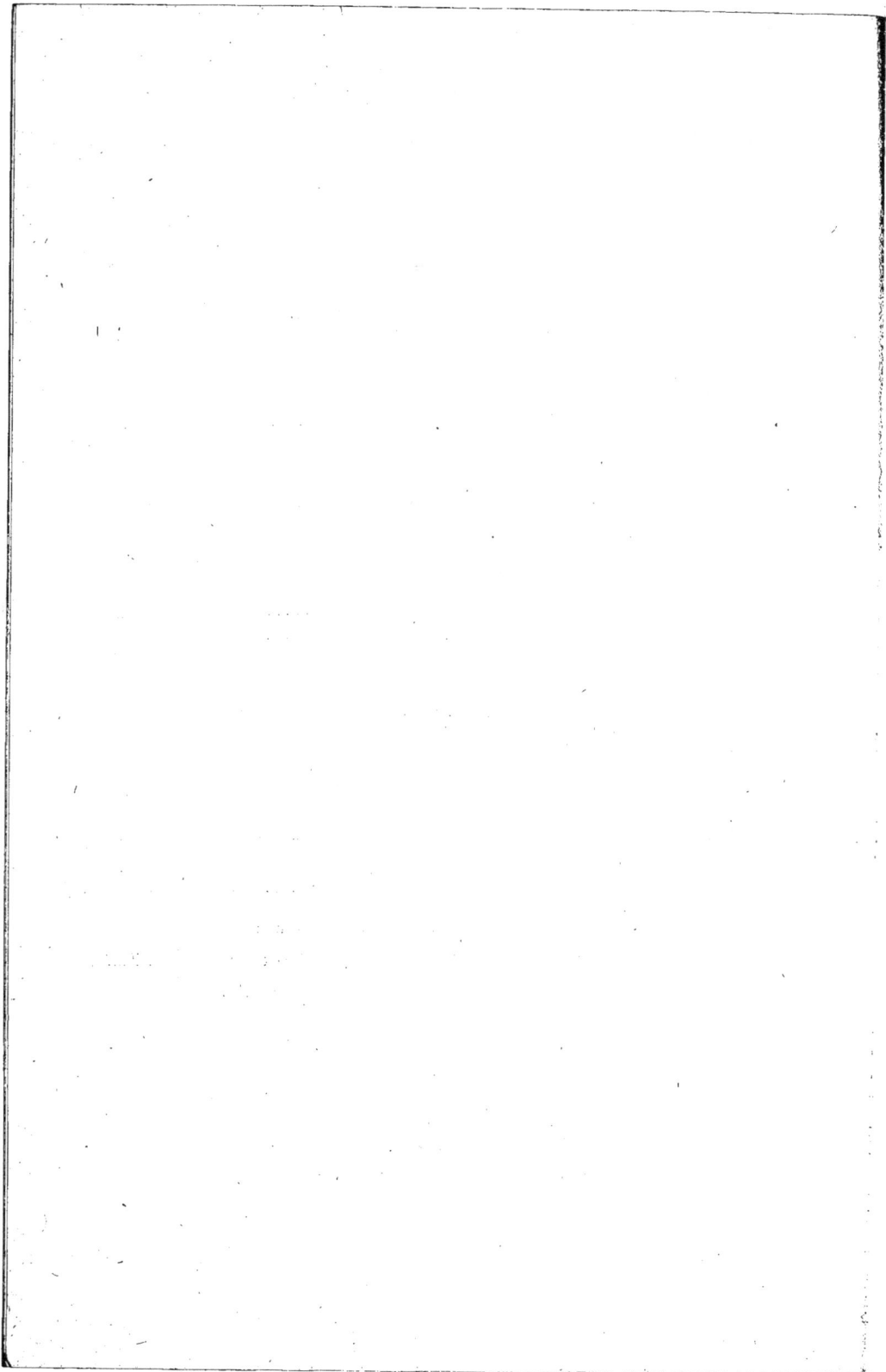

ÉTAT-MAJOR
DU GOUVERNEMENT DE PARIS.

ORDRE du 24 Prairial an 13.

SERVICE DE L'ÉTAT-MAJOR DU GOUVERNEMENT DE PARIS.

Du 24 au 25 Prairial.

Adjudant de Place de service à l'État-major......................... CORDIEZ.
Adjudant de Place de ronde de nuit............................... VIART.

Visite aux Casernes, Prisons, Hôpital, et distribution de fourrages.

Rive droite de la Seine : le Capitaine-Adjudant de Place.............. VIART.
Rive gauche : le Capitaine-Adjudant de Place...................... COTEAU.

Du 25 au 26 Prairial.

Adjudant de Place de service à l'État-major......................... CARON.
Adjudant de Place de ronde de nuit............................... COTEAU.

Visite aux Casernes, Prisons, Hôpital, et distribution de fourrages.

Rive droite de la Seine : le Capitaine-Adjudant de Place.............. COTEAU.
Rive gauche : le Capitaine-Adjudant de Place...................... CORDIEZ.

Rien de nouveau.

Le Général de Brigade Chef de l'État-major général du Gouvernement de Paris et de la première Division militaire,

CÉSAR BERTHIER.

Pour copie conforme :

L'Adjudant-commandant, Sous-chef de l'État-major général du Gouvernement de Paris,

DOUCET.

ÉTAT-MAJOR
DU GOUVERNEMENT DE PARIS.

ORDRE du 25 Prairial an 13.

SERVICE DE L'ÉTAT-MAJOR DU GOUVERNEMENT DE PARIS.

Du 25 au 26 Prairial.

Adjudant de Place de service à l'État-major......................... CARON.
Adjudant de Place de ronde de nuit............................... COTEAU.

Visite aux Casernes, Prisons, Hôpital, et distribution de fourrages.

Rive droite de la Seine : le Capitaine-Adjudant de Place............... COTEAU.
Rive gauche : le Capitaine-Adjudant de Place....................... CORDIEZ.

Du 26 au 27 Prairial.

Adjudant de Place de service à l'État-major......................... VILLERS.
Adjudant de Place de ronde de nuit............................... CORDIEZ.

Visite aux Casernes, Prisons, Hôpital, et distribution de fourrages.

Rive droite de la Seine : le Capitaine-Adjudant de Place.............. CORDIEZ.
Rive gauche : le Capitaine-Adjudant de Place....................... CARON.

Rien de nouveau.

Le Général de Brigade Chef de l'État-major général du Gouvernement de Paris et de la première Division militaire,

CÉSAR BERTHIER.

Pour copie conforme :

L'Adjudant-commandant, Sous-chef de l'État-major général du Gouvernement de Paris,

DOUCET.

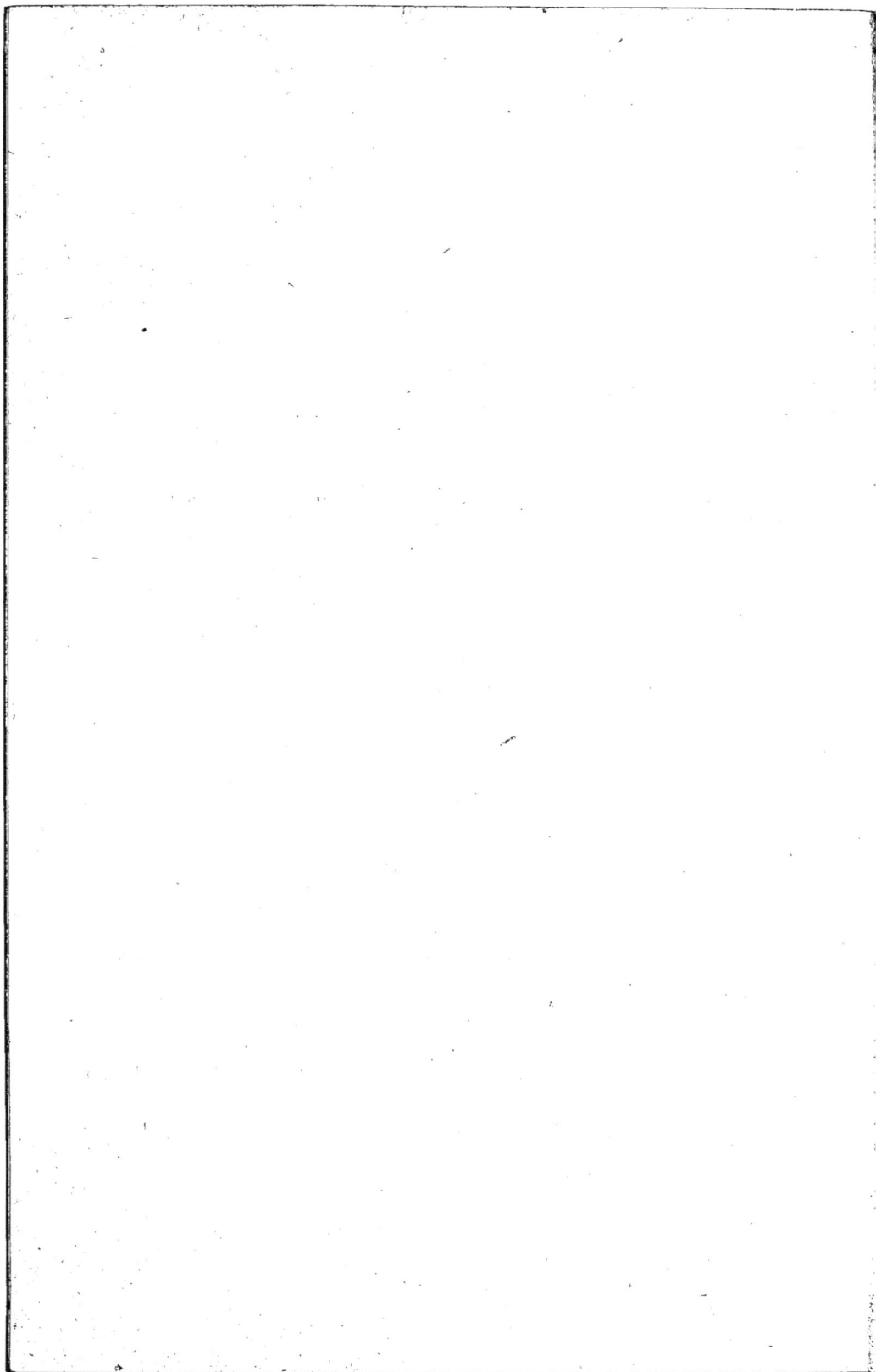

ÉTAT-MAJOR
DU GOUVERNEMENT DE PARIS.

ORDRE du 26 Prairial an 13.

Du 26 au 27 Prairial.

Adjudant de Place de service à l'État-major........................ VILLERS.
Adjudant de Place de ronde de nuit............................. CORDIEZ.

Visite aux Casernes, Prisons, Hôpital, et distribution de fourrages.

Rive droite de la Seine : le Capitaine-Adjudant de Place.............. CORDIEZ.
Rive gauche : le Capitaine-Adjudant de Place..................... CARON.

Du 27 au 28 Prairial.

Adjudant de Place de service à l'État-major........................ SANSON.
Adjudant de Place de ronde de nuit............................. CARON.

Visite aux Casernes, Prisons, Hôpital, et distribution de fourrages.

Rive droite de la Seine : le Capitaine-Adjudant de Place.............. CARON.
Rive gauche : le Capitaine-Adjudant de Place..................... VILLERS.

Rien de nouveau.

Le Général de Brigade Chef de l'État-major général du Gouvernement de Paris et de la première Division militaire,

CÉSAR BERTHIER.

Pour copie conforme :

L'Adjudant-commandant, Sous-chef de l'État-major général du Gouvernement de Paris,

DOUCET.

ÉTAT-MAJOR
DU GOUVERNEMENT DE PARIS.

ORDRE du 27 Prairial an 13.

SERVICE DE L'ÉTAT-MAJOR DU GOUVERNEMENT DE PARIS.

Du 27 au 28 Prairial.

Adjudant de Place de service à l'État-major........................ SANSON.
Adjudant de Place de ronde de nuit............................... CARON.

Visite aux Casernes, Prisons, Hôpital, et distribution de fourrages.

Rive droite de la Seine : le Capitaine-Adjudant de Place.............. CARON.
Rive gauche : le Capitaine-Adjudant de Place...................... VILLERS.

Du 28 au 29 Prairial.

Adjudant de Place de service à l'État-major....................... VIART.
Adjudant de Place de ronde de nuit............................... VILLERS.

Visite aux Casernes, Prisons, Hôpital, et distribution de fourrages.

Rive droite de la Seine : le Capitaine-Adjudant de Place............. VILLERS.
Rive gauche : le Lieutenant-Adjudant de Place..................... SANSON.

Rien de nouveau.

*Le Général de Brigade Chef de l'État-major général du Gouvernement de Paris
et de la première Division militaire,*

CÉSAR BERTHIER.

Pour copie conforme :

L'Adjudant-commandant, Sous-chef de l'État-major général du Gouvernement de Paris,

DOUCET.

ÉTAT-MAJOR
DU GOUVERNEMENT DE PARIS.

ORDRE du 28 Prairial an 13.

SERVICE DE L'ÉTAT-MAJOR DU GOUVERNEMENT DE PARIS.

Du 28 au 29 Prairial.

Adjudant de Place de service à l'État-major........................ VIART.
Adjudant de Place de ronde de nuit............................... VILLERS.

Visite aux Casernes, Prisons, Hôpital, et distribution de fourrages.

Rive droite de la Seine : le Capitaine-Adjudant de Place.............. VILLERS.
Rive gauche : le Lieutenant-Adjudant de Place...................... SANSON.

Du 29 au 30 Prairial.

Adjudant de Place de service à l'État-major........................ COTEAU.
Adjudant de Place de ronde de nuit............................... SANSON.

Visite aux Casernes, Prisons, Hôpital, et distribution de fourrages.

Rive droite de la Seine : le Lieutenant-Adjudant de Place............. SANSON.
Rive gauche : le Capitaine-Adjudant de Place...................... VIART.

Rien de nouveau.

Le Général de Brigade Chef de l'État-major général du Gouvernement de Paris et de la première Division militaire,

CÉSAR BERTHIER.

Pour copie conforme :

L'Adjudant-commandant, Sous-chef de l'État-major général du Gouvernement de Paris,

DOUCET.

ÉTAT-MAJOR
DU GOUVERNEMENT DE PARIS.

ORDRE du 29 Prairial an 13.

SERVICE DE L'ÉTAT-MAJOR DU GOUVERNEMENT DE PARIS.

Du 29 au 30 Prairial.

Adjudant de Place de service à l'État-major........................... COTEAU.
Adjudant de Place de ronde de nuit................................ SANSON.

Visite aux Casernes, Prisons, Hôpital, et distribution de fourrages.

Rive droite de la Seine : le Lieutenant-Adjudant de Place............ SANSON.
Rive gauche : le Capitaine-Adjudant de Place...................... VIART.

Du 30 Prairial au 1.er Messidor.

Adjudant de Place de service à l'État-major........................... CORDIEZ.
Adjudant de Place de ronde de nuit................................ VIART.

Visite aux Casernes, Prisons, Hôpital, et distribution de fourrages.

Rive droite de la Seine : le Capitaine-Adjudant de Place............. VIART.
Rive gauche : le Capitaine-Adjudant de Place...................... COTEAU.

Rien de nouveau.

Le Général de Brigade Chef de l'État-major général du Gouvernement de Paris et de la première Division militaire,

CÉSAR BERTHIER.

Pour copie conforme :

L'Adjudant-commandant, Sous-chef de l'État-major général du Gouvernement de Paris,

DOUCET.

ÉTAT-MAJOR
DU GOUVERNEMENT DE PARIS.

ORDRE du 30 Prairial an 13.

SERVICE DE L'ÉTAT-MAJOR DU GOUVERNEMENT DE PARIS.

Du 30 Prairial au 1.er Messidor.

Adjudant de Place de service à l'État-major...................... CORDIEZ.
Adjudant de Place de ronde de nuit............................. VIART.

Visite aux Casernes, Prisons, Hôpital, et distribution de fourrages.

Rive droite de la Seine : le Capitaine-Adjudant de Place............... VIART.
Rive gauche : le Capitaine-Adjudant de Place....................... COTEAU.

Du 1.er au 2 Messidor.

Adjudant de Place de service à l'État-major...................... CARON.
Adjudant de Place de ronde de nuit............................. COTEAU.

Visite aux Casernes, Prisons, Hôpital, et distribution de fourrages.

Rive droite de la Seine : le Capitaine-Adjudant de Place............... COTEAU.
Rive gauche : le Capitaine-Adjudant de Place....................... CORDIEZ.

Corvées.

Le dix-huitième régiment d'infanterie de ligne fournira, pendant le mois de Messidor prochain, tous les hommes de corvée nécessaires aux travaux du dépôt central de l'artillerie, sur la réquisition particulière de M. le Général *Saint-Laurent*, Directeur dudit dépôt.

Le Général de Brigade Chef de l'État-major général du Gouvernement de Paris et de la première Division militaire,

CÉSAR BERTHIER.

Pour copie conforme :

L'Adjudant-commandant, Sous-chef de l'État-major général du Gouvernement de Paris,

DOUCET.

ÉTAT-MAJOR
DU GOUVERNEMENT DE PARIS.

ORDRE du 1.er Messidor an 13.

SERVICE DE L'ÉTAT-MAJOR DU GOUVERNEMENT DE PARIS.

Du 1.er au 2 Messidor.

Adjudant de Place de service à l'État-major......................... CARON.
Adjudant de Place de ronde de nuit............................... COTEAU.

Visite aux Casernes, Prisons, Hôpital, et distribution de fourrages.

Rive droite de la Seine : le Capitaine-Adjudant de Place.............. COTEAU.
Rive gauche : le Capitaine-Adjudant de Place....................... CORDIEZ.

Du 2 au 3 Messidor.

Adjudant de Place de service à l'État-major......................... VILLERS.
Adjudant de Place de ronde de nuit................................ CORDIEZ.

Visite aux Casernes, Prisons, Hôpital, et distribution de fourrages.

Rive droite de la Seine : le Capitaine-Adjudant de Place.............. CORDIEZ.
Rive gauche : le Capitaine-Adjudant de Place....................... CARON.

Rien de nouveau.

Le Général de Brigade Chef de l'État-major général du Gouvernement de Paris et de la première Division militaire,

CÉSAR BERTHIER.

Pour copie conforme :

L'Adjudant-commandant, Sous-chef de l'État-major général du Gouvernement de Paris,

DOUCET.

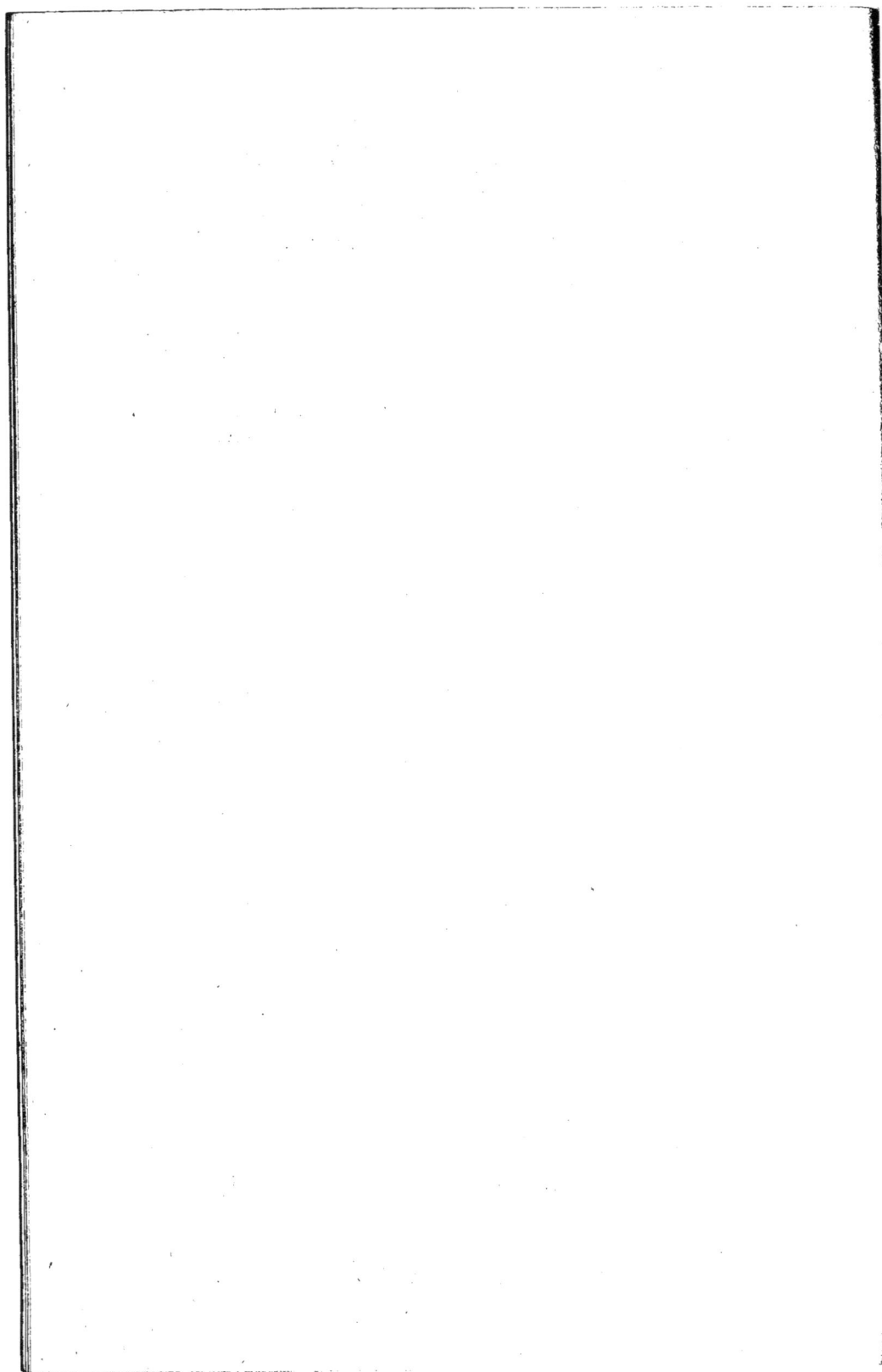

ÉTAT-MAJOR
DU GOUVERNEMENT DE PARIS.

ORDRE du 2 Messidor an 13.

SERVICE DE L'ÉTAT-MAJOR DU GOUVERNEMENT DE PARIS.

Du 2 au 3 Messidor.

Adjudant de Place de service à l'État-major........................ VILLERS.
Adjudant de Place de ronde de nuit.............................. CORDIEZ.

Visite aux Casernes, Prisons, Hôpital, et distribution de fourrages.

Rive droite de la Seine : le Capitaine-Adjudant de Place.............. CORDIEZ.
Rive gauche : le Capitaine-Adjudant de Place....................... CARON.

Du 3 au 4 Messidor.

Adjudant de Place de service à l'État-major........................ GRAILLARD.
Adjudant de Place de ronde de nuit.............................. CARON.

Visite aux Casernes, Prisons, Hôpital, et distribution de fourrages.

Rive droite de la Seine : le Capitaine-Adjudant de Place.............. CARON.
Rive gauche : le Capitaine-Adjudant de Place....................... VILLERS.

Rien de nouveau.

Le Général de Brigade Chef de l'État-major général du Gouvernement de Paris et de la première Division militaire,

CÉSAR BERTHIER.

Pour copie conforme :

L'Adjudant-commandant, Sous-chef de l'État-major général du Gouvernement de Paris,

DOUCET.

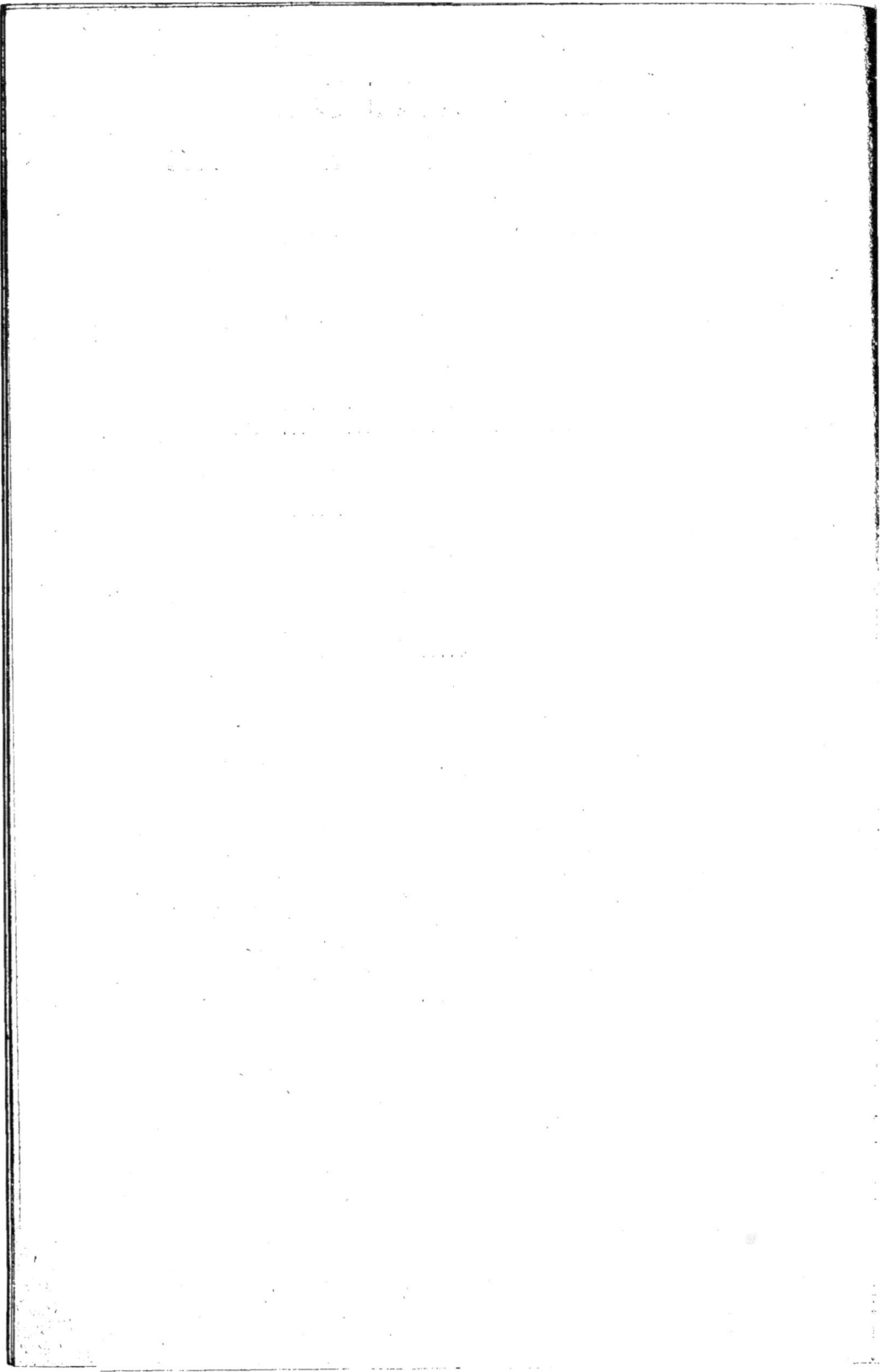

ÉTAT-MAJOR
DU GOUVERNEMENT DE PARIS.

ORDRE du 3 Messidor an 13.

SERVICE DE L'ÉTAT-MAJOR DU GOUVERNEMENT DE PARIS.

Du 3 au 4 Messidor.

Adjudant de Place de service à l'État-major........................ GRAILLARD.
Adjudant de Place de ronde de nuit............................... CARON.

Visite aux Casernes, Prisons, Hôpital, et distribution de fourrages.

Rive droite de la Seine : le Capitaine-Adjudant de Place.............. CARON.
Rive gauche : le Capitaine-Adjudant de Place....................... VILLERS.

Du 4 au 5 Messidor.

Adjudant de Place de service à l'État-major....................... VIART.
Adjudant de Place de ronde de nuit............................... VILLERS.

Visite aux Casernes, Prisons, Hôpital, et distribution de fourrages.

Rive droite de la Seine : le Capitaine-Adjudant de Place.............. VILLERS.
Rive gauche : le Capitaine-Adjudant de Place....................... GRAILLARD.

Rien de nouveau.

Le Général de Brigade Chef de l'État-major général du Gouvernement de Paris et de la première Division militaire,

CÉSAR BERTHIER.

Pour copie conforme :

L'Adjudant-commandant, Sous-chef de l'État-major général du Gouvernement de Paris,

DOUCET.

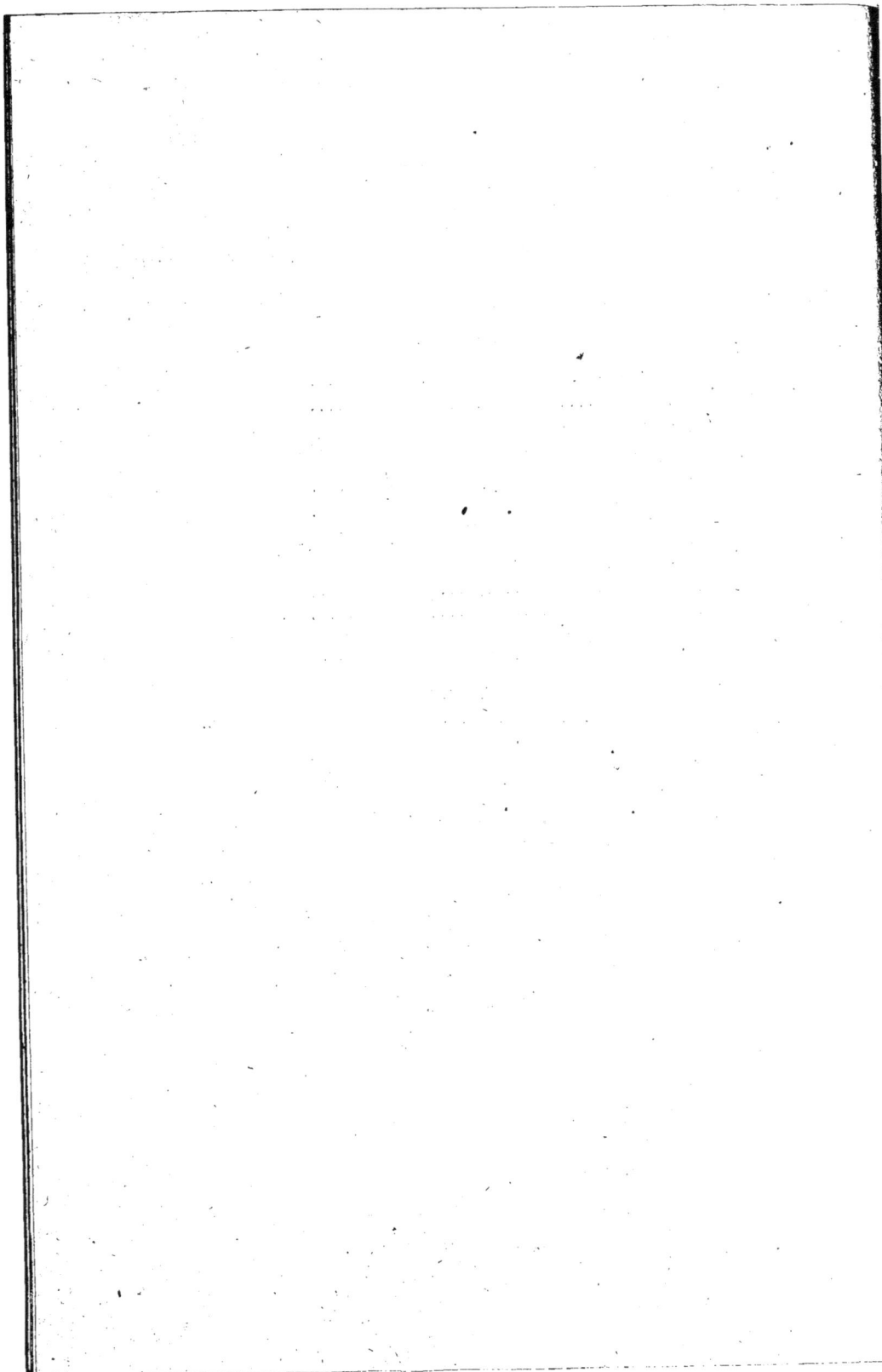

ÉTAT-MAJOR
DU GOUVERNEMENT DE PARIS.

ORDRE du 4 Messidor an 13.

SERVICE DE L'ÉTAT-MAJOR DU GOUVERNEMENT DE PARIS.

Du 4 au 5 Messidor.

Adjudant de Place de service à l'État-major....................... VIART.
Adjudant de Place de ronde de nuit.............................. VILLERS.

Visite aux Casernes, Prisons, Hôpital, et distribution de fourrages.

Rive droite de la Seine : le Capitaine-Adjudant de Place.............. VILLERS.
Rive gauche : le Capitaine-Adjudant de Place....................... GRAILLARD.

Du 5 au 6 Messidor.

Adjudant de Place de service à l'État-major........................ COTEAU.
Adjudant de Place de ronde de nuit.............................. GRAILLARD.

Visite aux Casernes, Prisons, Hôpital, et distribution de fourrages.

Rive droite de la Seine : le Capitaine-Adjudant de Place.............. GRAILLARD.
Rive gauche : le Capitaine-Adjudant de Place....................... VIART.

Rien de nouveau.

Le Général de Brigade Chef de l'État-major général du Gouvernement de Paris
et de la première Division militaire,

CÉSAR BERTHIER.

Pour copie conforme :

L'Adjudant-commandant, Sous-chef de l'État-major général du Gouvernement de Paris,

DOUCET.

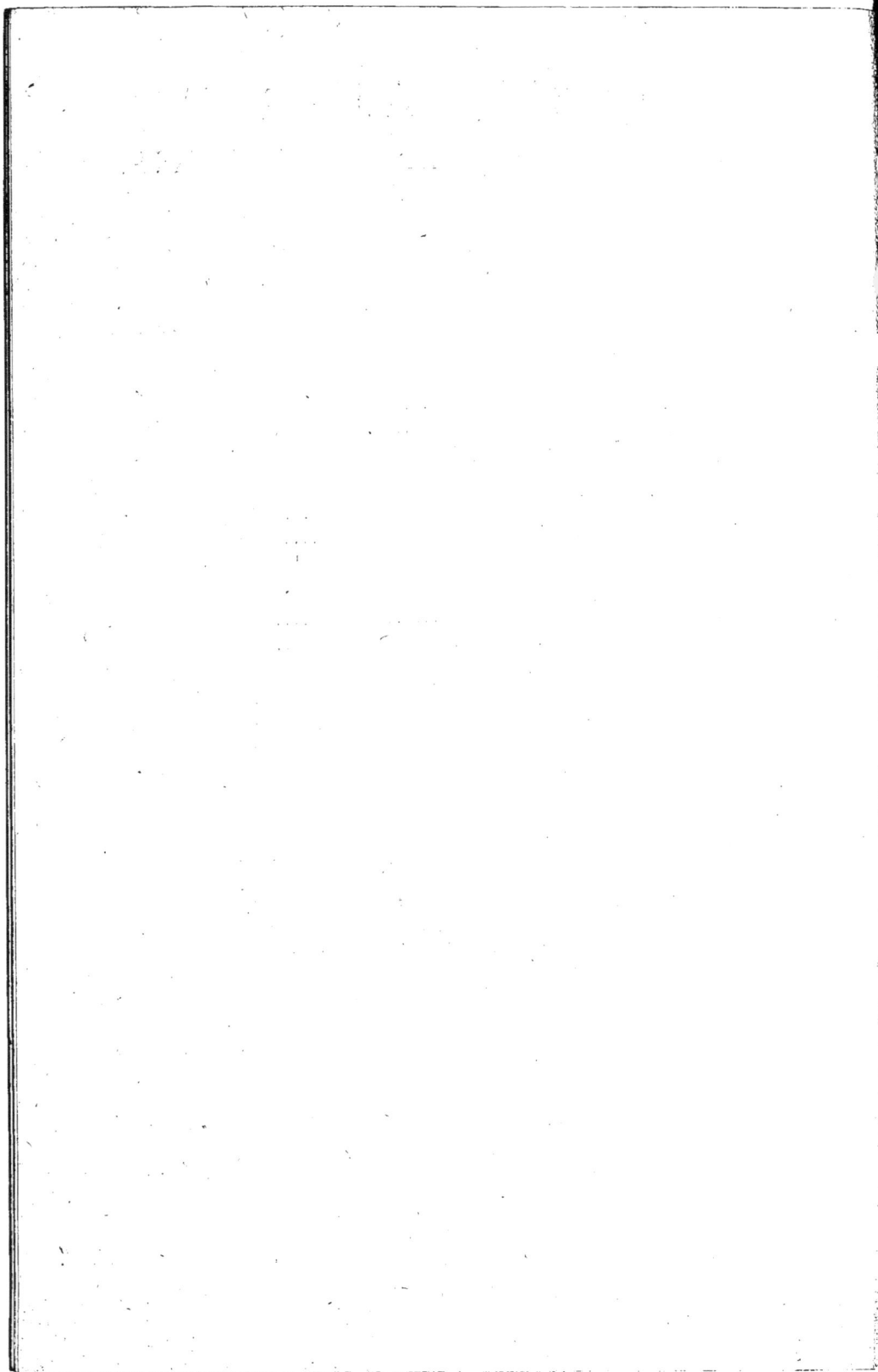

ÉTAT-MAJOR
DU GOUVERNEMENT DE PARIS.

ORDRE du 5 Messidor an 13.

SERVICE DE L'ÉTAT-MAJOR DU GOUVERNEMENT DE PARIS.

Du 5 au 6 Messidor.

Adjudant de Place de service à l'État-major......................... COTEAU.
Adjudant de Place de ronde de nuit................................ GRAILLARD.

Visite aux Casernes, Prisons, Hôpital, et distribution de fourrages.

Rive droite de la Seine : le Capitaine-Adjudant de Place................ GRAILLARD.
Rive gauche : le Capitaine-Adjudant de Place....................... VIART.

Du 6 au 7 Messidor.

Adjudant de Place de service à l'État-major......................... CORDIEZ.
Adjudant de Place de ronde de nuit................................ VIART.

Visite aux Casernes, Prisons, Hôpital, et distribution de fourrages.

Rive droite de la Seine : le Capitaine-Adjudant de Place.............. VIART.
Rive gauche : le Capitaine-Adjudant de Place....................... COTEAU.

Rien de nouveau.

*Le Général de Brigade Chef de l'État-major général du Gouvernement de Paris
et de la première Division militaire,*

CÉSAR BERTHIER.

Pour copie conforme :

L'Adjudant-commandant, Sous-chef de l'État-major général du Gouvernement de Paris,

DOUCET.

ÉTAT-MAJOR
DU GOUVERNEMENT DE PARIS.

ORDRE du 6 Messidor an 13.

SERVICE DE L'ÉTAT-MAJOR DU GOUVERNEMENT DE PARIS.

Du 6 au 7 Messidor.

Adjudant de Place de service à l'État-major......................... CORDIEZ.
Adjudant de Place de ronde de nuit............................... VIART.

Visite aux Casernes, Prisons, Hôpital, et distribution de fourrages.

Rive droite de la Seine : le Capitaine-Adjudant de Place.............. VIART.
Rive gauche : le Capitaine-Adjudant de Place....................... COTEAU.

Du 7 au 8 Messidor.

Adjudant de Place de service à l'État-major......................... CARON.
Adjudant de Place de ronde de nuit............................... COTEAU.

Visite aux Casernes, Prisons, Hôpital, et distribution de fourrages.

Rive droite de la Seine : le Capitaine-Adjudant de Place.............. COTEAU.
Rive gauche : le Capitaine-Adjudant de Place....................... CORDIEZ.

Rien de nouveau.

Le Général de Brigade Chef de l'État-major général du Gouvernement de Paris et de la première Division militaire,

CÉSAR BERTHIER.

Pour copie conforme :

L'Adjudant-commandant, Sous-chef de l'État-major général du Gouvernement de Paris,

DOUCET.

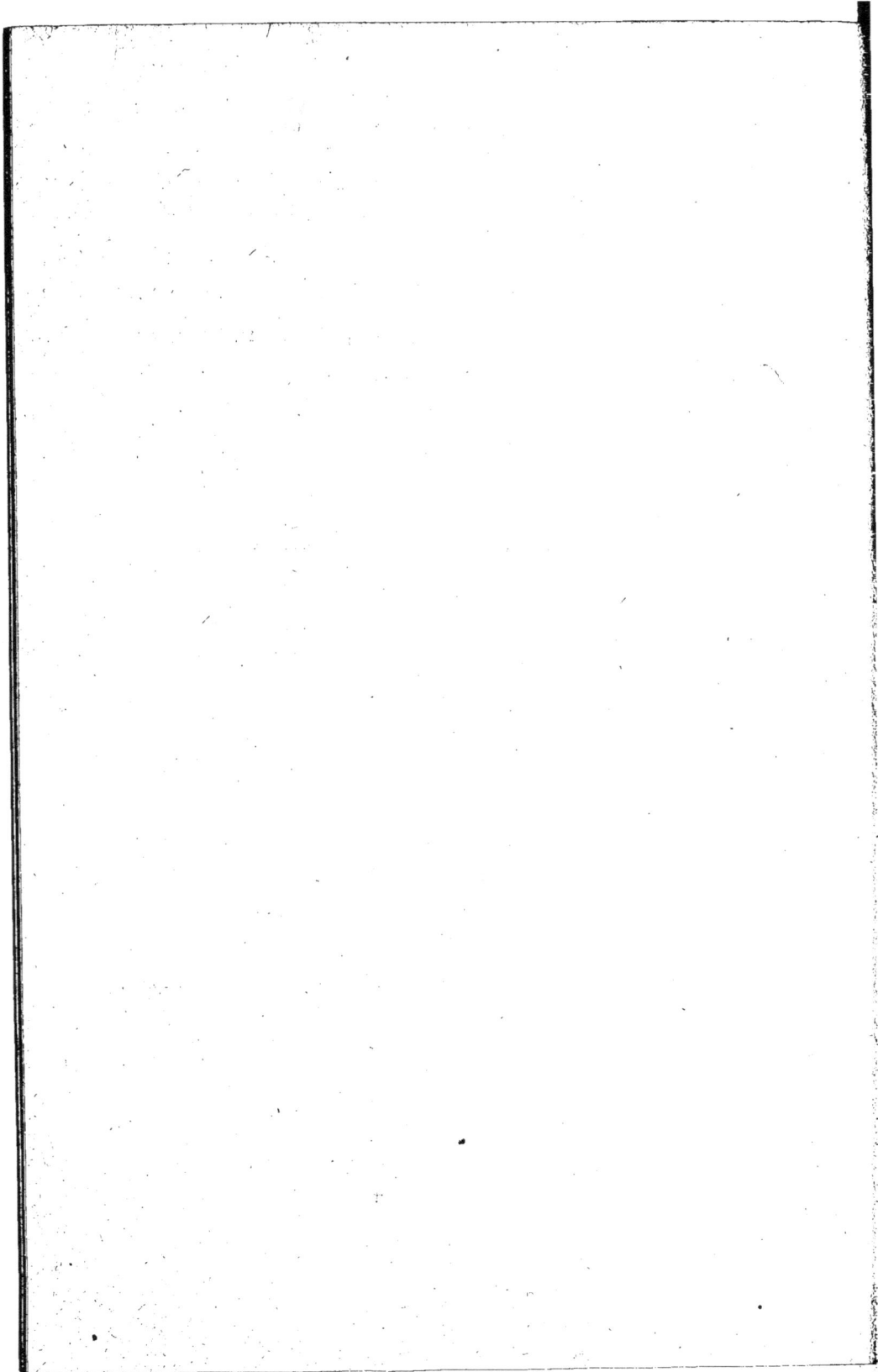

ÉTAT-MAJOR
DU GOUVERNEMENT DE PARIS.

ORDRE du 7 Messidor an 13.

SERVICE DE L'ÉTAT-MAJOR DU GOUVERNEMENT DE PARIS.

Du 7 au 8 Messidor.

Adjudant de Place de service à l'État-major........................ VILLERS.

Adjudant de Place de ronde de nuit............................... COTEAU.

Visite aux Casernes, Prisons, Hôpital, et distribution de fourrages.

Rive droite de la Seine : le Capitaine-Adjudant de Place.............. COTEAU.

Rive gauche : le Capitaine-Adjudant de Place....................... CORDIEZ.

Du 8 au 9 Messidor.

Adjudant de Place de service à l'État-major........................ GRAILLARD.

Adjudant de Place de ronde de nuit............................... CORDIEZ.

Visite aux Casernes, Prisons, Hôpital, et distribution de fourrages.

Rive droite de la Seine : le Capitaine-Adjudant de Place.............. CORDIEZ.

Rive gauche : le Capitaine-Adjudant de Place....................... VILLERS.

Rien de nouveau.

Le Général de Brigade Chef de l'État-major général du Gouvernement de Paris et de la première Division militaire,

CÉSAR BERTHIER.

Pour copie conforme :

L'Adjudant-commandant, Sous-chef de l'État-major général du Gouvernement de Paris,

DOUCET.

ÉTAT-MAJOR
DU GOUVERNEMENT DE PARIS.

ORDRE du 8 Messidor an 13.

SERVICE DE L'ÉTAT-MAJOR DU GOUVERNEMENT DE PARIS.

Du 8 au 9 Messidor.

Adjudant de Place de service à l'État-major......................... GRAILLARD.
Adjudant de Place de ronde de nuit............................... CORDIEZ.

Visite aux Casernes, Prisons, Hôpital, et distribution de fourrages.

Rive droite de la Seine : le Capitaine-Adjudant de Place.............. CORDIEZ.
Rive gauche : le Capitaine-Adjudant de Place...................... VILLERS.

Du 9 au 10 Messidor.

Adjudant de Place de service à l'État-major......................... SANSON.
Adjudant de Place de ronde de nuit............................... VILLERS.

Visite aux Casernes, Prisons, Hôpital, et distribution de fourrages.

Rive droite de la Seine : le Capitaine-Adjudant de Place.............. VILLERS.
Rive gauche : le Capitaine-Adjudant de Place...................... GRAILLARD.

Rien de nouveau.

Le Général de Brigade Chef de l'État-major général du Gouvernement de Paris et de la première Division militaire,

CÉSAR BERTHIER.

Pour copie conforme :

L'Adjudant-commandant, Sous-chef de l'État-major général du Gouvernement de Paris,

DOUCET.

ÉTAT-MAJOR
DU GOUVERNEMENT DE PARIS.

ORDRE du 9 Messidor an 13.

SERVICE DE L'ÉTAT-MAJOR DU GOUVERNEMENT DE PARIS.

Du 9 au 10 Messidor.

Adjudant de Place de service à l'État-major........................... SANSON.
Adjudant de Place de ronde de nuit............................... VILLERS.

Visite aux Casernes, Prisons, Hôpital, et distribution de fourrages.

Rive droite de la Seine : le Capitaine-Adjudant de Place.............. VILLERS.
Rive gauche : le Capitaine-Adjudant de Place....................... GRAILLARD.

Du 10 au 11 Messidor.

Adjudant de Place de service à l'État-major......................... VIART.
Adjudant de Place de ronde de nuit............................... GRAILLARD.

Visite aux Casernes, Prisons, Hôpital, et distribution de fourrages.

Rive droite de la Seine : le Capitaine-Adjudant de Place.............. GRAILLARD.
Rive gauche : le Lieutenant-Adjudant de Place....................... SANSON.

Rien de nouveau.

Le Général de Brigade Chef de l'État-major général du Gouvernement de Paris et de la première Division militaire,

CÉSAR BERTHIER.

Pour copie conforme :

L'Adjudant-commandant, Sous-chef de l'État-major général du Gouvernement de Paris,

DOUCET.

ÉTAT-MAJOR
DU GOUVERNEMENT DE PARIS.

ORDRE du 10 Messidor an 13.

SERVICE DE L'ÉTAT-MAJOR DU GOUVERNEMENT DE PARIS.

Du 10 au 11 Messidor.

Adjudant de Place de service à l'État-major........................ VIART.
Adjudant de Place de ronde de nuit............................... GRAILLARD.

Visite aux Casernes, Prisons, Hôpital, et distribution de fourrages.

Rive droite de la Seine : le Capitaine-Adjudant de Place.............. GRAILLARD.
Rive gauche : le Lieutenant-Adjudant de Place...................... SANSON.

Du 11 au 12 Messidor.

Adjudant de Place de service à l'État-major........................ COTEAU.
Adjudant de Place de ronde de nuit............................... SANSON.

Visite aux Casernes, Prisons, Hôpital, et distribution de fourrages.

Rive droite de la Seine : le Lieutenant-Adjudant de Place.............. SANSON.
Rive gauche : le Capitaine-Adjudant de Place...................... VIART.

Rien de nouveau.

*Le Général de Brigade Chef de l'État-major général du Gouvernement de Paris
et de la première Division militaire,*
CÉSAR BERTHIER.

Pour copie conforme :

L'Adjudant-commandant, Sous-chef de l'État-major général du Gouvernement de Paris,
DOUCET.

ÉTAT-MAJOR
DU GOUVERNEMENT DE PARIS.

ORDRE du 11 Messidor an 13.

SERVICE DE L'ÉTAT-MAJOR DU GOUVERNEMENT DE PARIS.

Du 11 au 12 Messidor.

Adjudant de Place de service à l'État-major......................... COTEAU.
Adjudant de Place de ronde de nuit.............................. SANSON.

Visite aux Casernes, Prisons, Hôpital, et distribution de fourrages.

Rive droite de la Seine : le Lieutenant-Adjudant de Place.............. SANSON.
Rive gauche : le Capitaine-Adjudant de Place........................ VIART.

Du 12 au 13 Messidor.

Adjudant de Place de service à l'État-major......................... CORDIEZ.
Adjudant de Place de ronde de nuit................................ VIART.

Visite aux Casernes, Prisons, Hôpital, et distribution de fourrages.

Rive droite de la Seine : le Capitaine-Adjudant de Place.............. VIART.
Rive gauche : le Capitaine Adjudant de Place........................ COTEAU.

Rien de nouveau.

Le Général de Brigade Chef de l'État-major général du Gouvernement de Paris et de la première Division militaire,

CÉSAR BERTHIER.

Pour copie conforme :

L'Adjudant-commandant, Sous-chef de l'État-major général du Gouvernement de Paris,

DOUCET.

ÉTAT-MAJOR
DU GOUVERNEMENT DE PARIS.

ORDRE du 12 Messidor an 13.

SERVICE DE L'ÉTAT-MAJOR DU GOUVERNEMENT DE PARIS.

Du 12 au 13 Messidor.

Adjudant de Place de service à l'État-major........................ CORDIEZ.
Adjudant de Place de ronde de nuit............................... VIART.

Visite aux Casernes, Prisons, Hôpital, et distribution de fourrages.

Rive droite de la Seine : le Capitaine-Adjudant de Place............... VIART.
Rive gauche : le Capitaine-Adjudant de Place....................... COTEAU.

Du 13 au 14 Messidor.

Adjudant de Place de service à l'État-major........................ VILLERS.
Adjudant de Place de ronde de nuit............................... COTEAU.

Visite aux Casernes, Prisons, Hôpital, et distribution de fourrages.

Rive droite de la Seine : le Capitaine-Adjudant de Place............... COTEAU.
Rive gauche : le Capitaine-Adjudant de Place....................... CORDIEZ.

Rien de nouveau.

Le Général de Brigade Chef de l'État-major général du Gouvernement de Paris et de la première Division militaire,

CÉSAR BERTHIER.

Pour copie conforme :

L'Adjudant-commandant, Sous-chef de l'État-major général du Gouvernement de Paris,

DOUCET.

ÉTAT-MAJOR
DU GOUVERNEMENT DE PARIS.

ORDRE du 13 Messidor an 13.

SERVICE DE L'ÉTAT-MAJOR DU GOUVERNEMENT DE PARIS.

Du 13 au 14 Messidor.

Adjudant de Place de service à l'État-major......................... VILLERS.
Adjudant de Place de ronde de nuit............................... COTEAU.

Visite aux Casernes, Prisons, Hôpital, et distribution de fourrages.

Rive droite de la Seine : le Capitaine-Adjudant de Place.............. COTEAU.
Rive gauche : le Capitaine-Adjudant de Place...................... CORDIEZ.

Du 14 au 15 Messidor.

Adjudant de Place de service à l'État-major......................... GRAILLARD.
Adjudant de Place de ronde de nuit............................... CORDIEZ.

Visite aux Casernes, Prisons, Hôpital, et distribution de fourrages.

Rive droite de la Seine : le Capitaine-Adjudant de Place.............. CORDIEZ.
Rive gauche : le Capitaine-Adjudant de Place...................... VILLERS.

Rien de nouveau.

*Le Général de Brigade Chef de l'État-major général du Gouvernement de Paris
et de la première Division militaire,*

CÉSAR BERTHIER.

Pour copie conforme :

L'Adjudant-commandant, Sous-chef de l'État-major général du Gouvernement de Paris,

DOUCET.

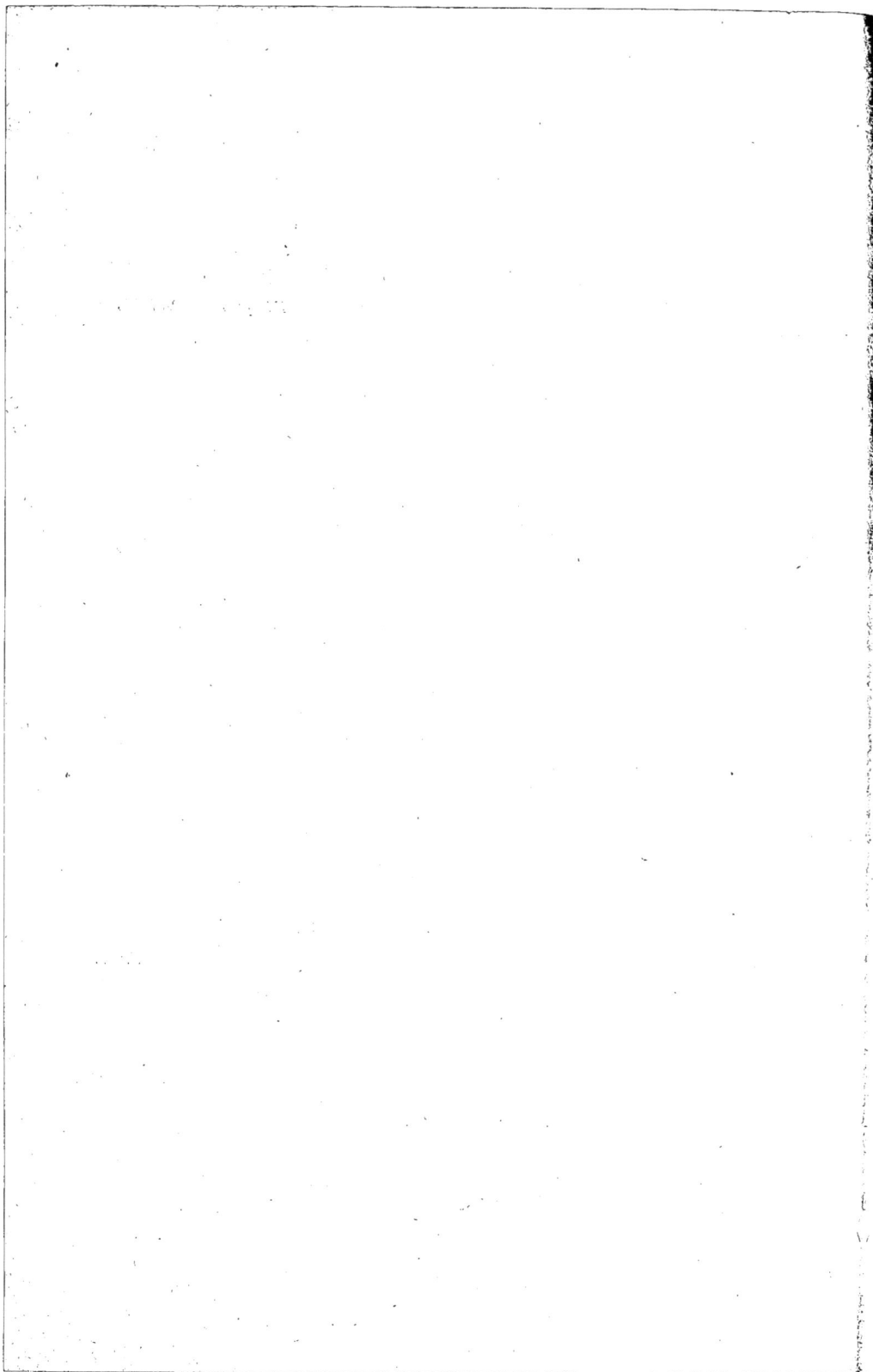

ÉTAT-MAJOR
DU GOUVERNEMENT DE PARIS.

ORDRE du 14 Messidor an 13.

SERVICE DE L'ÉTAT-MAJOR DU GOUVERNEMENT DE PARIS.

Du 14 au 15 Messidor.

Adjudant de Place de service à l'État-major......................... GRAILLARD.
Adjudant de Place de ronde de nuit............................... CORDIEZ.

Visite aux Casernes, Prisons, Hôpital, et distribution de fourrages.

Rive droite de la Seine : le Capitaine-Adjudant de Place.............. CORDIEZ.
Rive gauche : le Capitaine-Adjudant de Place....................... VILLERS.

Du 15 au 16 Messidor.

Adjudant de Place de service à l'État-major......................... SANSON.
Adjudant de Place de ronde de nuit............................... VILLERS.

Visite aux Casernes, Prisons, Hôpital, et distribution de fourrages.

Rive droite de la Seine : le Capitaine-Adjudant de Place.............. VILLERS.
Rive gauche : le Capitaine-Adjudant de Place....................... GRAILLARD.

Rien de nouveau.

Le Général de Brigade Chef de l'État-major général du Gouvernement de Paris et de la première Division militaire,

CÉSAR BERTHIER.

Pour copie conforme :

L'Adjudant-commandant, Sous-chef de l'État-major général du Gouvernement de Paris,

DOUCET.

ÉTAT-MAJOR
DU GOUVERNEMENT DE PARIS.

ORDRE du 15 Messidor an 13.

SERVICE DE L'ÉTAT-MAJOR DU GOUVERNEMENT DE PARIS.

Du 15 au 16 Messidor.

Adjudant de Place de service à l'État-major......................... SANSON.
Adjudant de Place de ronde de nuit.............................. VILLERS.

Visite aux Casernes, Prisons, Hôpital, et distribution de fourrages.

Rive droite de la Seine : le Capitaine-Adjudant de Place.............. VILLERS.
Rive gauche : le Capitaine-Adjudant de Place........................ GRAILLARD.

Du 16 au 17 Messidor.

Adjudant de Place de service à l'État-major......................... VIART.
Adjudant de Place de ronde de nuit.............................. GRAILLARD.

Visite aux Casernes, Prisons, Hôpital, et distribution de fourrages.

Rive droite de la Seine : le Capitaine-Adjudant de Place.............. GRAILLARD.
Rive gauche : le Lieutenant-Adjudant de Place........................ SANSON.

Rien de nouveau.

*Le Général de Brigade Chef de l'État-major général du Gouvernement de Paris
et de la première Division militaire,*

CÉSAR BERTHIER.

Pour copie conforme :

L'Adjudant-commandant, Sous-chef de l'État-major général du Gouvernement de Paris,

DOUCET.

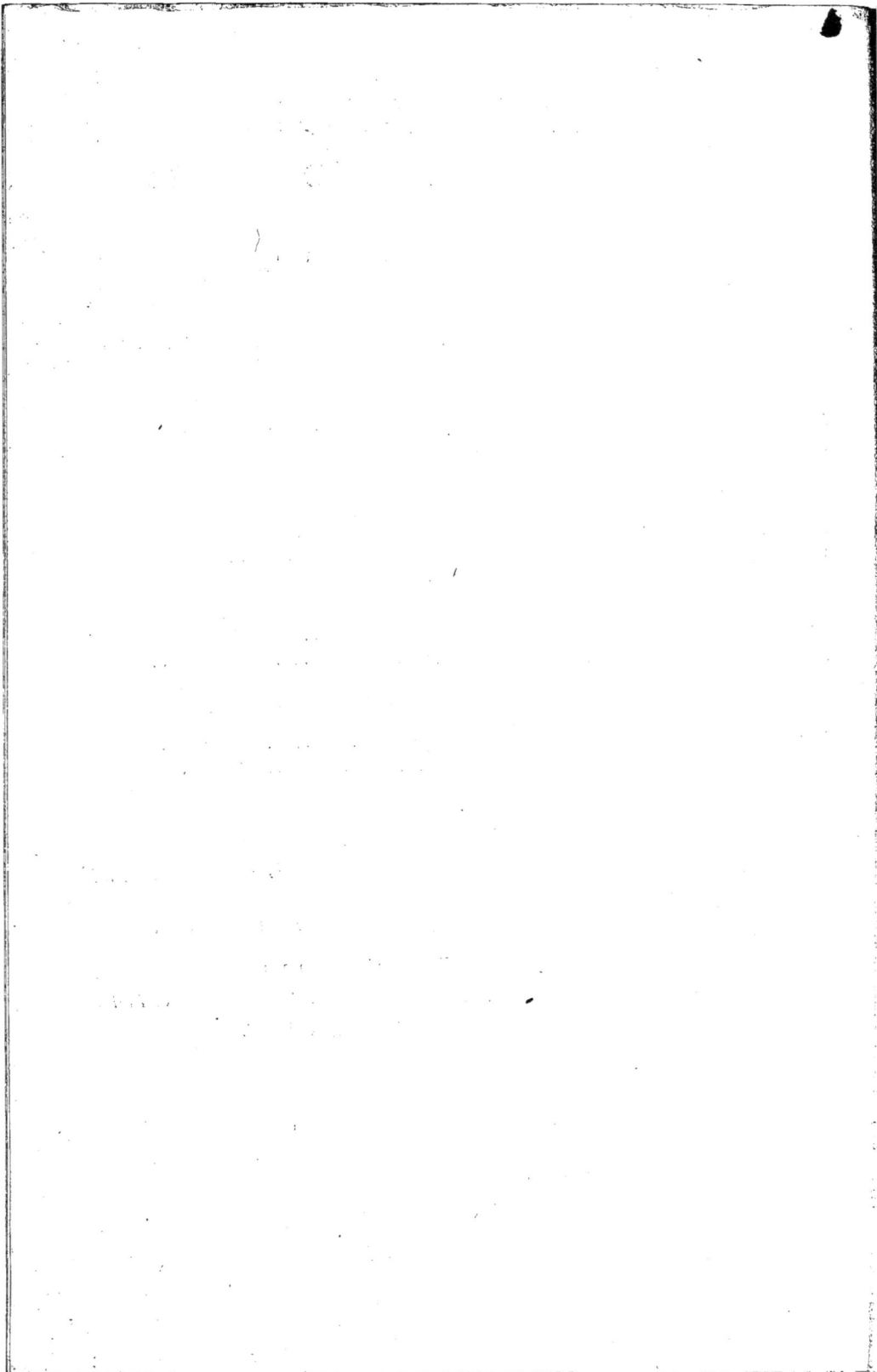

ÉTAT-MAJOR
DU GOUVERNEMENT DE PARIS.

ORDRE du 16 Messidor an 13.

SERVICE DE L'ÉTAT-MAJOR DU GOUVERNEMENT DE PARIS.

Du 16 au 17 Messidor.

Adjudant de Place de service à l'État-major........................ VIART.
Adjudant de Place de ronde de nuit................................ GRAILLARD.

Visite aux Casernes, Prisons, Hôpital, et distribution de fourrages.

Rive droite de la Seine : le Capitaine-Adjudant de Place.............. GRAILLARD.
Rive gauche : le Lieutenant-Adjudant de Place........................ SANSON.

Du 17 au 18 Messidor.

Adjudant de Place de service à l'État-major........................ COTEAU.
Adjudant de Place de ronde de nuit................................ SANSON.

Visite aux Casernes, Prisons, Hôpital, et distribution de fourrages.

Rive droite de la Seine : le Lieutenant-Adjudant de Place............. SANSON.
Rive gauche : le Capitaine-Adjudant de Place........................ VIART.

Rien de nouveau.

*Le Général de Brigade Chef de l'État-major général du Gouvernement de Paris
et de la première Division militaire,*

CÉSAR BERTHIER.

Pour copie conforme :

L'Adjudant-commandant, Sous-chef de l'État-major général du Gouvernement de Paris,

DOUCET.

ÉTAT-MAJOR
DU GOUVERNEMENT DE PARIS.

ORDRE du 17 Messidor an 13.

SERVICE DE L'ÉTAT-MAJOR DU GOUVERNEMENT DE PARIS.

Du 17 au 18 Messidor.

Adjudant de Place de service à l'État-major........................ COTEAU.
Adjudant de Place de ronde de nuit.............................. SANSON.

Visite aux Casernes, Prisons, Hôpital, et distribution de fourrages.

Rive droite de la Seine : le Lieutenant-Adjudant de Place............. SANSON.
Rive gauche : le Capitaine-Adjudant de Place...................... VIART.

Du 18 au 19 Messidor.

Adjudant de Place de service à l'État-major........................ CORDIEZ.
Adjudant de Place de ronde de nuit.............................. VIART.

Visite aux Casernes, Prisons, Hôpital, et distribution de fourrages.

Rive droite de la Seine : le Capitaine-Adjudant de Place............. VIART.
Rive gauche : le Capitaine-Adjudant de Place...................... COTEAU.

Rien de nouveau.

*Le Général de Brigade Chef de l'État-major général du Gouvernement de Paris
et de la première Division militaire,*

CÉSAR BERTHIER.

Pour copie conforme :

L'Adjudant-commandant, Sous-chef de l'État-major général du Gouvernement de Paris,

DOUCET.

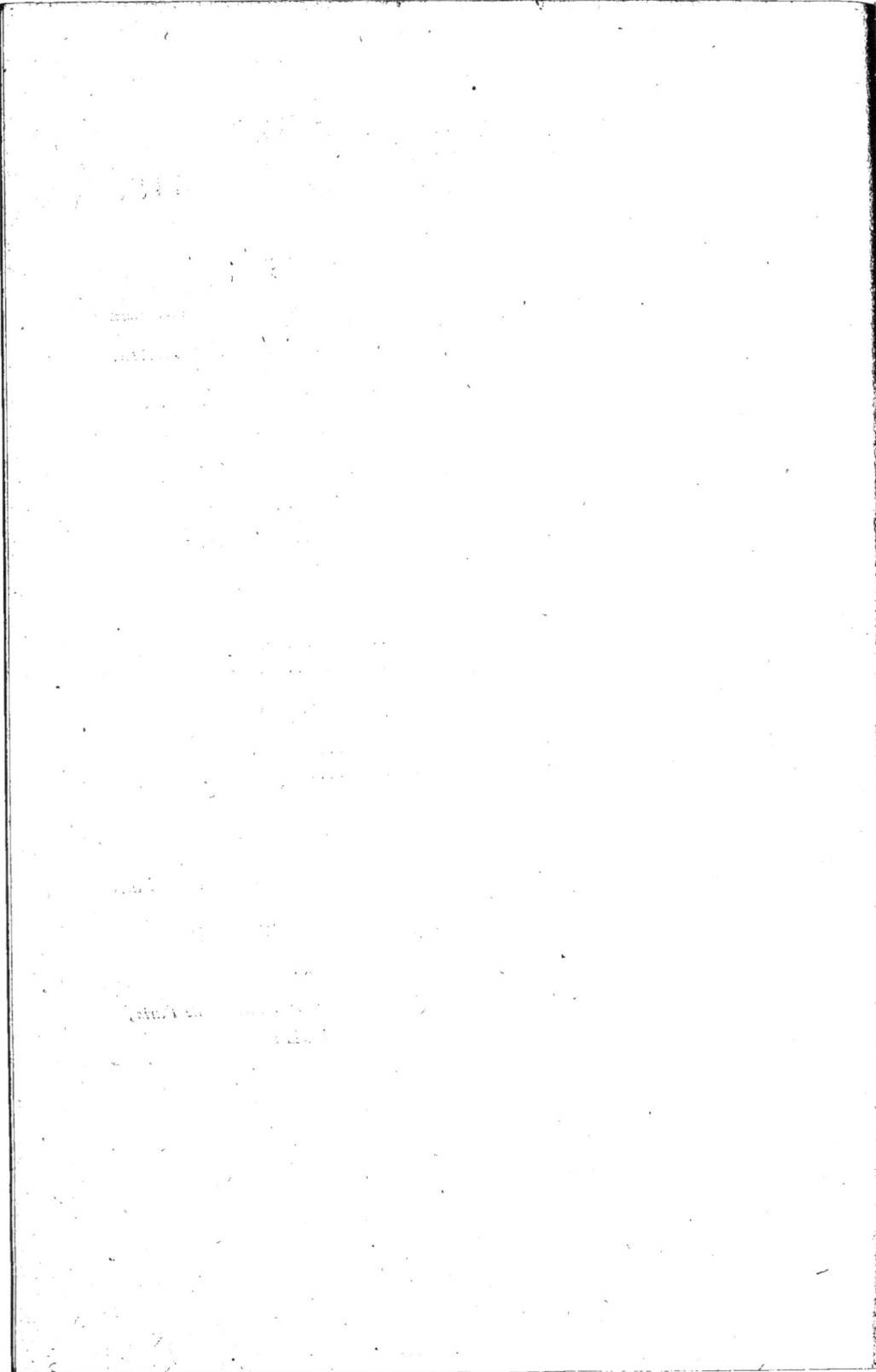

ÉTAT-MAJOR
DU GOUVERNEMENT DE PARIS.

ORDRE du 18 Messidor an 13.

SERVICE DE L'ÉTAT-MAJOR DU GOUVERNEMENT DE PARIS.

Du 18 au 19 Messidor.

Adjudant de Place de service à l'État-major.......................... CORDIEZ.
Adjudant de Place de ronde de nuit.............................. VIART.

Visite aux Casernes, Prisons, Hôpital, et distribution de fourrages.

Rive droite de la Seine : le Capitaine-Adjudant de Place.............. VIART.
Rive gauche : le Capitaine-Adjudant de Place...................... COTEAU.

Du 19 au 20 Messidor.

Adjudant de Place de service à l'Etat-major.......................... VILLERS.
Adjudant de Place de ronde de nuit.............................. COTEAU.

Visite aux Casernes, Prisons, Hôpital, et distribution de fourrages.

Rive droite de la Seine : le Capitaine-Adjudant de Place.............. COTEAU.
Rive gauche : le Capitaine-Adjudant de Place...................... CORDIEZ.

Rien de nouveau.

*Le Général de Brigade Chef de l'État-major général du Gouvernement de Paris
et de la première Division militaire,*

CÉSAR BERTHIER.

Pour copie conforme :

L'Adjudant-commandant, Sous-chef de l'État-major général du Gouvernement de Paris,

DOUCET.

ÉTAT-MAJOR
DU GOUVERNEMENT DE PARIS.

ORDRE du 19 Messidor an 13.

SERVICE DE L'ÉTAT-MAJOR DU GOUVERNEMENT DE PARIS.

Du 19 au 20 Messidor.

Adjudant de Place de service à l'Etat-major........................ VILLERS.
Adjudant de Place de ronde de nuit............................. COTEAU.

Visite aux Casernes, Prisons, Hôpital, et distribution de fourrages.

Rive droite de la Seine : le Capitaine-Adjudant de Place.............. COTEAU.
Rive gauche : le Capitaine-Adjudant de Place...................... CORDIEZ.

Du 20 au 21 Messidor.

Adjudant de Place de service à l'État-major........................ GRAILLARD.
Adjudant de Place de ronde de nuit............................. CORDIEZ.

Visite aux Casernes, Prisons, Hôpital, et distribution de fourrages.

Rive droite de la Seine : le Capitaine-Adjudant de Place.............. CORDIEZ.
Rive gauche : le Capitaine-Adjudant de Place...................... VILLERS.

Rien de nouveau.

Le Général de Brigade Chef de l'État-major général du Gouvernement de Paris et de la première Division militaire,

CÉSAR BERTHIER.

Pour copie conforme :

L'Adjudant-commandant, Sous-chef de l'État-major général du Gouvernement de Paris,

DOUCET.

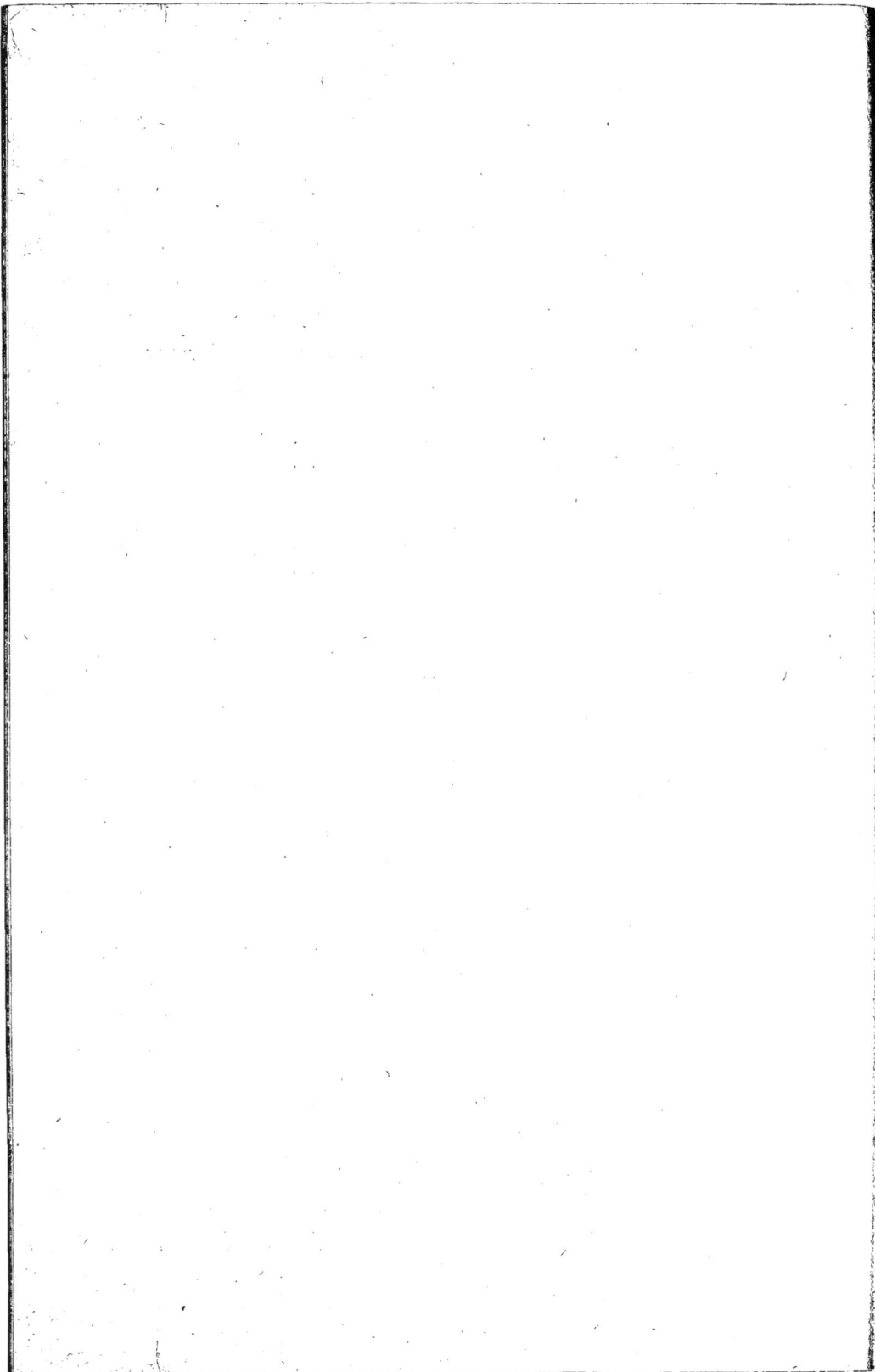

ÉTAT-MAJOR
DU GOUVERNEMENT DE PARIS.

ORDRE du 20 Messidor an 13.

SERVICE DE L'ÉTAT-MAJOR DU GOUVERNEMENT DE PARIS.

Du 20 au 21 Messidor.

Adjudant de Place de service à l'État-major........................ GRAILLARD.
Adjudant de Place de ronde de nuit............................. CORDIEZ.

Visite aux Casernes, Prisons, Hôpital, et distribution de fourrages.

Rive droite de la Seine : le Capitaine-Adjudant de Place.............. CORDIEZ.
Rive gauche : le Capitaine-Adjudant de Place...................... VILLERS.

Du 21 au 22 Messidor.

Adjudant de Place de service à l'Etat-major...................... SANSON.
Adjudant de Place de ronde de nuit............................. VILLERS.

Visite aux Casernes, Prisons, Hôpital, et distribution de fourrages.

Rive droite de la Seine : le Capitaine-Adjudant de Place............. VILLERS.
Rive gauche : le Capitaine-Adjudant de Place...................... GRAILLARD.

Rien de nouveau.

Le Général de Brigade Chef de l'État-major général du Gouvernement de Paris et de la première Division militaire,

CÉSAR BERTHIER.

Pour copie conforme :

L'Adjudant-commandant, Sous-chef de l'État-major général du Gouvernement de Paris,

DOUCET.

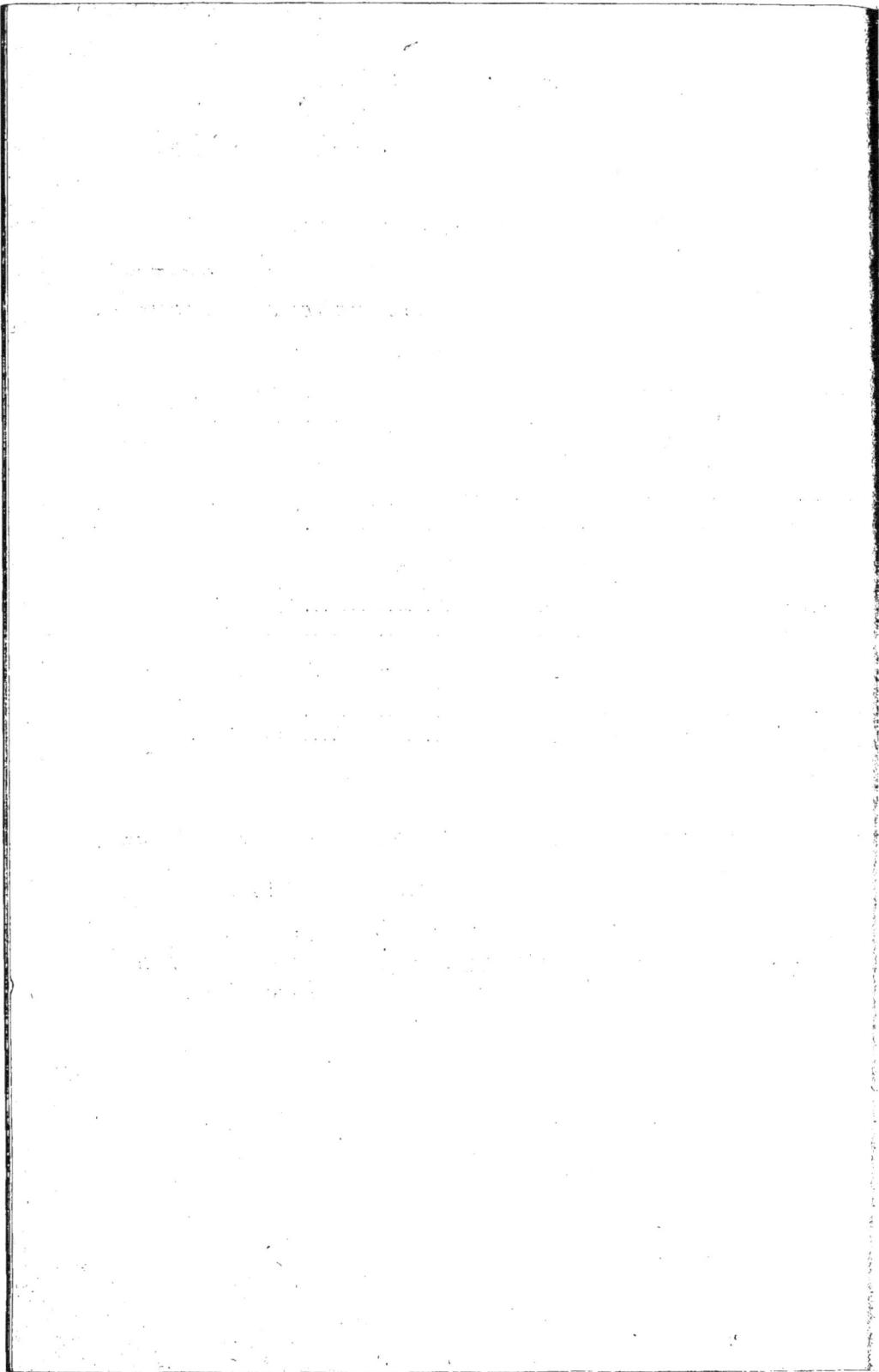

ÉTAT-MAJOR

DU GOUVERNEMENT DE PARIS.

ORDRE du 21 Messidor an 13.

SERVICE DE L'ÉTAT-MAJOR DU GOUVERNEMENT DE PARIS.

Du 21 au 22 Messidor.

Adjudant de Place de service à l'Etat-major...................... SANSON.
Adjudant de Place de ronde de nuit............................ VILLERS.

Visite aux Casernes, Prisons, Hôpital, et distribution de fourrages.

Rive droite de la Seine : le Capitaine-Adjudant de Place.............. VILLERS.
Rive gauche : le Capitaine-Adjudant de Place....................... GRAILLARD.

Du 22 au 23 Messidor.

Adjudant de Place de service à l'État-major........................ VIART.
Adjudant de Place de ronde de nuit............................. GRAILLARD.

Visite aux Casernes, Prisons, Hôpital, et distribution de fourrages.

Rive droite de la Seine : le Capitaine-Adjudant de Place.............. GRAILLARD.
Rive gauche : le Lieutenant-Adjudant de Place..................... SANSON.

Rien de nouveau.

*Le Général de Brigade Chef de l'État-major général du Gouvernement de Paris
et de la première Division militaire,*

CÉSAR BERTHIER.

Pour copie conforme :

L'Adjudant-commandant, Sous-chef de l'État-major général du Gouvernement de Paris,

DOUCET.

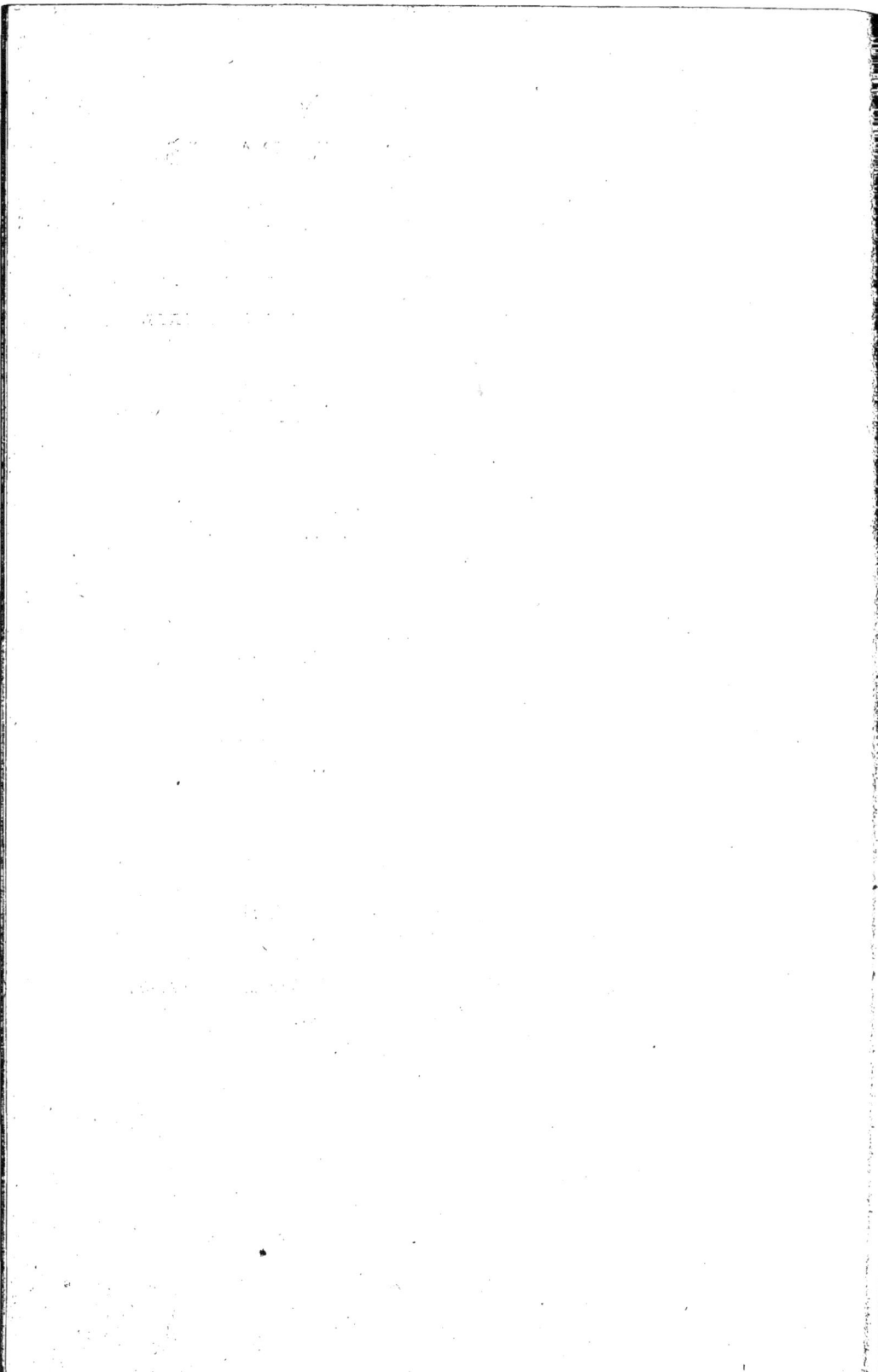

ÉTAT-MAJOR
DU GOUVERNEMENT DE PARIS.

ORDRE du 22 Messidor an 13.

SERVICE DE L'ÉTAT-MAJOR DU GOUVERNEMENT DE PARIS.

Du 22 au 23 Messidor.

'Adjudant de Place de service à l'État-major........................ VIART.
Adjudant de Place de ronde de nuit.............................. GRAILLARD.

Visite aux Casernes, Prisons, Hôpital, et distribution de fourrages.

Rive droite de la Seine : le Capitaine-Adjudant de Place.............. GRAILLARD.
Rive gauche : le Lieutenant-Adjudant de Place...................... SANSON.

Du 23 au 24 Messidor.

Adjudant de Place de service à l'Etat-major........................ COTEAU.
Adjudant de Place de ronde de nuit.............................. SANSON.

Visite aux Casernes, Prisons, Hôpital, et distribution de fourrages.

Rive droite de la Seine : le Lieutenant-Adjudant de Place............. SANSON.
Rive gauche : le Capitaine-Adjudant de Place...................... VIART.

Rien de nouveau.

*Le Général de Brigade Chef de l'État-major général du Gouvernement de Paris
et de la première Division militaire,*

CÉSAR BERTHIER.

Pour copie conforme :

L'Adjudant-commandant, Sous-chef de l'État-major général du Gouvernement de Paris,

DOUCET.

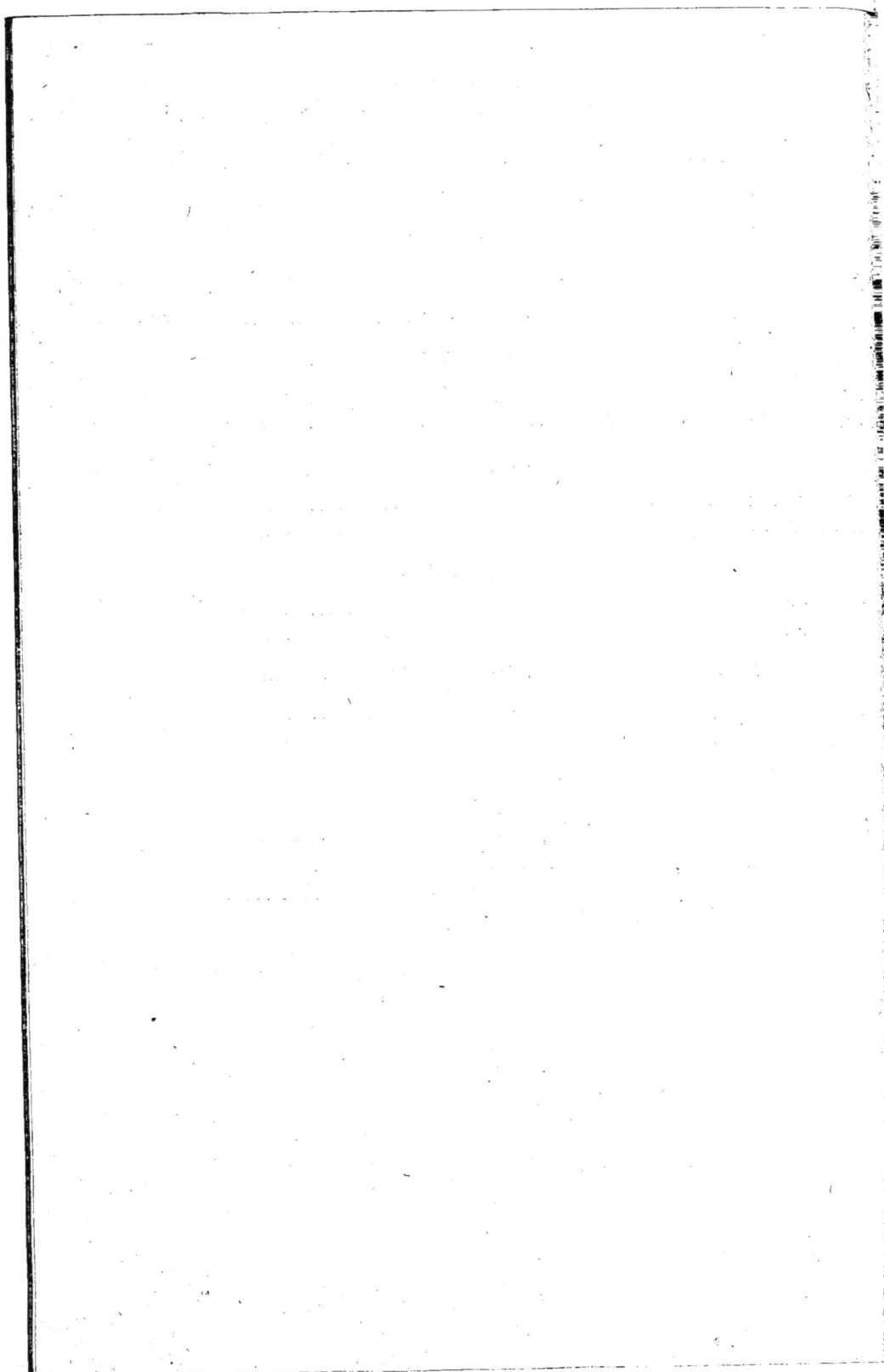

ÉTAT-MAJOR
DU GOUVERNEMENT DE PARIS.

ORDRE du 23 Messidor an 13.

SERVICE DE L'ÉTAT-MAJOR DU GOUVERNEMENT DE PARIS.

Du 23 au 24 Messidor.

Adjudant de Place de service à l'Etat-major....................... COTEAU.

Adjudant de Place de ronde de nuit............................. SANSON.

Visite aux Casernes, Prisons, Hôpital, et distribution de fourrages.

Rive droite de la Seine : le Lieutenant-Adjudant de Place............. SANSON.

Rive gauche : le Capitaine-Adjudant de Place....................... VIART.

Du 24 au 25 Messidor.

Adjudant de Place de service à l'État-major....................... CORDIEZ.

Adjudant de Place de ronde de nuit.............................. VIART.

Visite aux Casernes, Prisons, Hôpital, et distribution de fourrages.

Rive droite de la Seine : le Capitaine-Adjudant de Place.............. VIART.

Rive gauche : le Capitaine-Adjudant de Place....................... COTEAU.

Rien de nouveau.

Le Général de Brigade Chef de l'État-major général du Gouvernement de Paris et de la première Division militaire,

CÉSAR BERTHIER.

Pour copie conforme :

L'Adjudant-commandant, Sous-chef de l'État-major général du Gouvernement de Paris,

DOUCET.

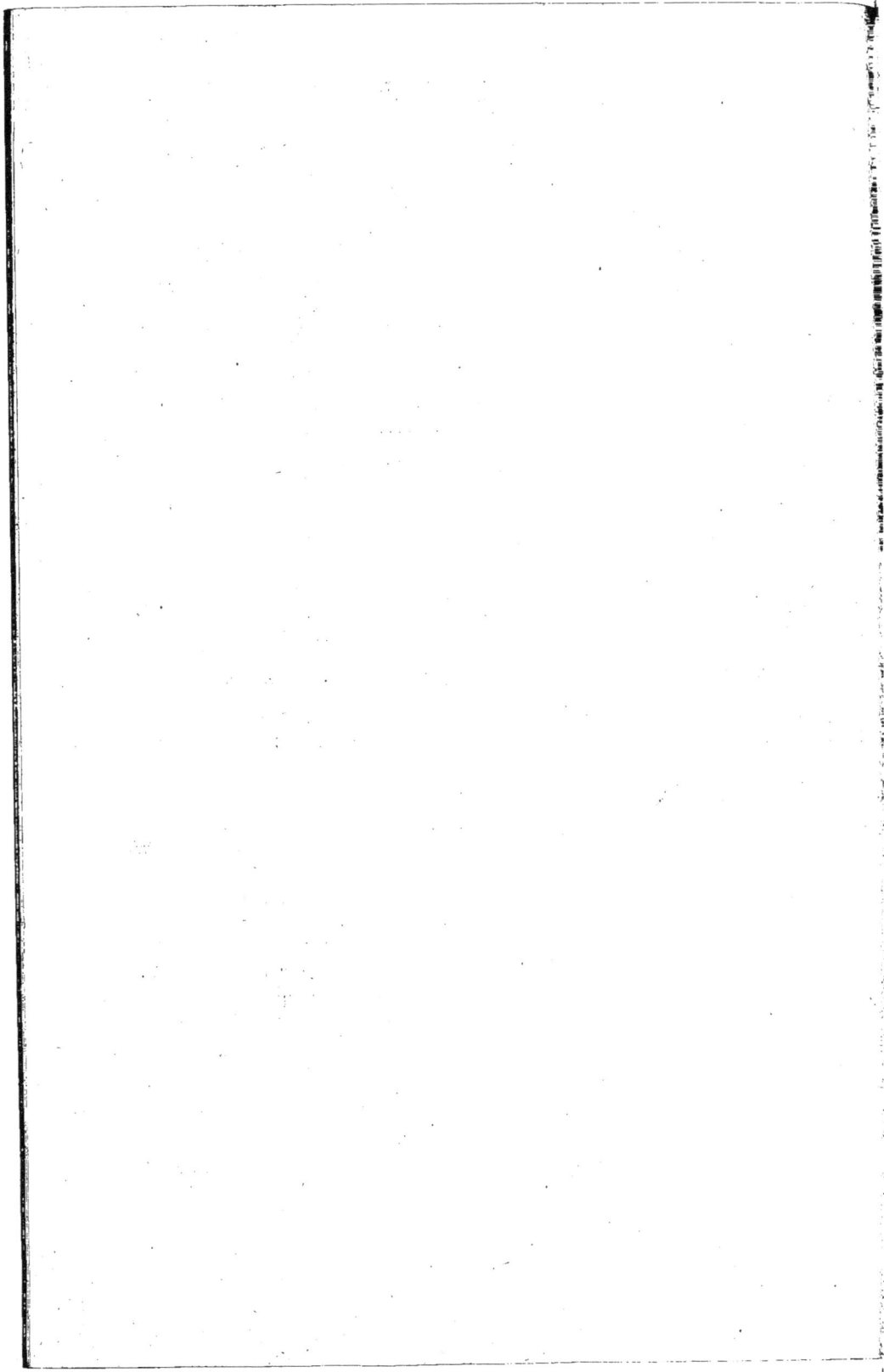

ÉTAT-MAJOR
DU GOUVERNEMENT DE PARIS.

ORDRE du 24 Messidor an 13.

SERVICE DE L'ÉTAT-MAJOR DU GOUVERNEMENT DE PARIS.

Du 24 au 25 Messidor.

Adjudant de Place de service à l'État-major......................... CORDIEZ.

Adjudant de Place de ronde de nuit............................... VIART.

Visite aux Casernes, Prisons, Hôpital, et distribution de fourrages.

Rive droite de la Seine : le Capitaine-Adjudant de Place.............. VIART.

Rive gauche : le Capitaine-Adjudant de Place........................ COTEAU.

Du 25 au 26 Messidor.

Adjudant de Place de service à l'État-major......................... CARON.

Adjudant de Place de ronde de nuit............................... COTEAU.

Visite aux Casernes, Prisons, Hôpital, et distribution de fourrages.

Rive droite de la Seine : le Capitaine-Adjudant de Place.............. COTEAU.

Rive gauche : le Capitaine-Adjudant de Place........................ CORDIEZ.

Rien de nouveau.

Le Général de Brigade Chef de l'État-major général du Gouvernement de Paris et de la première Division militaire,

CÉSAR BERTHIER.

Pour copie conforme :

L'Adjudant-commandant, Sous-chef de l'État-major général du Gouvernement de Paris,

DOUCET.

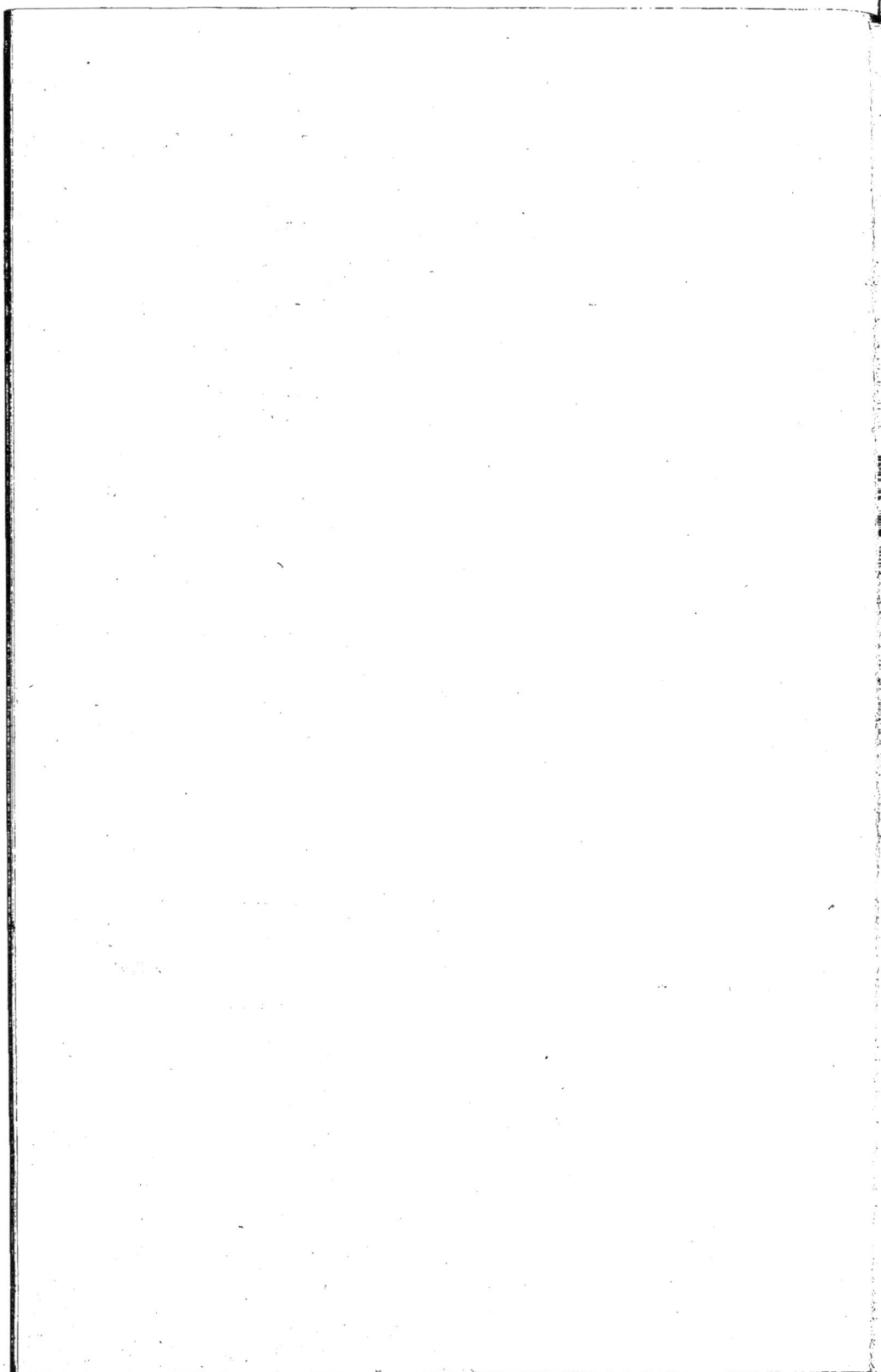

ÉTAT-MAJOR
DU GOUVERNEMENT DE PARIS.

ORDRE du 25 Messidor an 13.

SERVICE DE L'ÉTAT-MAJOR DU GOUVERNEMENT DE PARIS.

Du 25 au 26 Messidor.

Adjudant de Place de service à l'Etat-major......................... CARON.
Adjudant de Place de ronde de nuit.............................. COTEAU.

Visite aux Casernes, Prisons, Hôpital, et distribution de fourrages.

Rive droite de la Seine : le Capitaine-Adjudant de Place.............. COTEAU.
Rive gauche : le Capitaine-Adjudant de Place........................ CORDIEZ.

Du 26 au 27 Messidor.

Adjudant de Place de service à l'État-major........................ VILLERS.
Adjudant de Place de ronde de nuit............................... CORDIEZ.

Visite aux Casernes, Prisons, Hôpital, et distribution de fourrages.

Rive droite de la Seine : le Capitaine-Adjudant de Place.............. CORDIEZ.
Rive gauche : le Capitaine-Adjudant de Place........................ CARON.

Rien de nouveau.

Le Général de Brigade Chef de l'État-major général du Gouvernement de Paris et de la première Division militaire,

CÉSAR BERTHIER.

Pour copie conforme :

L'Adjudant-commandant, Sous-chef de l'État-major général du Gouvernement de Paris,

DOUCET.

ÉTAT-MAJOR
DU GOUVERNEMENT DE PARIS.

ORDRE du 26 Messidor an 13.

SERVICE DE L'ÉTAT-MAJOR DU GOUVERNEMENT DE PARIS.

Du 26 au 27 Messidor.

Adjudant de Place de service à l'État-major........................... VILLERS.
Adjudant de Place de ronde de nuit............................... CORDIEZ.

Visite aux Casernes, Prisons, Hôpital, et distribution de fourrages.

Rive droite de la Seine : le Capitaine-Adjudant de Place.............. CORDIEZ.
Rive gauche : le Capitaine-Adjudant de Place....................... CARON.

Du 27 au 28 Messidor.

Adjudant de Place de service à l'Etat-major........................ GRAILLARD.
Adjudant de Place de ronde de nuit............................... CARON.

Visite aux Casernes, Prisons, Hôpital, et distribution de fourrages.

Rive droite de la Seine : le Capitaine-Adjudant de Place.............. CARON.
Rive gauche : le Capitaine-Adjudant de Place....................... VILLERS.

Rien de nouveau.

Le Général de Brigade Chef de l'État-major général du Gouvernement de Paris et de la première Division militaire,

CÉSAR BERTHIER.

Pour copie conforme :

L'Adjudant-commandant, Sous-chef de l'État-major général du Gouvernement de Paris,

DOUCET.

ÉTAT-MAJOR
DU GOUVERNEMENT DE PARIS.

ORDRE du 27 Messidor an 13.

SERVICE DE L'ÉTAT-MAJOR DU GOUVERNEMENT DE PARIS.

Du 27 au 28 Messidor.

Adjudant de Place de service à l'État-major......................... GRAILLARD.
Adjudant de Place de ronde de nuit.............................. CARON.

Visite aux Casernes, Prisons, Hôpital, et distribution de fourrages.

Rive droite de la Seine : le Capitaine-Adjudant de Place................ CARON.
Rive gauche : le Capitaine-Adjudant de Place..................... VILLERS.

Du 28 au 29 Messidor.

Adjudant de Place de service à l'État-major........................ SANSON.
Adjudant de Place de ronde de nuit............................ VILLERS.

Visite aux Casernes, Prisons, Hôpital, et distribution de fourrages.

Rive droite de la Seine : le Capitaine-Adjudant de Place.............. VILLERS.
Rive gauche : le Capitaine-Adjudant de Place..................... GRAILLARD.

Rien de nouveau.

Le Général de Brigade Chef de l'État-major général du Gouvernement de Paris
et de la première Division militaire,

CÉSAR BERTHIER.

Pour copie conforme :

L'Adjudant-commandant, Sous-chef de l'État-major général du Gouvernement de Paris,

DOUCET.

ÉTAT-MAJOR
DU GOUVERNEMENT DE PARIS.

ORDRE du 28 Messidor an 13.

Du 28 au 29 Messidor.

Adjudant de Place de service à l'État-major......................... SANSON.
Adjudant de Place de ronde de nuit.............................. VILLERS.

Visite aux Casernes, Prisons, Hôpital, et distribution de fourrages.

Rive droite de la Seine : le Capitaine-Adjudant de Place.............. VILLERS.
Rive gauche : le Capitaine-Adjudant de Place....................... GRAILLARD.

Du 29 au 30 Messidor.

Adjudant de Place de service à l'Etat-major......................... VIART.
Adjudant de Place de ronde de nuit.............................. GRAILLARD.

Visite aux Casernes, Prisons, Hôpital, et distribution de fourrages.

Rive droite de la Seine : le Capitaine-Adjudant de Place.............. GRAILLARD.
Rive gauche : le Lieutenant-Adjudant de Place...................... SANSON.

Rien de nouveau.

Le Général de Brigade Chef de l'État-major général du Gouvernement de Paris et de la première Division militaire,

CÉSAR BERTHIER.

Pour copie conforme :

L'Adjudant-commandant, Sous-chef de l'État-major général du Gouvernement de Paris,

DOUCET.

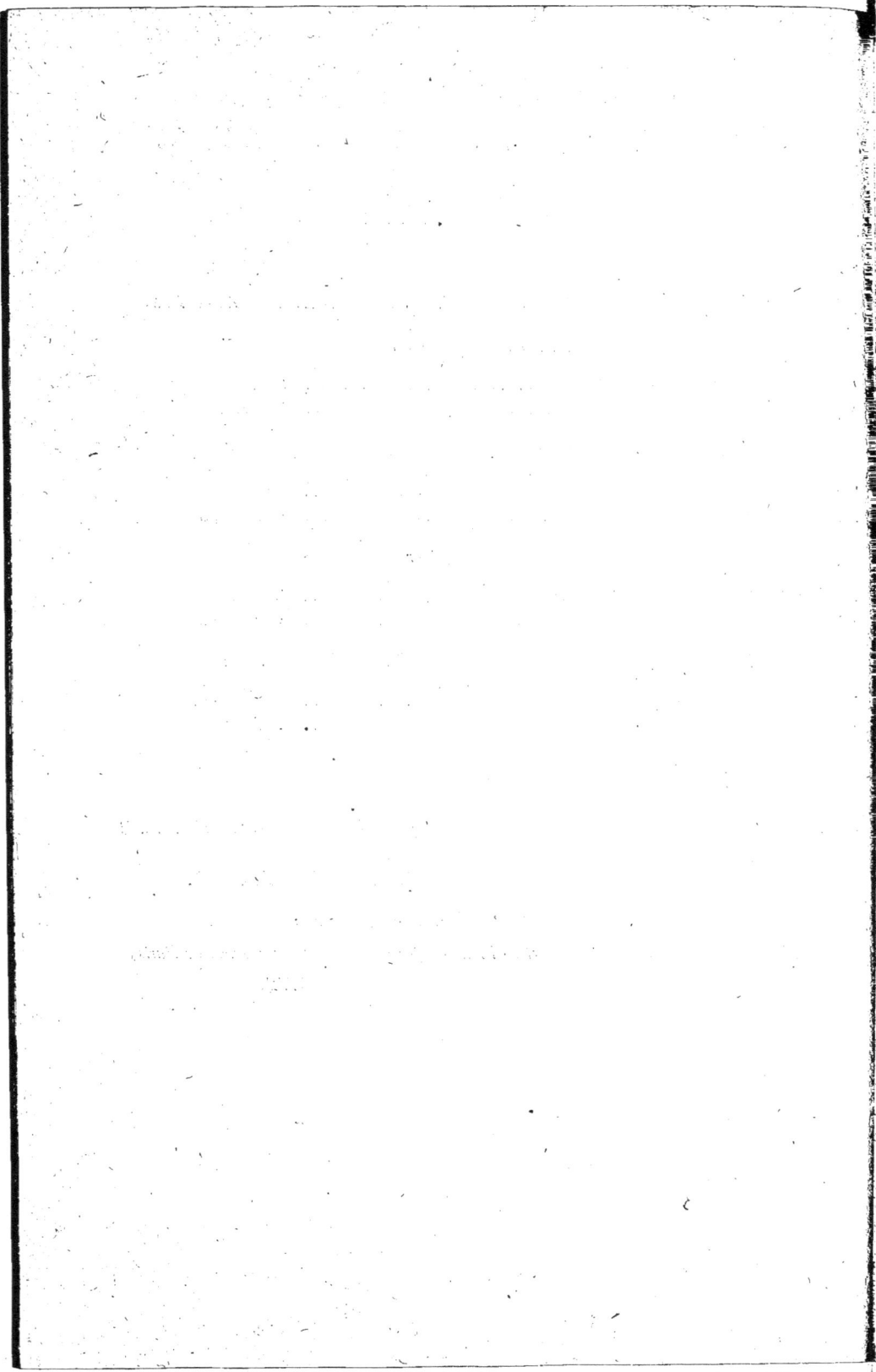

ÉTAT-MAJOR
DU GOUVERNEMENT DE PARIS.

ORDRE du 29 Messidor an 13.

SERVICE DE L'ÉTAT-MAJOR DU GOUVERNEMENT DE PARIS.

Du 29 au 30 Messidor.

Adjudant de Place de service à l'Etat-major......................... VIART.
Adjudant de Place de ronde de nuit............................... GRAILLARD.

Visite aux Casernes, Prisons, Hôpital, et distribution de fourrages.

Rive droite de la Seine : le Capitaine-Adjudant de Place.............. GRAILLARD.
Rive gauche : le Lieutenant-Adjudant de Place...................... SANSON.

Du 30 Messidor au 1.er Thermidor.

Adjudant de Place de service à l'État-major......................... COTEAU.
Adjudant de Place de ronde de nuit............................... SANSON.

Visite aux Casernes, Prisons, Hôpital, et distribution de fourrages.

Rive droite de la Seine : le Lieutenant-Adjudant de Place.............. SANSON.
Rive gauche : le Capitaine-Adjudant de Place...................... VIART.

Corvées.

Le deuxième régiment d'infanterie légère fournira, pendant le mois de Thermidor prochain, tous les hommes de corvée nécessaires aux travaux du dépôt central de l'artillerie, sur la demande particulière de M. le Général *Saint-Laurent*, Directeur dudit dépôt.

Le Général de Brigade Chef de l'État-major général du Gouvernement de Paris et de la première Division militaire,

CÉSAR BERTHIER.

Pour copie conforme :

L'Adjudant-commandant, Sous-chef de l'État-major général du Gouvernement de Paris,

DOUCET.

ÉTAT-MAJOR
DU GOUVERNEMENT DE PARIS.

ORDRE du 30 Messidor an 13.

SERVICE DE L'ÉTAT-MAJOR DU GOUVERNEMENT DE PARIS.

Du 30 Messidor au 1.er Thermidor.

Adjudant de Place de service à l'État-major......................... COTEAU.
Adjudant de Place de ronde de nuit................................ SANSON.

Visite aux Casernes, Prisons, Hôpital, et distribution de fourrages.

Rive droite de la Seine : le Lieutenant-Adjudant de Place.............. SANSON.
Rive gauche : le Capitaine-Adjudant de Place....................... VIART.

Du 1.er au 2 Thermidor.

Adjudant de Place de service à l'Etat-major......................... CORDIEZ.
Adjudant de Place de ronde de nuit................................ VIART.

Visite aux Casernes, Prisons, Hôpital, et distribution de fourrages.

Rive droite de la Seine : le Capitaine-Adjudant de Place.............. VIART.
Rive gauche : le Capitaine-Adjudant de Place....................... COTEAU.

Rien de nouveau.

Le Général de Brigade Chef de l'État-major général du Gouvernement de Paris et de la première Division militaire,

CÉSAR BERTHIER.

Pour copie conforme :

L'Adjudant-commandant, Sous-chef de l'État-major général du Gouvernement de Paris,

DOUCET.

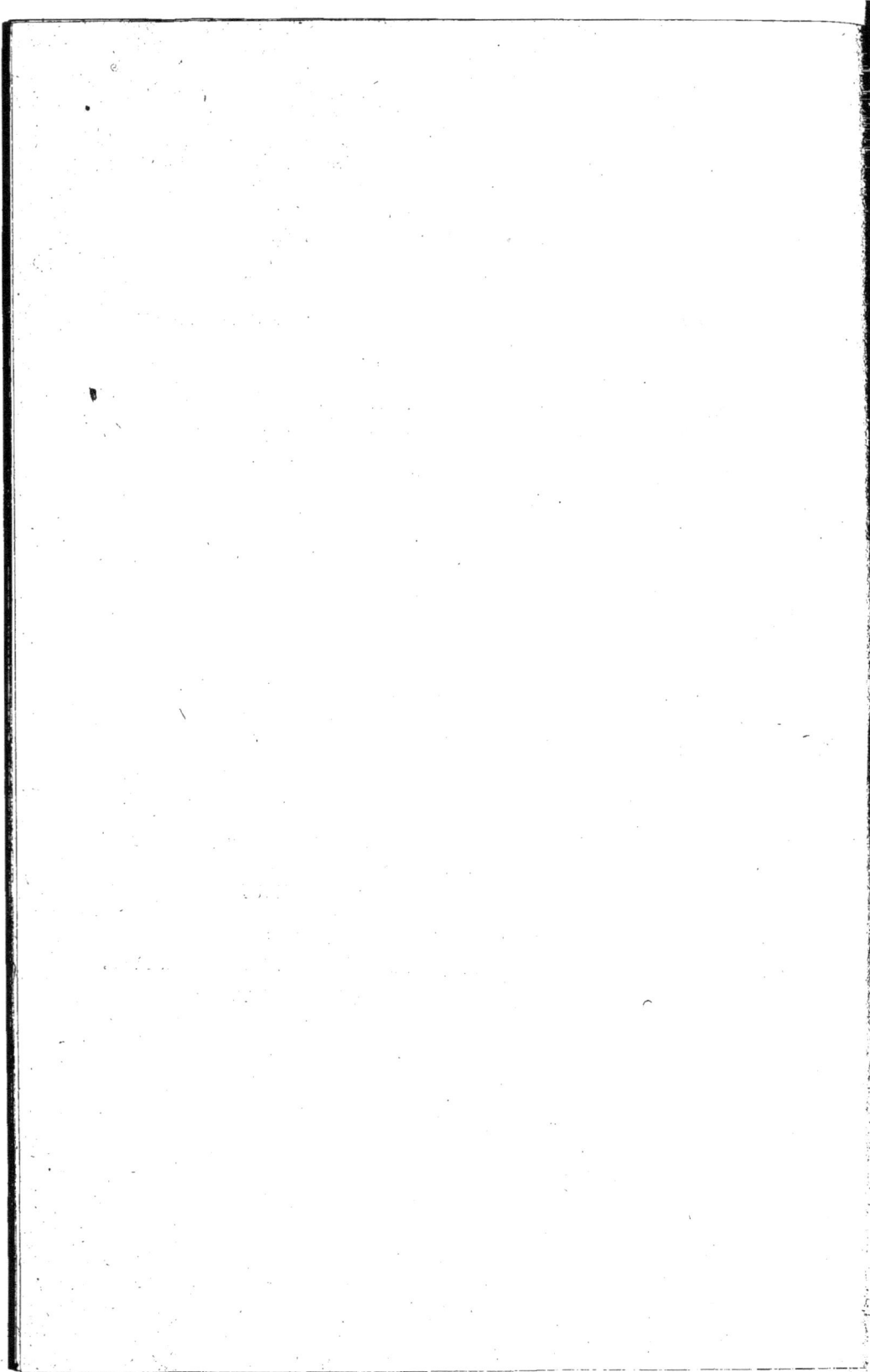

ÉTAT-MAJOR
DU GOUVERNEMENT DE PARIS.

ORDRE du 1.er Thermidor an 13.

SERVICE DE L'ÉTAT-MAJOR DU GOUVERNEMENT DE PARIS.

Du 1.er au 2 Thermidor.

Adjudant de Place de service à l'État-major...................... CORIEZ.
Adjudant de Place de ronde de nuit.............................. VIART.

Visite aux Casernes, Prisons, Hôpital, et distribution de fourrages.

Rive droite de la Seine : le Capitaine-Adjudant de Place.............. VIART.
Rive gauche : le Capitaine-Adjudant de Place...................... COTEAU.

Du 2 au 3 Thermidor.

Adjudant de Place de service à l'État-major...................... VILLERS.
Adjudant de Place de ronde de nuit.............................. COTEAU.

Visite aux Casernes, Prisons, Hôpital, et distribution de fourrages.

Rive droite de la Seine : le Capitaine-Adjudant de Place.............. COTEAU.
Rive gauche : le Capitaine-Adjudant de Place...................... CORDIEZ.

Rien de nouveau.

Le Général de Brigade Chef de l'État-major général du Gouvernement de Paris et de la première Division militaire,

CÉSAR BERTHIER.

Pour copie conforme :

L'Adjudant-commandant, Sous-chef de l'État-major général du Gouvernement de Paris,

DOUCET.

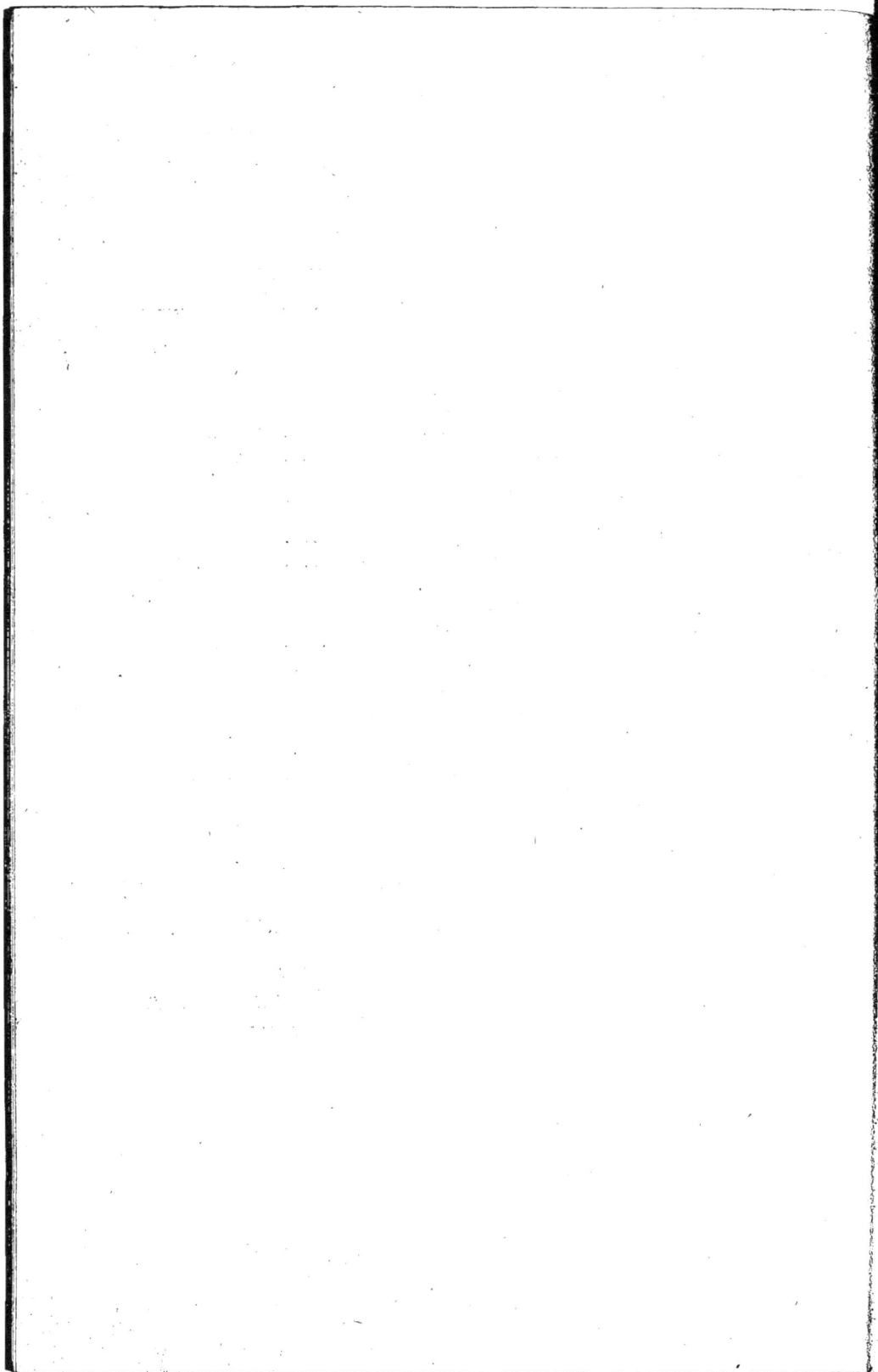

ÉTAT-MAJOR
DU GOUVERNEMENT DE PARIS.

ORDRE du 2 Thermidor an 13.

SERVICE DE L'ÉTAT-MAJOR DU GOUVERNEMENT DE PARIS.

Du 2 au 3 Thermidor.

Adjudant de Place de service à l'État-major......................... VILLERS.
Adjudant de Place de ronde de nuit............................. COTEAU.

Visite aux Casernes, Prisons, Hôpital, et distribution de fourrages.

Rive droite de la Seine : le Capitaine-Adjudant de Place............. COTEAU.
Rive gauche : le Capitaine-Adjudant de Place...................... CORDIEZ.

Du 3 au 4 Thermidor.

Adjudant de Place de service à l'Etat-major......................... GRAILLARD.
Adjudant de Place de ronde de nuit............................. CORDIEZ.

Visite aux Casernes, Prisons, Hôpital, et distribution de fourrages.

Rive droite de la Seine : le Capitaine-Adjudant de Place............. CORDIEZ.
Rive gauche : le Capitaine-Adjudant de Place...................... VILLERS.

Rien de nouveau.

Le Général de Brigade Chef de l'État-major général du Gouvernement de Paris et de la première Division militaire,

CÉSAR BERTHIER.

Pour copie conforme :

L'Adjudant-commandant, Sous-chef de l'État-major général du Gouvernement de Paris,

DOUCET.

ÉTAT-MAJOR
DU GOUVERNEMENT DE PARIS.

ORDRE du 3 Thermidor an 13.

SERVICE DE L'ÉTAT-MAJOR DU GOUVERNEMENT DE PARIS.

Du 3 au 4 Thermidor.

Adjudant de Place de service à l'État-major......................... GRAILLARD.
Adjudant de Place de ronde de nuit................................. CORDIEZ.

Visite aux Casernes, Prisons, Hôpital, et distribution de fourrages.

Rive droite de la Seine : le Capitaine-Adjudant de Place.............. CORDIEZ.
Rive gauche : le Capitaine-Adjudant de Place...................... VILLERS.

Du 4 au 5 Thermidor.

Adjudant de Place de service à l'État-major......................... SANSON.
Adjudant de Place de ronde de nuit................................. VILLERS.

Visite aux Casernes, Prisons, Hôpital, et distribution de fourrages.

Rive droite de la Seine : le Capitaine-Adjudant de Place.............. VILLERS.
Rive gauche : le Capitaine-Adjudant de Place...................... GRAILLARD.

Rien de nouveau.

*Le Général de Brigade Chef de l'État-major général du Gouvernement de Paris
et de la première Division militaire,*

CÉSAR BERTHIER.

Pour copie conforme :

L'Adjudant-commandant, Sous-chef de l'État-major général du Gouvernement de Paris,

DOUCET.

ÉTAT-MAJOR
DU GOUVERNEMENT DE PARIS.

ÉTAT-MAJOR
DU GOUVERNEMENT DE PARIS.

ORDRE du 4 Thermidor an 13.

SERVICE DE L'ÉTAT-MAJOR DU GOUVERNEMENT DE PARIS.

Du 4 au 5 Thermidor.

Adjudant de Place de service à l'Etat-major........................ SANSON.
Adjudant de Place de ronde de nuit............................. VILLERS.

Visite aux Casernes, Prisons, Hôpital, et distribution de fourrages.

Rive droite de la Seine : le Capitaine-Adjudant de Place.............. VILLERS.
Rive gauche : le Capitaine-Adjudant de Place...................... GRAILLARD.

Du 5 au 6 Thermidor.

Adjudant de Place de service à l'État-major...................... VIART.
Adjudant de Place de ronde de nuit............................. GRAILLARD.

Visite aux Casernes, Prisons, Hôpital, et distribution de fourrages.

Rive droite de la Seine : le Capitaine-Adjudant de Place.............. GRAILLARD.
Rive gauche : le Lieutenant-Adjudant de Place...................... SANSON.

Rien de nouveau.

Le Général de Brigade Chef de l'État-major général du Gouvernement de Paris et de la première Division militaire,

CÉSAR BERTHIER.

Pour copie conforme :

L'Adjudant-commandant, Sous-chef de l'État-major général du Gouvernement de Paris,

DOUCET.

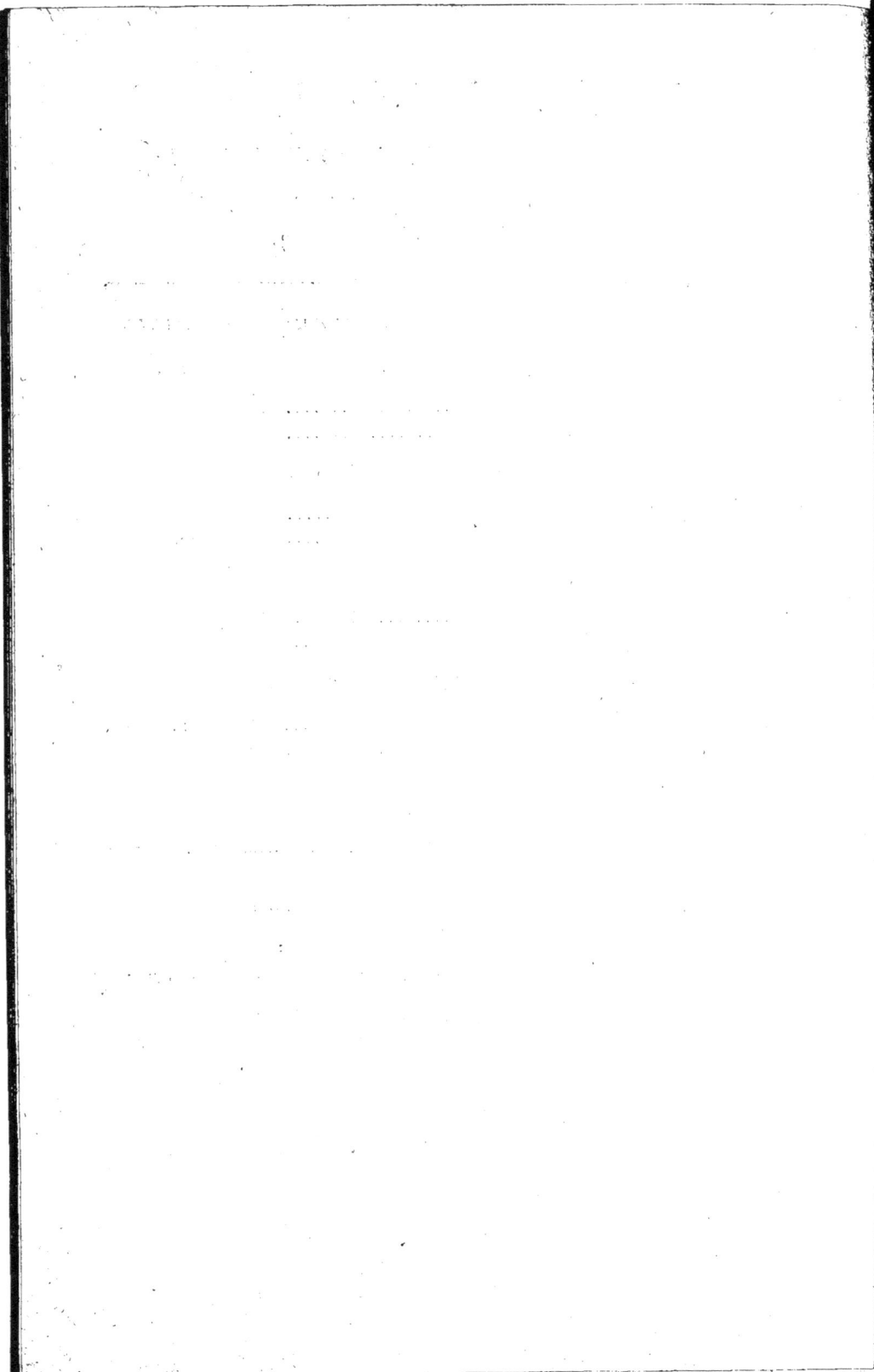

ÉTAT-MAJOR
DU GOUVERNEMENT DE PARIS.

ORDRE du 5 Thermidor an 13.

SERVICE DE L'ÉTAT-MAJOR DU GOUVERNEMENT DE PARIS.

Du 5 au 6 Thermidor.

Adjudant de Place de service à l'État-major........................ VIART.
Adjudant de Place de ronde de nuit.............................. GRAILLARD.

Visite aux Casernes, Prisons, Hôpital, et distribution de fourrages.

Rive droite de la Seine : le Capitaine-Adjudant de Place.............. GRAILLARD.
Rive gauche : le Lieutenant-Adjudant de Place...................... SANSON.

Du 6 au 7 Thermidor.

Adjudant de Place de service à l'Etat-major....................... COTEAU.
Adjudant de Place de ronde de nuit.............................. SANSON.

Visite aux Casernes, Prisons, Hôpital, et distribution de fourrages.

Rive droite de la Seine : le Lieutenant-Adjudant de Place............. SANSON.
Rive gauche : le Capitaine-Adjudant de Place...................... VIART.

Rien de nouveau.

*Le Général de Brigade Chef de l'État-major général du Gouvernement de Paris
et de la première Division militaire,*

CÉSAR BERTHIER.

Pour copie conforme :

L'Adjudant-commandant, Sous-chef de l'État-major général du Gouvernement de Paris,

DOUCET.

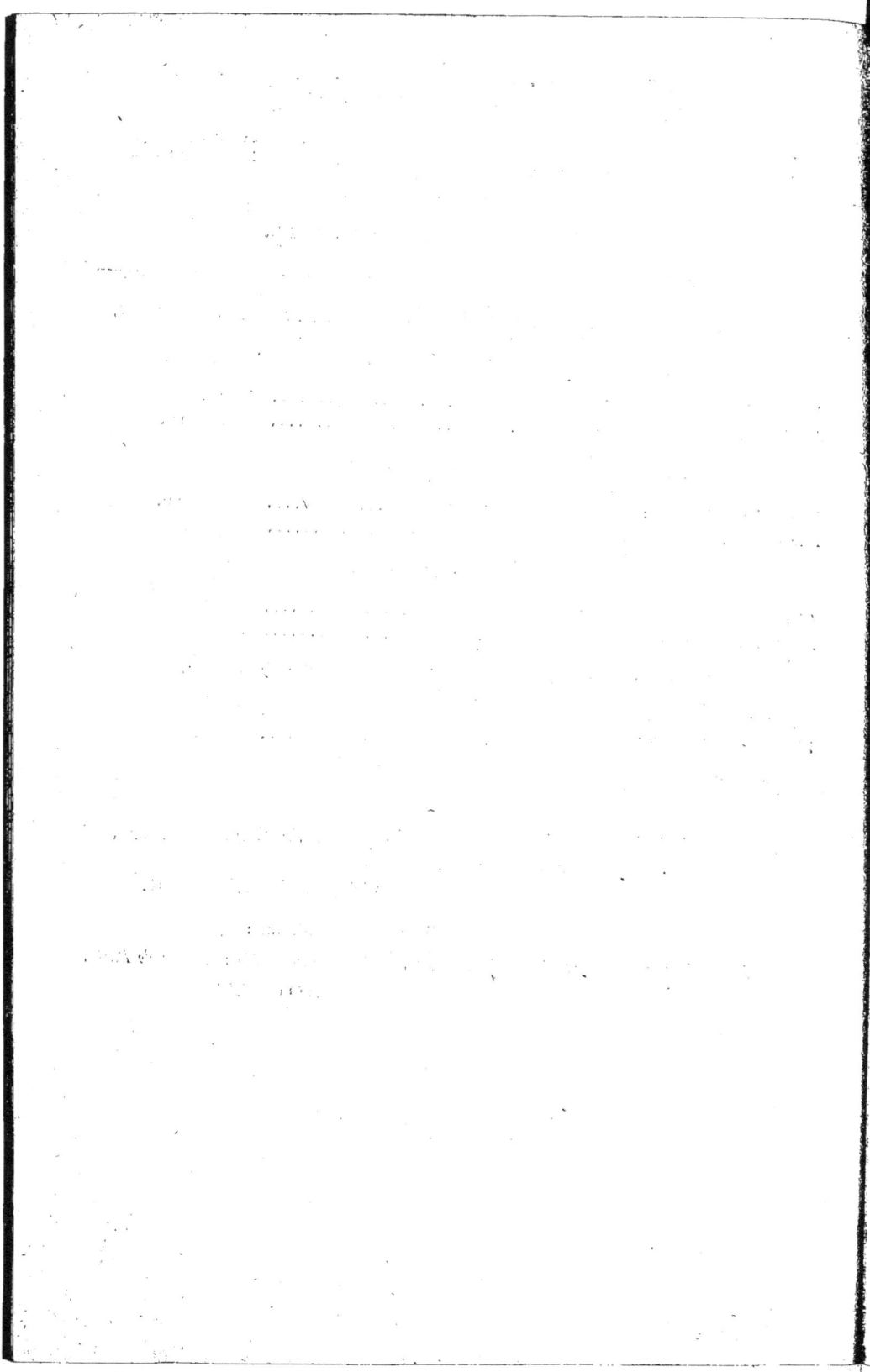

ÉTAT-MAJOR
DU GOUVERNEMENT DE PARIS.

ORDRE du 6 Thermidor an 13.

Du 6 au 7 Thermidor.

Adjudant de Place de service à l'État-major......................... COTEAU.

Adjudant de Place de ronde de nuit............................... SANSON.

Visite aux Casernes, Prisons, Hôpital, et distribution de fourrages.

rive droite de la Seine : le Lieutenant-Adjudant de Place.............. SANSON.

rive gauche : le Capitaine-Adjudant de Place........................ VIART.

Du 7 au 8 Thermidor.

Adjudant de Place de service à l'État-major......................... CORDIEZ.

Adjudant de Place de ronde de nuit............................... VIART.

Visite aux Casernes, Prisons, Hôpital, et distribution de fourrages.

rive droite de la Seine : le Capitaine-Adjudant de Place.............. VIART.

rive gauche : le Capitaine-Adjudant de Place........................ COTEAU.

Punitions.

En conséquence des ordres de Monsieur le Général Chef de l'État-Major, l'Adjudant d'arrondissement, le service au Théâtre de l'Académie impériale de Musique, a été mis aux arrêts pour n'avoir pas rendu compte, sur-le-champ, d'un événement qui a eu lieu ces jours derniers à ce Théâtre.

Toute la garde qui est descendue hier matin du poste, situé rue de l'Oratoire, sera mise pendant quinze jours en prison, pour avoir été trouvée ledit jour en état d'ivresse ; et le Commandant de ladite garde sera, en outre, cassé de son grade, et mis à la queue de sa compagnie.

Monsieur le Colonel du 2.e Régiment de la Garde de Paris voudra bien rendre compte à Monsieur le Général Chef de l'État-Major de l'exécution du présent ordre.

Le Général de Brigade Chef de l'État-major général du Gouvernement de Paris et de la première Division militaire,

CÉSAR BERTHIER.

Pour copie conforme :

L'Adjudant-commandant, Sous-chef de l'État-major général du Gouvernement de Paris,

DOUCET.

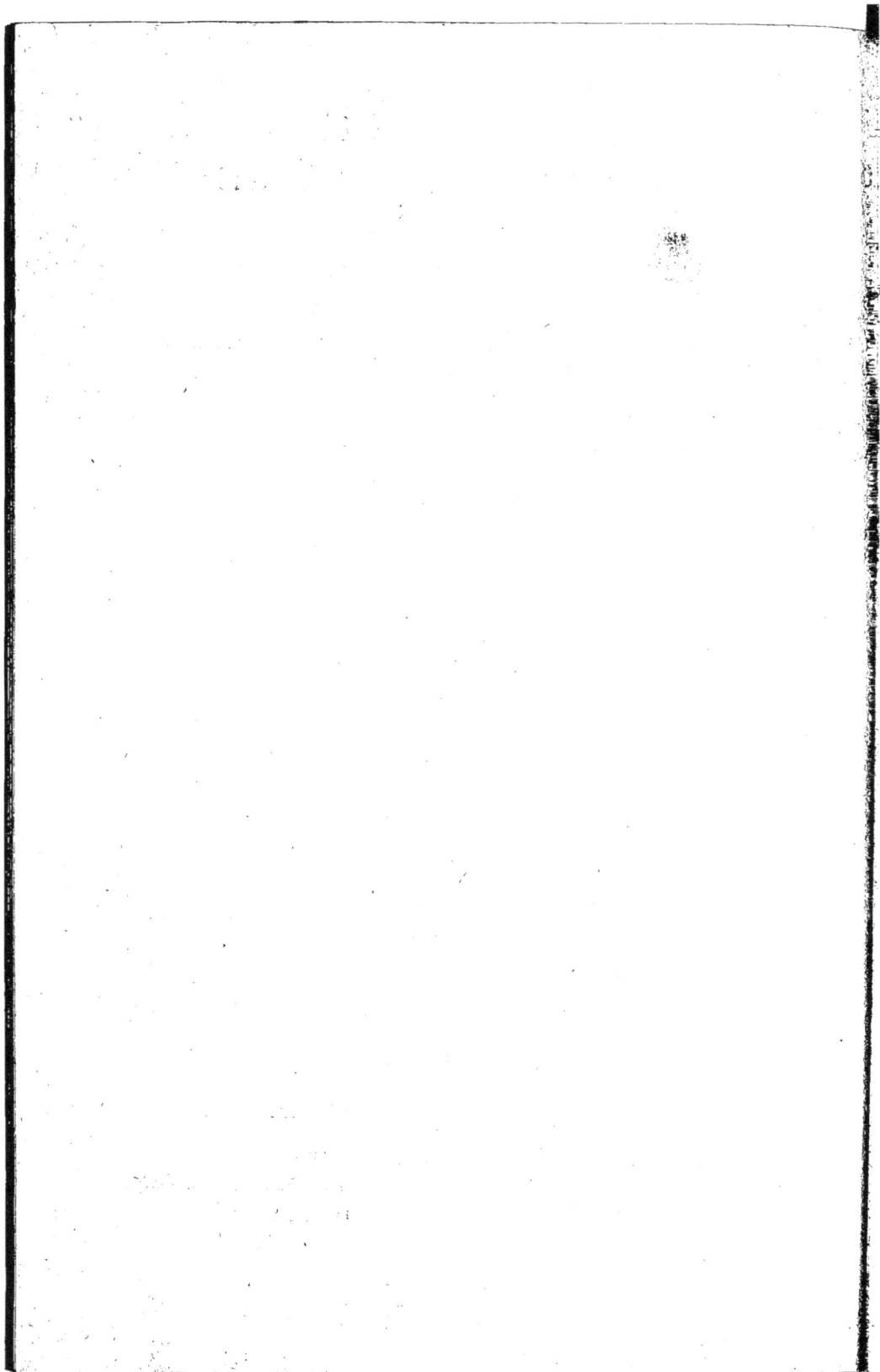

ÉTAT-MAJOR
DU GOUVERNEMENT DE PARIS.

ORDRE du 7 Thermidor an 13.

SERVICE DE L'ÉTAT-MAJOR DU GOUVERNEMENT DE PARIS.

Du 7 au 8 Thermidor.

Adjudant de Place de service à l'État-major......................... CORDIEZ.
Adjudant de Place de ronde de nuit................................ VIART.

Visite aux Casernes, Prisons, Hôpital, et distribution de fourrages.

Rive droite de la Seine : le Capitaine-Adjudant de Place............... VIART.
Rive gauche : le Capitaine-Adjudant de Place........................ COTEAU.

Du 8 au 9 Thermidor.

Adjudant de Place de service à l'État-major......................... CARON.
Adjudant de Place de ronde de nuit................................ COTEAU.

Visite aux Casernes, Prisons, Hôpital, et distribution de fourrages.

Rive droite de la Seine : le Capitaine-Adjudant de Place............... COTEAU.
Rive gauche : le Capitaine-Adjudant de Place........................ CORDIEZ.

Consigne.

Son Altesse Sérénissime le Prince *Murat*, Grand-Amiral, Gouverneur de Paris, est informée que des Commandans de postes, Officiers et autres, se permettent de s'en absenter sous le prétexte d'aller prendre leurs repas. Son Altesse défend expressément à tous Commandans de poste de le quitter, et fera casser ceux qui seront trouvés absens.

Le Général de Brigade Chef de l'État-major général du Gouvernement de Paris et de la première Division militaire,

CÉSAR BERTHIER.

Pour copie conforme :

L'Adjudant-commandant, Sous-chef de l'État-major général du Gouvernement de Paris,

DOUCET.

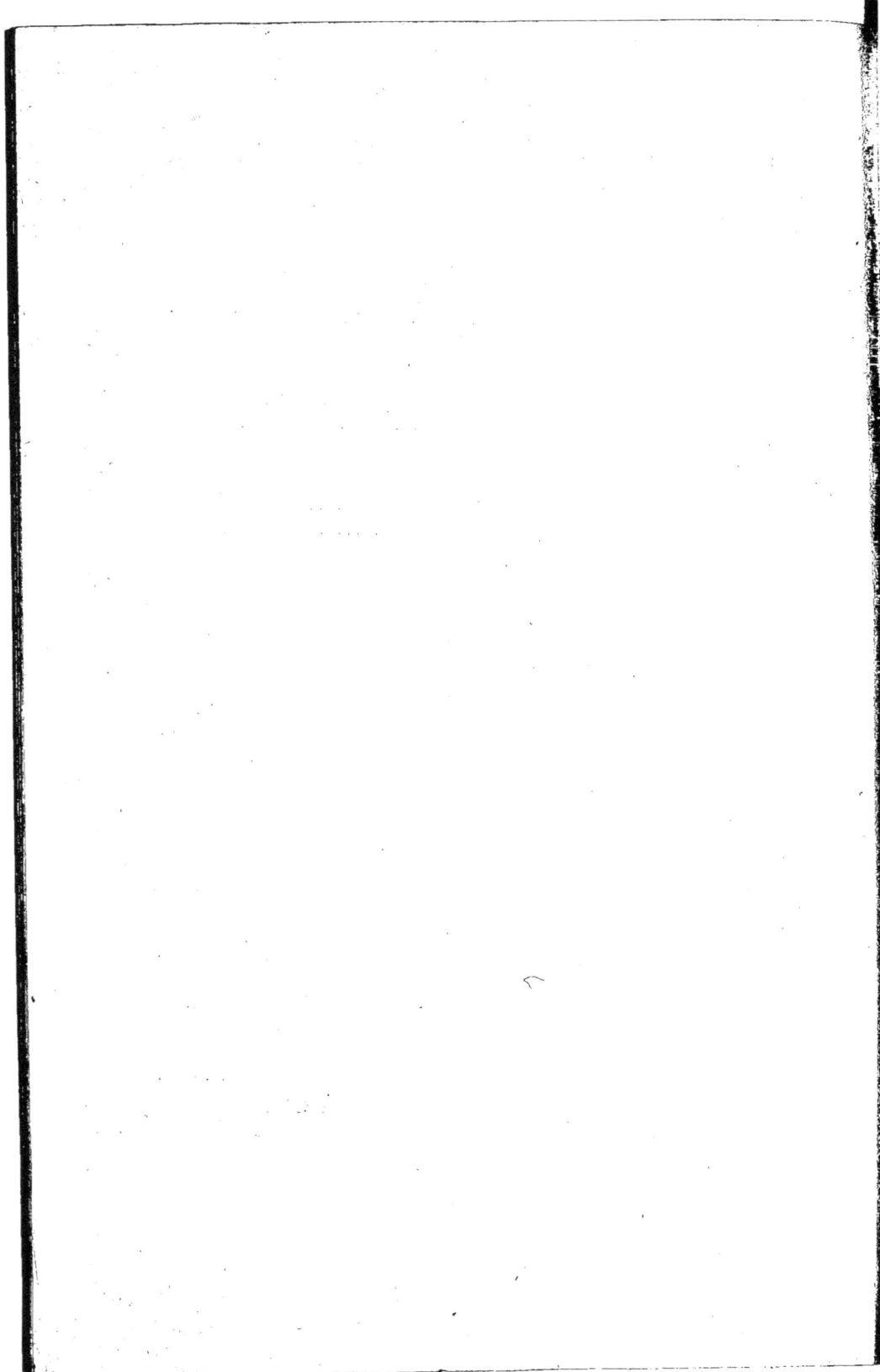

ÉTAT-MAJOR
DU GOUVERNEMENT DE PARIS.

ORDRE du 8 Thermidor an 13.

SERVICE DE L'ÉTAT-MAJOR DU GOUVERNEMENT DE PARIS.

Du 8 au 9 Thermidor.

Adjudant de Place de service à l'Etat-major........................ CARON.

Adjudant de Place de ronde de nuit............................... COTEAU.

Visite aux Casernes, Prisons, Hôpital, et distribution de fourrages.

Rive droite de la Seine : le Capitaine-Adjudant de Place............... COTEAU.

Rive gauche : le Capitaine-Adjudant de Place....................... CORDIEZ.

Du 9 au 10 Thermidor.

Adjudant de Place de service à l'État-major........................ GRAILLARD.

Adjudant de Place de ronde de nuit............................... CORDIEZ.

Visite aux Casernes, Prisons, Hôpital, et distribution de fourrages.

Rive droite de la Seine : le Capitaine-Adjudant de Place............... CORDIEZ.

Rive gauche : le Capitaine-Adjudant de Place....................... CARON.

Rien de nouveau.

Le Général de Brigade Chef de l'État-major général du Gouvernement de Paris et de la première Division militaire,

CÉSAR BERTHIER.

Pour copie conforme :

L'Adjudant-commandant, Sous-chef de l'État-major général du Gouvernement de Paris,

DOUCET.

ÉTAT-MAJOR
DU GOUVERNEMENT DE PARIS.

ORDRE du 9 Thermidor an 13.

SERVICE DE L'ÉTAT-MAJOR DU GOUVERNEMENT DE PARIS.

Du 9 au 10 Thermidor.

Adjudant de Place de service à l'État-major......................... GRAILLARD.
Adjudant de Place de ronde de nuit............................... CORDIEZ.

Visite aux Casernes, Prisons, Hôpital, et distribution de fourrages.

Rive droite de la Seine : le Capitaine-Adjudant de Place.............. CORDIEZ.
Rive gauche : le Capitaine-Adjudant de Place....................... CARON.

Du 10 au 11 Thermidor.

Adjudant de Place de service à l'Etat-major......................... SANSON.
Adjudant de Place de ronde de nuit............................... CARON.

Visite aux Casernes, Prisons, Hôpital, et distribution de fourrages.

Rive droite de la Seine : le Capitaine-Adjudant de Place.............. CARON.
Rive gauche : le Capitaine-Adjudant de Place....................... GRAILLARD.

Rien de nouveau.

Le Général de Brigade Chef de l'État-major général du Gouvernement de Paris et de la première Division militaire,

CÉSAR BERTHIER.

Pour copie conforme :

L'Adjudant-commandant, Sous-chef de l'État-major général du Gouvernement de Paris,

DOUCET.

ÉTAT-MAJOR
DU GOUVERNEMENT DE PARIS.

ORDRE du 10 Thermidor an 13.

SERVICE DE L'ÉTAT-MAJOR DU GOUVERNEMENT DE PARIS.

Du 10 au 11 Thermidor.

Adjudant de Place de service à l'Etat-major........................ SANSON.
Adjudant de Place de ronde de nuit............................... CARON.

Visite aux Casernes, Prisons, Hôpital, et distribution de fourrages.

Rive droite de la Seine : le Capitaine-Adjudant de Place.............. CARON.
Rive gauche : le Capitaine-Adjudant de Place...................... GRAILLARD.

Du 11 au 12 Thermidor.

Adjudant de Place de service à l'État-major........................ VIART.
Adjudant de Place de ronde de nuit............................... GRAILLARD.

Visite aux Casernes, Prisons, Hôpital, et distribution de fourrages.

Rive droite de la Seine : le Capitaine-Adjudant de Place.............. GRAILLARD.
Rive gauche : le Lieutenant-Adjudant de Place...................... SANSON.

Rien de nouveau.

*Le Général de Brigade Chef de l'État-major général du Gouvernement de Paris
et de la première Division militaire,*
CÉSAR BERTHIER.

Pour copie conforme :

L'Adjudant-commandant, Sous-chef de l'État-major général du Gouvernement de Paris,
DOUCET.

ÉTAT-MAJOR
DU GOUVERNEMENT DE PARIS.

ORDRE du 11 Thermidor an 13.

SERVICE DE L'ÉTAT-MAJOR DU GOUVERNEMENT DE PARIS.

Du 11 au 12 Thermidor.

Adjudant de Place de service à l'État-major....................... VIART.
Adjudant de Place de ronde de nuit............................... GRAILLARD.

Visite aux Casernes, Prisons, Hôpital, et distribution de fourrages.

Rive droite de la Seine : le Capitaine-Adjudant de Place.............. GRAILLARD.
Rive gauche : le Lieutenant-Adjudant de Place...................... SANSON.

Du 12 au 13 Thermidor.

Adjudant de Place de service à l'État-major....................... COTEAU.
Adjudant de Place de ronde de nuit............................... SANSON.

Visite aux Casernes, Prisons, Hôpital, et distribution de fourrages.

Rive droite de la Seine : le Lieutenant-Adjudant de Place............. SANSON.
Rive gauche : le Capitaine-Adjudant de Place...................... VIART.

Rien de nouveau.

Le Général de Brigade Chef de l'État-major général du Gouvernement de Paris
et de la première Division militaire,

CÉSAR BERTHIER.

Pour copie conforme :

L'Adjudant-commandant, Sous-chef de l'État-major général du Gouvernement de Paris,

DOUCET.

ÉTAT-MAJOR
DU GOUVERNEMENT DE PARIS.

ORDRE du 12 Thermidor an 13.

SERVICE DE L'ÉTAT-MAJOR DU GOUVERNEMENT DE PARIS.

Du 12 au 13 Thermidor.

Adjudant de Place de service à l'Etat-major........................... COTEAU.
Adjudant de Place de ronde de nuit............................... SANSON.

Visite aux Casernes, Prisons, Hôpital, et distribution de fourrages.

Rive droite de la Seine : le Lieutenant-Adjudant de Place............. SANSON.
Rive gauche : le Capitaine-Adjudant de Place...................... VIART.

Du 13 au 14 Thermidor.

Adjudant de Place de service à l'État-major......................... CORDIEZ.
Adjudant de Place de ronde de nuit............................... VIART.

Visite aux Casernes, Prisons, Hôpital, et distribution de fourrages.

Rive droite de la Seine : le Capitaine-Adjudant de Place............. VIART.
Rive gauche : le Capitaine-Adjudant de Place...................... COTEAU.

Rien de nouveau.

Le Général de Brigade Chef de l'État-major général du Gouvernement de Paris et de la première Division militaire,

CÉSAR BERTHIER.

Pour copie conforme :

L'Adjudant-commandant, Sous-chef de l'État-major général du Gouvernement de Paris,

DOUCET.

ÉTAT-MAJOR
DU GOUVERNEMENT DE PARIS.

ORDRE du 13 Thermidor an 13.

Du 13 au 14 Thermidor.

Adjudant de Place de service à l'État-major......................... CORDIEZ.
Adjudant de Place de ronde de nuit............................... VIART.

Visite aux Casernes, Prisons, Hôpital, et distribution de fourrages.

Rive droite de la Seine : le Capitaine-Adjudant de Place.............. VIART.
Rive gauche : le Capitaine-Adjudant de Place...................... COTEAU.

Du 14 au 15 Thermidor.

Adjudant de Place de service à l'Etat-major......................... CARON.
Adjudant de Place de ronde de nuit............................... COTEAU.

Visite aux Casernes, Prisons, Hôpital, et distribution de fourrages.

Rive droite de la Seine : le Capitaine-Adjudant de Place.............. COTEAU.
Rive gauche : le Capitaine-Adjudant de Place...................... CORDIEZ.

Rien de nouveau.

Le Général de Brigade Chef de l'État-major général du Gouvernement de Paris et de la première Division militaire,

CÉSAR BERTHIER.

Pour copie conforme :

L'Adjudant-commandant, Sous-chef de l'État-major général du Gouvernement de Paris,

DOUCET.

ÉTAT-MAJOR
DU GOUVERNEMENT DE PARIS.

ORDRE du 14 Thermidor an 13.

SERVICE DE L'ÉTAT-MAJOR DU GOUVERNEMENT DE PARIS.

Du 14 au 15 Thermidor.

Adjudant de Place de service à l'Etat-major........................... CARON.
Adjudant de Place de ronde de nuit............................... COTEAU.

Visite aux Casernes, Prisons, Hôpital, et distribution de fourrages.

Rive droite de la Seine : le Capitaine-Adjudant de Place............... COTEAU.
Rive gauche : le Capitaine - Adjudant de Place........................ CORDIEZ.

Du 15 au 16 Thermidor.

Adjudant de Place de service à l'État - major........................ VILLERS.
Adjudant de Place de ronde de nuit............................... CORDIEZ.

Visite aux Casernes, Prisons, Hôpital, et distribution de fourrages.

Rive droite de la Seine : le Capitaine - Adjudant de Place.............. CORDIEZ.
Rive gauche : le Capitaine-Adjudant de Place........................ CARON.

Rien de nouveau.

Le Général de Brigade Chef de l'État - major général du Gouvernement de Paris et de la première Division militaire,

CÉSAR BERTHIER.

Pour copie conforme :

L'Adjudant-commandant, Sous-chef de l'État-major général du Gouvernement de Paris,

DOUCET.

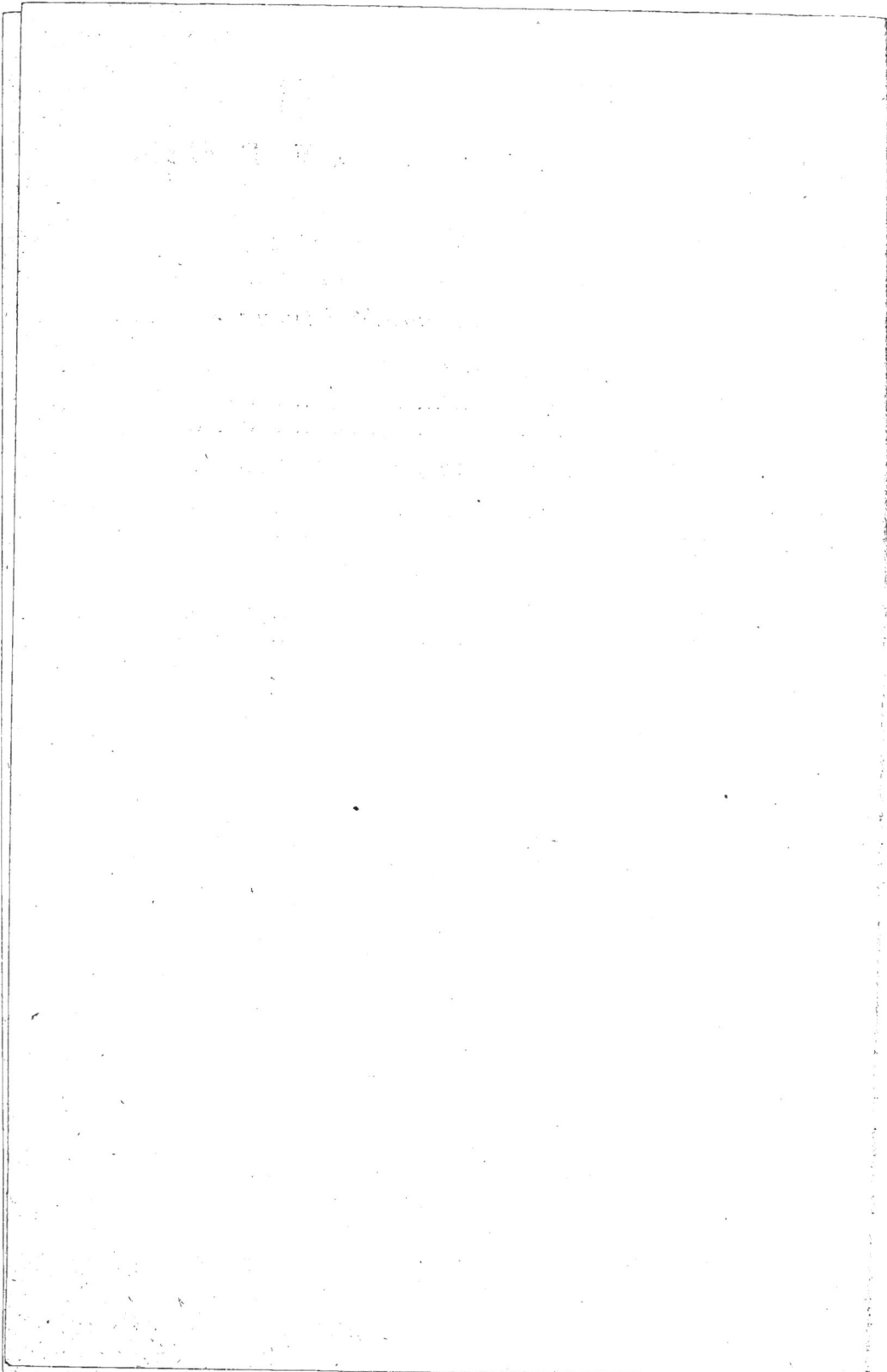

ÉTAT-MAJOR
DU GOUVERNEMENT DE PARIS.

ORDRE du 15 Thermidor an 13.

SERVICE DE L'ÉTAT-MAJOR DU GOUVERNEMENT DE PARIS.

Du 15 au 16 Thermidor.

Adjudant de Place de service à l'État-major......................... VILLERS.
Adjudant de Place de ronde de nuit................................. CORDIEZ.

Visite aux Casernes, Prisons, Hôpital, et distribution de fourrages.

Rive droite de la Seine : le Capitaine-Adjudant de Place.............. CORDIEZ.
Rive gauche : le Capitaine-Adjudant de Place....................... CARON.

Du 16 au 17 Thermidor.

Adjudant de Place de service à l'État-major......................... SANSON.
Adjudant de Place de ronde de nuit................................. CARON.

Visite aux Casernes, Prisons, Hôpital, et distribution de fourrages.

Rive droite de la Seine : le Capitaine-Adjudant de Place.............. CARON.
Rive gauche : le Capitaine-Adjudant de Place....................... VILLERS.

Rien de nouveau.

Le Général de Brigade Chef de l'État-major général du Gouvernement de Paris et de la première Division militaire,

CÉSAR BERTHIER.

Pour copie conforme :

L'Adjudant-commandant, Sous-chef de l'État-major général du Gouvernement de Paris,

DOUCET.

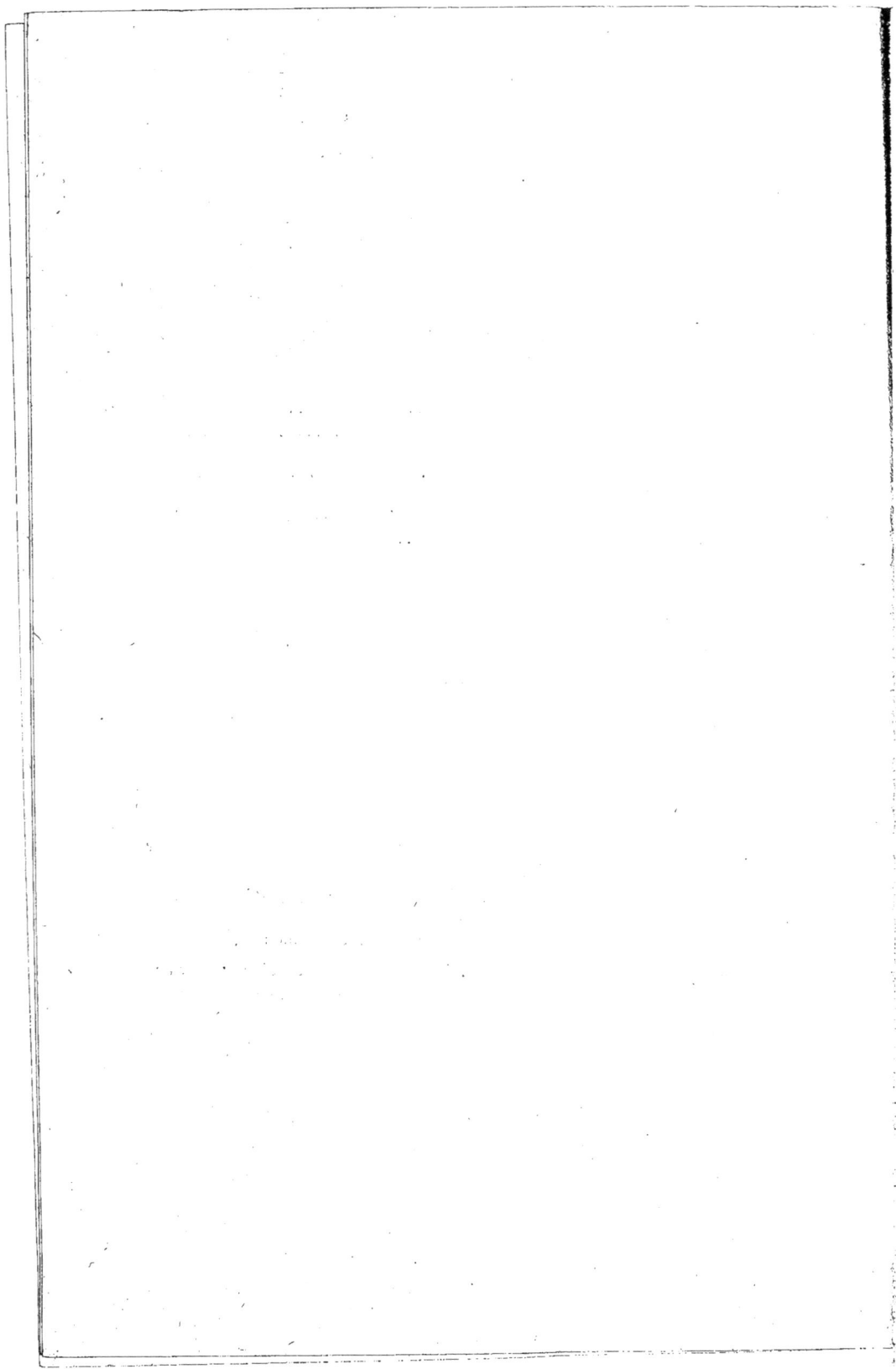

ÉTAT-MAJOR
DU GOUVERNEMENT DE PARIS.

ORDRE du 16 Thermidor an 13.

SERVICE DE L'ÉTAT-MAJOR DU GOUVERNEMENT DE PARIS.

Du 16 au 17 Thermidor.

Adjudant de Place de service à l'Etat-major....................... SANSON.
Adjudant de Place de ronde de nuit.............................. CARON.

Visite aux Casernes, Prisons, Hôpital, et distribution de fourrages.

Rive droite de la Seine : le Capitaine-Adjudant de Place.............. CARON.
Rive gauche : le Capitaine-Adjudant de Place...................... VILLERS.

Du 17 au 18 Thermidor.

Adjudant de Place de service à l'État-major...................... VIART.
Adjudant de Place de ronde de nuit............................... VILLERS.

Visite aux Casernes, Prisons, Hôpital, et distribution de fourrages.

Rive droite de la Seine : le Capitaine-Adjudant de Place.............. VILLERS.
Rive gauche : le Lieutenant-Adjudant de Place..................... SANSON.

Rien de nouveau.

Le Général de Brigade Chef de l'État-major général du Gouvernement de Paris et de la première Division militaire,

CÉSAR BERTHIER.

Pour copie conforme :

L'Adjudant-commandant, Sous-chef de l'État-major général du Gouvernement de Paris,

DOUCET.

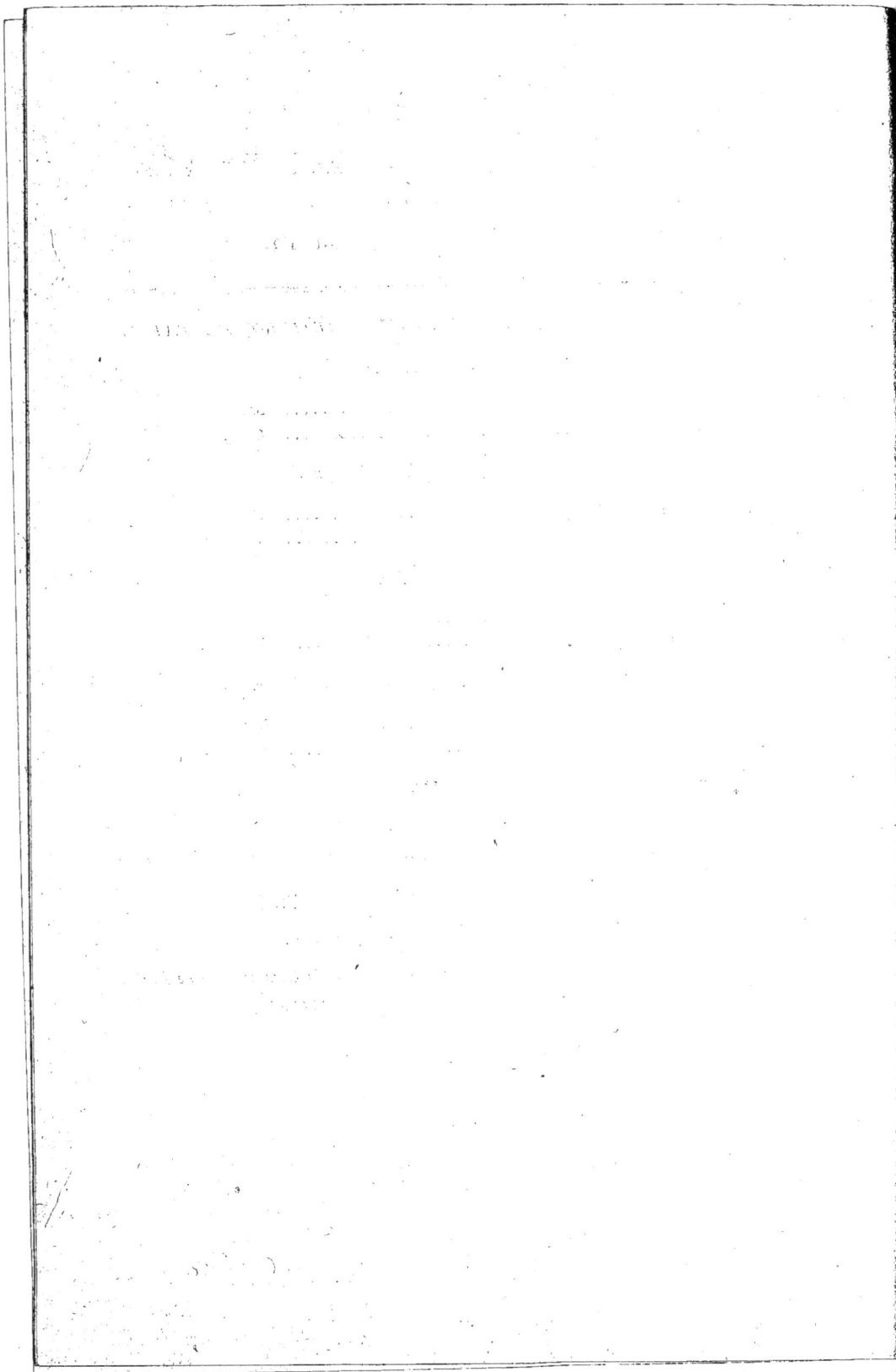

ÉTAT-MAJOR,
DU GOUVERNEMENT DE PARIS.

ORDRE du 17 Thermidor an 13.

SERVICE DE L'ÉTAT-MAJOR DU GOUVERNEMENT DE PARIS.

Du 17 au 18 Thermidor.

Adjudant de Place de service à l'État-major........................... VIART.
Adjudant de Place de ronde de nuit................................ VILLERS.

Visite aux Casernes, Prisons, Hôpital, et distribution de fourrages.

Rive droite de la Seine : le Capitaine-Adjudant de Place.............. VILLERS.
Rive gauche : le Lieutenant-Adjudant de Place...................... SANSON.

Du 18 au 19 Thermidor.

Adjudant de Place de service à l'État-major......................... COTEAU.
Adjudant de Place de ronde de nuit................................ SANSON.

Visite aux Casernes, Prisons, Hôpital, et distribution de fourrages.

Rive droite de la Seine : le Lieutenant-Adjudant de Place.............. SANSON.
Rive gauche : le Capitaine - Adjudant de Place...................... VIART.

Rien de nouveau.

Le Général de Brigade Chef de l'État-major général du Gouvernement de Paris et de la première Division militaire,

CÉSAR BERTHIER.

Pour copie conforme :

L'Adjudant-commandant, Sous-chef de l'État-major général du Gouvernement de Paris,

DOUCET.

ÉTAT-MAJOR
DU GOUVERNEMENT DE PARIS.

ORDRE du 18 Thermidor an 13.

SERVICE DE L'ÉTAT-MAJOR DU GOUVERNEMENT DE PARIS.

Du 18 au 19 Thermidor.

Adjudant de Place de service à l'État-major......................... COTEAU.
Adjudant de Place de ronde de nuit............................... SANSON.

Visite aux Casernes, Prisons, Hôpital, et distribution de fourrages.

Rive droite de la Seine : le Lieutenant-Adjudant de Place.............. SANSON.
Rive gauche : le Capitaine-Adjudant de Place....................... VIART.

Du 19 au 20 Thermidor.

Adjudant de Place de service à l'État-major......................... CORDIEZ.
Adjudant de Place de ronde de nuit............................... VIART.

Visite aux Casernes, Prisons, Hôpital, et distribution de fourrages.

Rive droite de la Seine : le Capitaine-Adjudant de Place.............. VIART.
Rive gauche : le Capitaine-Adjudant de Place....................... COTEAU.

Rien de nouveau.

*Le Général de Brigade Chef de l'État-major général du Gouvernement de Paris
et de la première Division militaire,*
CÉSAR BERTHIER.

Pour copie conforme :

L'Adjudant-commandant, Sous-chef de l'État-major général du Gouvernement de Paris,
DOUCET.

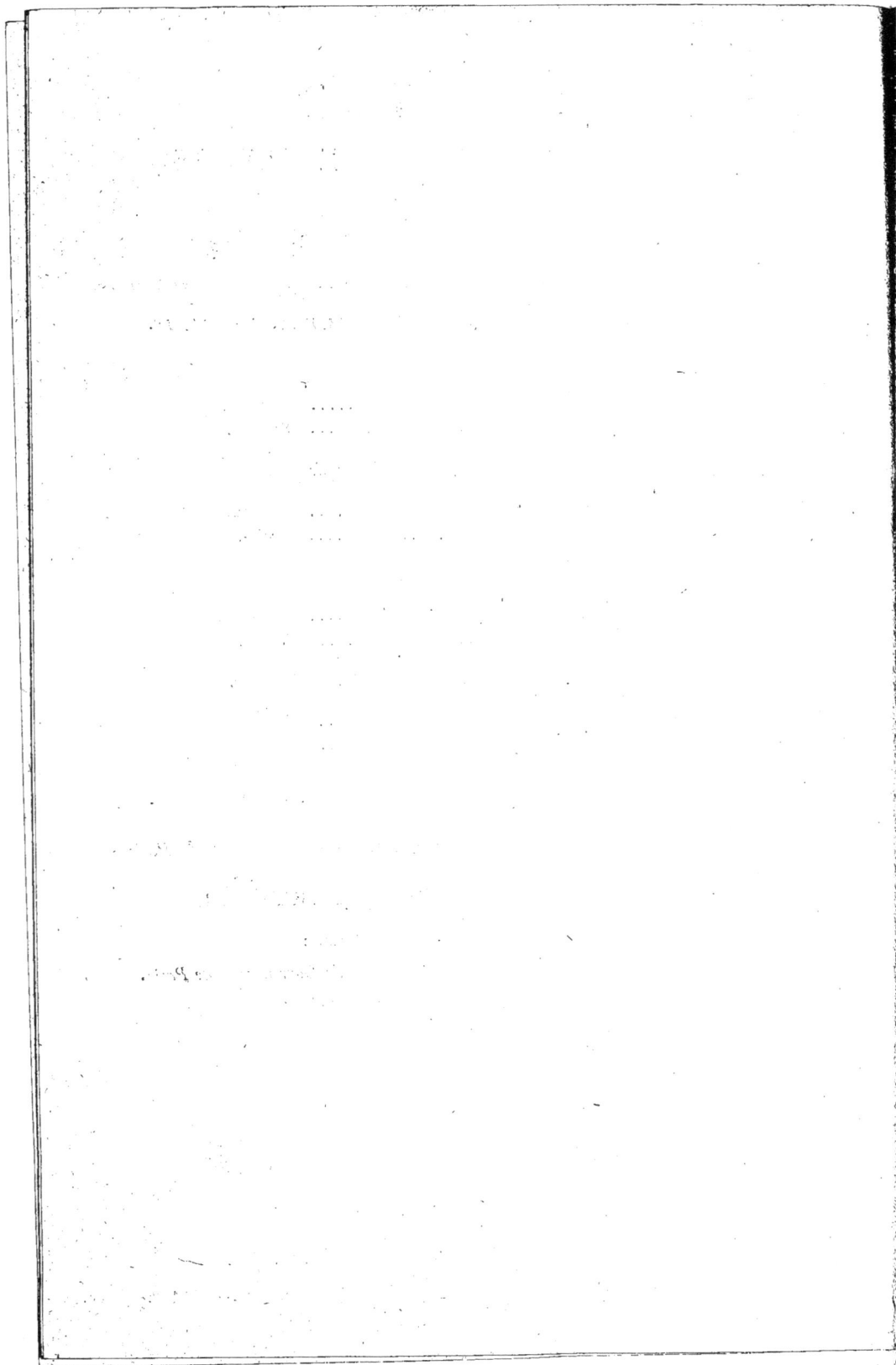

ÉTAT-MAJOR
DU GOUVERNEMENT DE PARIS.

ORDRE du 19 Thermidor an 13.

SERVICE DE L'ÉTAT-MAJOR DU GOUVERNEMENT DE PARIS.

Du 19 au 20 Thermidor.

Adjudant de Place de service à l'État-major........................... CORDIEZ.

Adjudant de Place de ronde de nuit............................... VIART.

Visite aux Casernes, Prisons, Hôpital, et distribution de fourrages.

Rive droite de la Seine : le Capitaine-Adjudant de Place................ VIART.

Rive gauche : le Capitaine-Adjudant de Place....................... COTEAU.

Du 20 au 21 Thermidor.

Adjudant de Place de service à l'État-major......................... CARON.

Adjudant de Place de ronde de nuit............................... COTEAU.

Visite aux Casernes, Prisons, Hôpital, et distribution de fourrages.

Rive droite de la Seine : le Lieutenant-Adjudant de Place.............. COTEAU.

Rive gauche : le Capitaine-Adjudant de Place....................... CORDIEZ.

Rien de nouveau.

Le Général de Brigade Chef de l'État-major général du Gouvernement de Paris et de la première Division militaire,

CÉSAR BERTHIER.

Pour copie conforme :

L'Adjudant-commandant, Sous-chef de l'État-major général du Gouvernement de Paris,

DOUCET.

ÉTAT-MAJOR
DU GOUVERNEMENT DE PARIS.

ORDRE du 20 Thermidor an 13.

SERVICE DE L'ÉTAT-MAJOR DU GOUVERNEMENT DE PARIS.

Du 20 au 21 Thermidor.

Adjudant de Place de service à l'État-major........................ CARON.
Adjudant de Place de ronde de nuit.............................. COTEAU.

Visite aux Casernes, Prisons, Hôpital, et distribution de fourrages.

Rive droite de la Seine : le Capitaine-Adjudant de Place.............. COTEAU.
Rive gauche : le Capitaine-Adjudant de Place...................... CORDIEZ.

Du 21 au 22 Thermidor.

Adjudant de Place de service à l'État-major........................ VILLERS.
Adjudant de Place de ronde de nuit.............................. CORDIEZ.

Visite aux Casernes, Prisons, Hôpital, et distribution de fourrages.

Rive droite de la Seine : le Capitaine-Adjudant de Place.............. CORDIEZ.
Rive gauche : le Capitaine-Adjudant de Place...................... CARON.

Rien de nouveau.

Le Général de Brigade Chef de l'État-major général du Gouvernement de Paris et de la première Division militaire,

CÉSAR BERTHIER.

Pour copie conforme :

L'Adjudant-commandant, Sous-chef de l'État-major général du Gouvernement de Paris,

DOUCET.

ÉTAT-MAJOR
DU GOUVERNEMENT DE PARIS.

ORDRE du 21 Thermidor an 13.

SERVICE DE L'ÉTAT-MAJOR DU GOUVERNEMENT DE PARIS.

Du 21 au 22 Thermidor.

Adjudant de Place de service à l'État-major...................... VILLERS.
Adjudant de Place de ronde de nuit............................. CORDIEZ.

Visite aux Casernes, Prisons, Hôpital, et distribution de fourrages.

Rive droite de la Seine : le Capitaine-Adjudant de Place.............. CORDIEZ.
Rive gauche : le Capitaine-Adjudant de Place...................... CARON.

Du 22 au 23 Thermidor.

Adjudant de Place de service à l'État-major...................... GRAILLARD.
Adjudant de Place de ronde de nuit............................. CARON.

Visite aux Casernes, Prisons, Hôpital, et distribution de fourrages.

Rive droite de la Seine : le Capitaine-Adjudant de Place.............. CARON.
Rive gauche : le Capitaine-Adjudant de Place...................... VILLERS.

Rien de nouveau.

Le Général de Brigade Chef de l'État-major général du Gouvernement de Paris et de la première Division militaire,

CÉSAR BERTHIER.

Pour copie conforme :

L'Adjudant-commandant, Sous-chef de l'État-major général du Gouvernement de Paris,

DOUCET.

ÉTAT-MAJOR
DU GOUVERNEMENT DE PARIS.

ORDRE du 22 Thermidor an 13.

SERVICE DE L'ÉTAT-MAJOR DU GOUVERNEMENT DE PARIS.

Du 22 au 23 Thermidor.

Adjudant de Place de service à l'État-major.............................. GRAILLARD.
Adjudant de Place de ronde de nuit................................. CARON.

Visite aux Casernes, Prisons, Hôpital, et distribution de fourrages.

Rive droite de la Seine : le Capitaine-Adjudant de Place............... CARON.
Rive gauche : le Capitaine-Adjudant de Place....................... VILLERS.

Du 23 au 24 Thermidor.

Adjudant de Place de service à l'État-major.............................. VIART.
Adjudant de Place de ronde de nuit................................ VILLERS.

Visite aux Casernes, Prisons, Hôpital, et distribution de fourrages.

Rive droite de la Seine : le Capitaine-Adjudant de Place............... VILLERS.
Rive gauche : le Capitaine-Adjudant de Place....................... GRAILLARD.

Rien de nouveau.

Le Général de Brigade Chef de l'État-major général du Gouvernement de Paris et de la première Division militaire,

CÉSAR BERTHIER.

Pour copie conforme :

L'Adjudant-commandant, Sous-chef de l'État-major général du Gouvernement de Paris,

DOUCET.

ÉTAT-MAJOR
DU GOUVERNEMENT DE PARIS.

ORDRE du 23 Thermidor an 13.

SERVICE DE L'ÉTAT-MAJOR DU GOUVERNEMENT DE PARIS.

Du 23 au 24 Thermidor.

Adjudant de Place de service à l'État-major.......................... VIART.
Adjudant de Place de ronde de nuit............................. VILLERS.

Visite aux Casernes, Prisons, Hôpital, et distribution de fourrages.

Rive droite de la Seine : le Capitaine-Adjudant de Place.............. VILLERS.
Rive gauche : le Capitaine-Adjudant de Place...................... GRAILLARD.

Du 24 au 25 Thermidor.

Adjudant de Place de service à l'État-major........................ COTEAU.
Adjudant de Place de ronde de nuit............................... GRAILLARD.

Visite aux Casernes, Prisons, Hôpital, et distribution de fourrages.

Rive droite de la Seine : le Capitaine-Adjudant de Place............... GRAILLARD.
Rive gauche : le Capitaine-Adjudant de Place...................... VIART.

Rien de nouveau.

Le Général de Brigade Chef de l'État-major général du Gouvernement de Paris et de la première Division militaire,

CÉSAR BERTHIER.

Pour copie conforme :

L'Adjudant-commandant, Sous-chef de l'État-major général du Gouvernement de Paris,

DOUCET.

ÉTAT-MAJOR
DU GOUVERNEMENT DE PARIS.

ORDRE du 24 Thermidor an 13.

SERVICE DE L'ÉTAT-MAJOR DU GOUVERNEMENT DE PARIS.

Du 24 au 25 Thermidor.

Adjudant de Place de service à l'État-major........................ COTEAU.
Adjudant de Place de ronde de nuit.............................. GRAILLARD.

Visite aux Casernes, Prisons, Hôpital, et distribution de fourrages.

Rive droite de la Seine : le Capitaine-Adjudant de Place.............. GRAILLARD.
Rive gauche : le Capitaine-Adjudant de Place...................... VIART.

Du 25 au 26 Thermidor.

Adjudant de Place de service à l'État-major........................ CORDIEZ.
Adjudant de Place de ronde de nuit............................. VIART.

Visite aux Casernes, Prisons, Hôpital, et distribution de fourrages.

Rive droite de la Seine : le Capitaine-Adjudant de Place.............. VIART.
Rive gauche : le Capitaine-Adjudant de Place...................... COTEAU.

Rien de nouveau.

Le Général de Brigade Chef de l'État-major général du Gouvernement de Paris et de la première Division militaire,

CÉSAR BERTHIER.

Pour copie conforme :

L'Adjudant-commandant, Sous-chef de l'État-major général du Gouvernement de Paris,

DOUCET.

ÉTAT-MAJOR
DU GOUVERNEMENT DE PARIS.

ORDRE du 25 Thermidor an 13.

SERVICE DE L'ÉTAT-MAJOR DU GOUVERNEMENT DE PARIS.

Du 25 au 26 Thermidor.

Adjudant de Place de service à l'État-major...................... CORDIEZ.
Adjudant de Place de ronde de nuit.............................. VIART.

Visite aux Casernes, Prisons, Hôpital, et distribution de fourrages.

Rive droite de la Seine : le Capitaine-Adjudant de Place............. VIART.
Rive gauche : le Capitaine-Adjudant de Place...................... COTEAU.

Du 26 au 27 Thermidor.

Adjudant de Place de service à l'État-major...................... CARON.
Adjudant de Place de ronde de nuit.............................. COTEAU.

Visite aux Casernes, Prisons, Hôpital, et distribution de fourrages.

Rive droite de la Seine : le Capitaine-Adjudant de Place.............. COTEAU.
Rive gauche : le Capitaine-Adjudant de Place...................... CORDIEZ.

Rien de nouveau.

Le Général de Brigade Chef de l'État-major général du Gouvernement de Paris et de la première Division militaire,

CÉSAR BERTHIER.

Pour copie conforme :

L'Adjudant-commandant, Sous-chef de l'État-major général du Gouvernement de Paris,

DOUCET.

ÉTAT-MAJOR
DU GOUVERNEMENT DE PARIS.

ORDRE du 26 Thermidor an 13.

SERVICE DE L'ÉTAT-MAJOR DU GOUVERNEMENT DE PARIS.

Du 26 au 27 Thermidor.

Adjudant de Place de service à l'État-major......................... CARON.
Adjudant de Place de ronde de nuit............................... COTEAU.

Visite aux Casernes, Prisons, Hôpital, et distribution de fourrages.

Rive droite de la Seine : le Capitaine-Adjudant de Place.............. COTEAU.
Rive gauche : le Capitaine-Adjudant de Place....................... CORDIEZ.

Du 27 au 28 Thermidor.

Adjudant de Place de service à l'État-major......................... VILLERS.
Adjudant de Place de ronde de nuit............................... CORDIEZ.

Visite aux Casernes, Prisons, Hôpital, et distribution de fourrages.

Rive droite de la Seine : le Capitaine-Adjudant de Place.............. CORDIEZ.
Rive gauche : le Capitaine-Adjudant de Place....................... CARON.

Rien de nouveau.

Le Général de Brigade Chef de l'État-major général du Gouvernement de Paris et de la première Division militaire,

CÉSAR BERTHIER.

Pour copie conforme :

L'Adjudant-commandant, Sous-chef de l'État-major général du Gouvernement de Paris;

DOUCET.

ÉTAT-MAJOR
DU GOUVERNEMENT DE PARIS.

ORDRE du 27 Thermidor an 13.

SERVICE DE L'ÉTAT-MAJOR DU GOUVERNEMENT DE PARIS.

Du 27 au 28 Thermidor.

Adjudant de Place de service à l'État-major...................... VILLERS.
Adjudant de Place de ronde de nuit............................ CORDIEZ.

Visite aux Casernes, Prisons, Hôpital, et distribution de fourrages.

Rive droite de la Seine : le Capitaine-Adjudant de Place............. CORDIEZ.
Rive gauche : le Capitaine-Adjudant de Place...................... CARON.

Du 28 au 29 Thermidor.

Adjudant de Place de service à l'État-major...................... GRAILLARD.
Adjudant de Place de ronde de nuit............................ CARON.

Visite aux Casernes, Prisons, Hôpital, et distribution de fourrages.

Rive droite de la Seine : le Capitaine-Adjudant de Place.............. CARON.
Rive gauche : le Capitaine-Adjudant de Place...................... VILLERS.

Rien de nouveau.

*Le Général de Brigade Chef de l'État-major général du Gouvernement de Paris
et de la première Division militaire,*

CÉSAR BERTHIER.

Pour copie conforme :

L'Adjudant-commandant, Sous-chef de l'État-major général du Gouvernement de Paris;

DOUCET.

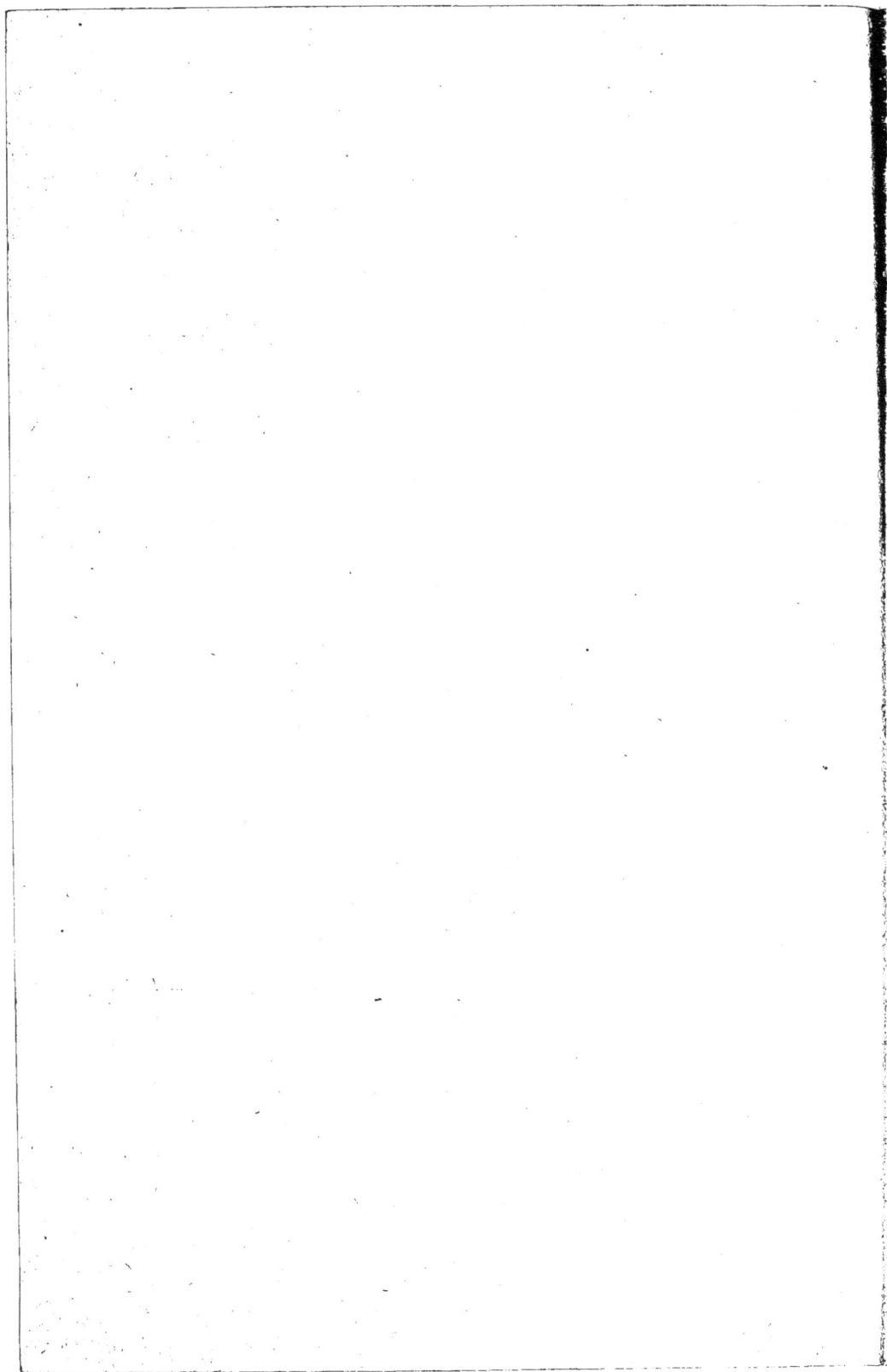

ÉTAT-MAJOR
DU GOUVERNEMENT DE PARIS.

ORDRE du 28 Thermidor an 13.

SERVICE DE L'ÉTAT-MAJOR DU GOUVERNEMENT DE PARIS.

Du 28 au 29 Thermidor.

Adjudant de Place de service à l'État-major......................... GRAILLARD.
Adjudant de Place de ronde de nuit.............................. CARON.

Visite aux Casernes, Prisons, Hôpital, et distribution de fourrages.

Rive droite de la Seine : le Capitaine-Adjudant de Place............... CARON.
Rive gauche : le Capitaine-Adjudant de Place....................... VILLERS.

Du 29 au 30 Thermidor.

Adjudant de Place de service à l'État-major......................... SANSON.
Adjudant de Place de ronde de nuit.............................. VILLERS.

Visite aux Casernes, Prisons, Hôpital, et distribution de fourrages.

Rive droite de la Seine : le Capitaine-Adjudant de Place............... VILLERS.
Rive gauche : le Capitaine-Adjudant de Place....................... GRAILLARD.

Rien de nouveau.

Le Général de Brigade Chef de l'État-major général du Gouvernement de Paris et de la première Division militaire,

CÉSAR BERTHIER.

Pour copie conforme :

L'Adjudant-commandant, Sous-chef de l'État-major général du Gouvernement de Paris,

DOUCET.

ÉTAT-MAJOR
DU GOUVERNEMENT DE PARIS.

ORDRE du 29 Thermidor an 13.

SERVICE DE L'ÉTAT-MAJOR DU GOUVERNEMENT DE PARIS.

Du 29 au 30 Thermidor.

Adjudant de Place de service à l'État-major......................... SANSON.
Adjudant de Place de ronde de nuit............................... VILLERS.

Visite aux Casernes, Prisons, Hôpital, et distribution de fourrages.

Rive droite de la Seine : le Capitaine-Adjudant de Place............... VILLERS.
Rive gauche : le Capitaine-Adjudant de Place....................... GRAILLARD.

Du 30 Thermidor au 1.er Fructidor.

Adjudant de Place de service à l'État-major......................... COTEAU.
Adjudant de Place de ronde de nuit............................... GRAILLARD.

Visite aux Casernes, Prisons, Hôpital, et distribution de fourrages.

Rive droite de la Seine : le Capitaine-Adjudant de Place............... GRAILLARD.
Rive gauche : le Lieutenant-Adjudant de Place....................... SANSON.

Corvées.

Le dix-huitième régiment d'infanterie de ligne fournira, pendant le mois de Fructidor prochain, tous les hommes de corvée nécessaires aux travaux du dépôt central de l'artillerie, sur la réquisition particulière de M. le Général *Saint-Laurent*, Directeur dudit dépôt.

Le Général de Brigade Chef de l'État-major général du Gouvernement de Paris et de la première Division militaire,

CÉSAR BERTHIER.

Pour copie conforme :

L'Adjudant-commandant, Sous-chef de l'État-major général du Gouvernement de Paris,

DOUCET.

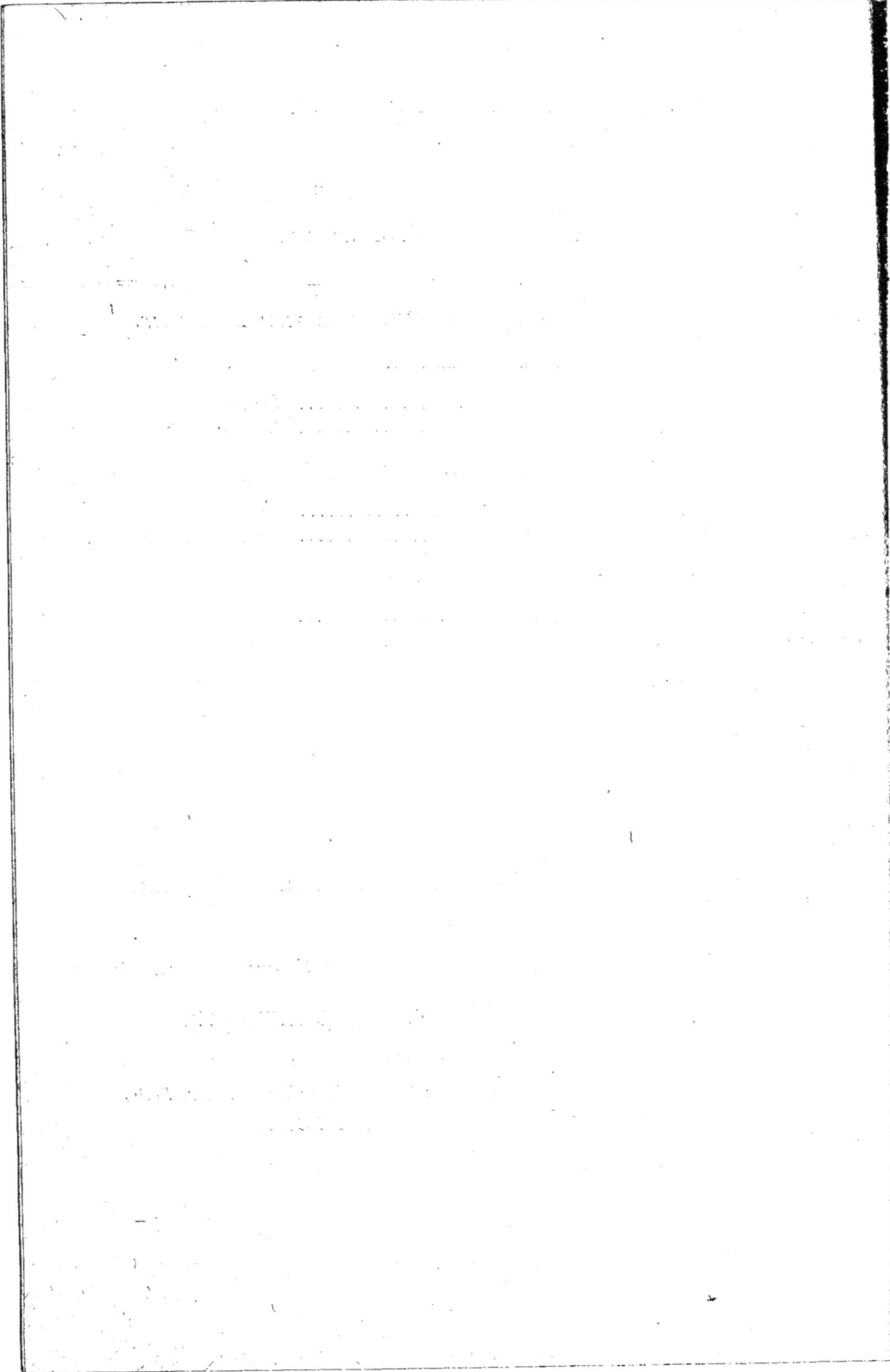

ÉTAT-MAJOR
DU GOUVERNEMENT DE PARIS.

ORDRE du 30 Thermidor an 13.

SERVICE DE L'ÉTAT-MAJOR DU GOUVERNEMENT DE PARIS.

Du 30 Thermidor au 1.er Fructidor.

Adjudant de Place de service à l'État-major......................... COTEAU.
Adjudant de Place de ronde de nuit.............................. GRAILLARD.

Visite aux Casernes, Prisons, Hôpital, et distribution de fourrages.

Rive droite de la Seine : le Capitaine-Adjudant de Place.............. GRAILLARD.
Rive gauche : le Lieutenant-Adjudant de Place....................... SANSON.

Du 1.er au 2 Fructidor.

Adjudant de Place de service à l'État-major......................... CORDIEZ.
Adjudant de Place de ronde de nuit............................... SANSON.

Visite aux Casernes, Prisons, Hôpital, et distribution de fourrages.

Rive droite de la Seine : le Lieutenant-Adjudant de Place.............. SANSON.
Rive gauche : le Capitaine-Adjudant de Place....................... COTEAU.

Rien de nouveau.

Le Général de Brigade Chef de l'État-major général du Gouvernement de Paris et de la première Division militaire,

CÉSAR BERTHIER.

Pour copie conforme :

L'Adjudant-commandant, Sous-chef de l'État-major général du Gouvernement de Paris,

DOUCET.

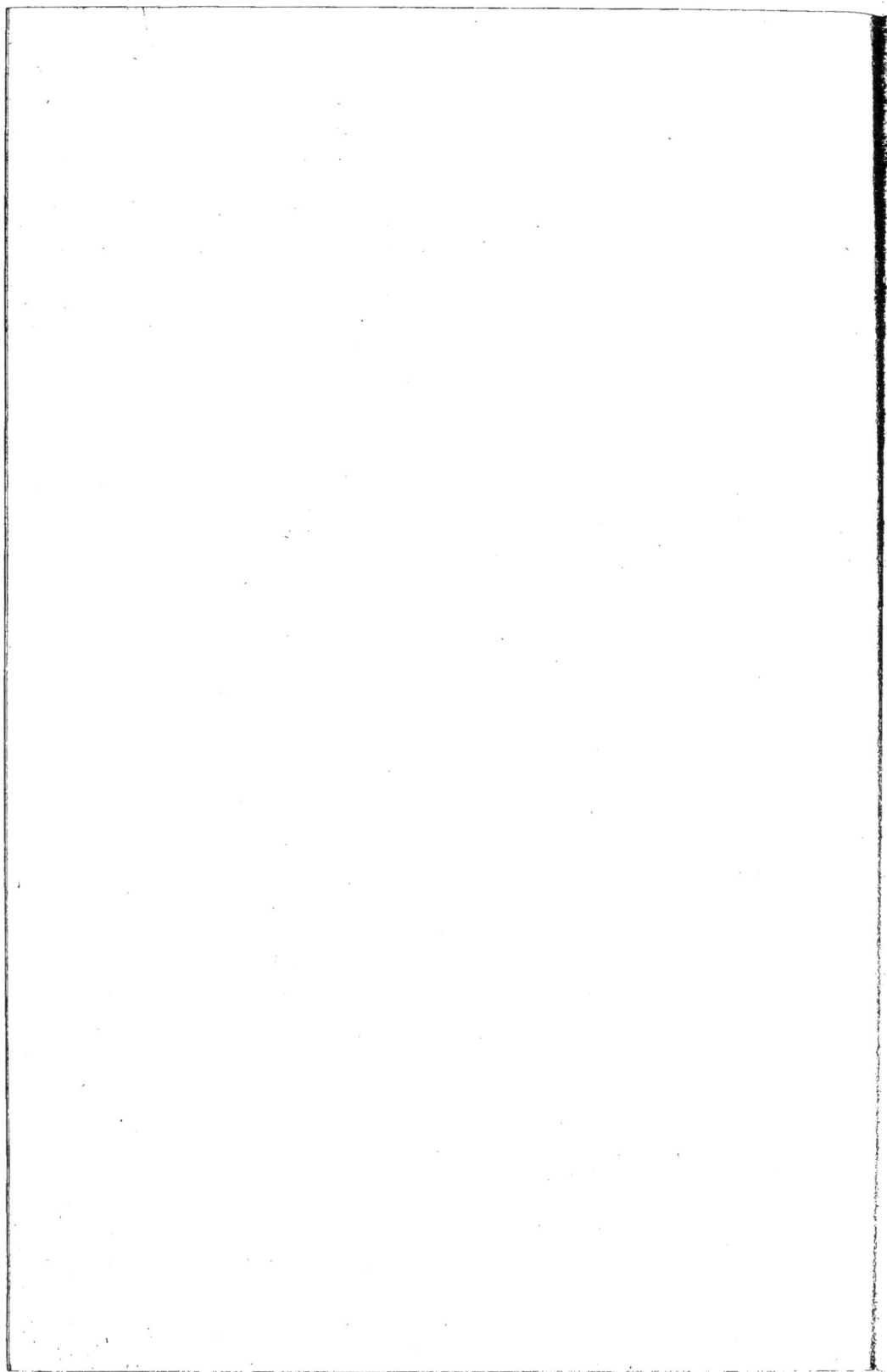

ÉTAT-MAJOR
DU GOUVERNEMENT DE PARIS.

ORDRE du 30 *1.er fructidor* Thermidor an 13.

SERVICE DE L'ÉTAT-MAJOR DU GOUVERNEMENT DE PARIS.

Du 1.er au 2 Fructidor.

Adjudant de Place de service à l'État-major......................... CORDIEZ.

Adjudant de Place de ronde de nuit.............................. SANSON.

Visite aux Casernes, Prisons, Hôpital, et distribution de fourrages.

Rive droite de la Seine : le Lieutenant-Adjudant de Place.............. SANSON.

Rive gauche : le Capitaine-Adjudant de Place....................... COTEAU.

Du 2 au 3 Fructidor.

Adjudant de Place de service à l'État-major......................... CARON.

Adjudant de Place de ronde de nuit.............................. COTEAU.

Visite aux Casernes, Prisons, Hôpital, et distribution de fourrages.

Rive droite de la Seine : le Capitaine-Adjudant de Place.............. COTEAU.

Rive gauche : le Capitaine-Adjudant de Place....................... CORDIEZ.

Rien de nouveau.

Le Général de Brigade Chef de l'État-major général du Gouvernement de Paris et de la première Division militaire,

CÉSAR BERTHIER.

Pour copie conforme :

L'Adjudant-commandant, Sous-chef de l'État-major général du Gouvernement de Paris,

DOUCET.

ÉTAT-MAJOR
DU GOUVERNEMENT DE PARIS.

ORDRE du 2 Fructidor an 13.

SERVICE DE L'ÉTAT-MAJOR DU GOUVERNEMENT DE PARIS.

Du 2 au 3 Fructidor.

Adjudant de Place de service à l'État-major........................ CARON.
Adjudant de Place de ronde de nuit.............................. COTEAU.

Visite aux Casernes, Prisons, Hôpital, et distribution de fourrages.

Rive droite de la Seine : le Capitaine-Adjudant de Place.............. COTEAU.
Rive gauche : le Capitaine-Adjudant de Place...................... CORDIEZ.

Du 3 au 4 Fructidor.

Adjudant de Place de service à l'État-major........................ VILLERS.
Adjudant de Place de ronde de nuit.............................. CORDIEZ.

Visite aux Casernes, Prisons, Hôpital, et distribution de fourrages.

Rive droite de la Seine : le Lieutenant-Adjudant de Place.............. CORDIEZ.
Rive gauche : le Capitaine-Adjudant de Place...................... CARON.

Rien de nouveau.

Le Général de Brigade Chef de l'État-major général du Gouvernement de Paris et de la première Division militaire,

CÉSAR BERTHIER.

Pour copie conforme :

L'Adjudant-commandant, Sous-chef de l'État-major général du Gouvernement de Paris,

DOUCET.

ÉTAT-MAJOR

ÉTAT-MAJOR
DU GOUVERNEMENT DE PARIS.

ORDRE du 3 Fructidor an 13.

SERVICE DE L'ÉTAT-MAJOR DU GOUVERNEMENT DE PARIS.

Du 3 au 4 Fructidor.

Adjudant de Place de service à l'État-major........................ VILLERS.
Adjudant de Place de ronde de nuit................................ CORDIEZ.

Visite aux Casernes, Prisons, Hôpital, et distribution de fourrages.

Rive droite de la Seine : le Capitaine-Adjudant de Place.............. CORDIEZ.
Rive gauche : le Capitaine-Adjudant de Place........................ CARON.

Du 4 au 5 Fructidor.

Adjudant de Place de service à l'État-major........................ GRAILLARD.
Adjudant de Place de ronde de nuit................................ CARON.

Visite aux Casernes, Prisons, Hôpital, et distribution de fourrages.

Rive droite de la Seine : le Capitaine-Adjudant de Place.............. CARON.
Rive gauche : le Capitaine-Adjudant de Place........................ VILLERS.

Rien de nouveau.

Le Général de Brigade Chef de l'État-major général du Gouvernement de Paris et de la première Division militaire,

CÉSAR BERTHIER.

Pour copie conforme :

L'Adjudant-commandant, Sous-chef de l'État-major général du Gouvernement de Paris,

DOUCET.

ÉTAT-MAJOR
DU GOUVERNEMENT DE PARIS.

ORDRE du 4 Fructidor an 13.

SERVICE DE L'ÉTAT-MAJOR DU GOUVERNEMENT DE PARIS.

Du 4 au 5 Fructidor.

Adjudant de Place de service à l'Etat-major......................... GRAILLARD.
Adjudant de Place de ronde de nuit.............................. CARON.

Visite aux Casernes, Prisons, Hôpital, et distribution de fourrages.

Rive droite de la Seine : le Capitaine-Adjudant de Place............... CARON.
Rive gauche : le Capitaine-Adjudant de Place....................... VILLERS.

Du 5 au 6 Fructidor.

Adjudant de Place de service à l'État-major......................... SANSON.
Adjudant de Place de ronde de nuit.............................. VILLERS.

Visite aux Casernes, Prisons, Hôpital, et distribution de fourrages.

Rive droite de la Seine : le Capitaine-Adjudant de Place............... VILLERS.
Rive gauche : le Capitaine-Adjudant de Place....................... GRAILLARD.

Rien de nouveau.

Le Général de Brigade Chef de l'État-major général du Gouvernement de Paris et de la première Division militaire,

CÉSAR BERTHIER.

Pour copie conforme :

L'Adjudant-commandant, Sous-chef de l'État-major général du Gouvernement de Paris;

DOUCET.

ÉTAT-MAJOR
DU GOUVERNEMENT DE PARIS.

ORDRE du 5 Fructidor an 13.

SERVICE DE L'ÉTAT-MAJOR DU GOUVERNEMENT DE PARIS.

Du 5 au 6 Fructidor.

Adjudant de Place de service à l'État-major........................ SANSON.
Adjudant de Place de ronde de nuit............................... VILLERS.

Visite aux Casernes, Prisons, Hôpital, et distribution de fourrages.

Rive droite de la Seine : le Capitaine-Adjudant de Place.............. VILLERS.
Rive gauche : le Capitaine-Adjudant de Place...................... GRAILLARD.

Du 6 au 7 Fructidor.

Adjudant de Place de service à l'Etat-major...................... VIART.
Adjudant de Place de ronde de nuit............................. GRAILLARD.

Visite aux Casernes, Prisons, Hôpital, et distribution de fourrages.

Rive droite de la Seine : le Capitaine-Adjudant de Place.............. GRAILLARD.
Rive gauche : le Lieutenant-Adjudant de Place..................... SANSON.

Rien de nouveau.

Le Général de Brigade Chef de l'État-major général du Gouvernement de Paris
et de la première Division militaire,

CÉSAR BERTHIER.

Pour copie conforme :

L'Adjudant-commandant, Sous-chef de l'État-major général du Gouvernement de Paris,

DOUCET.

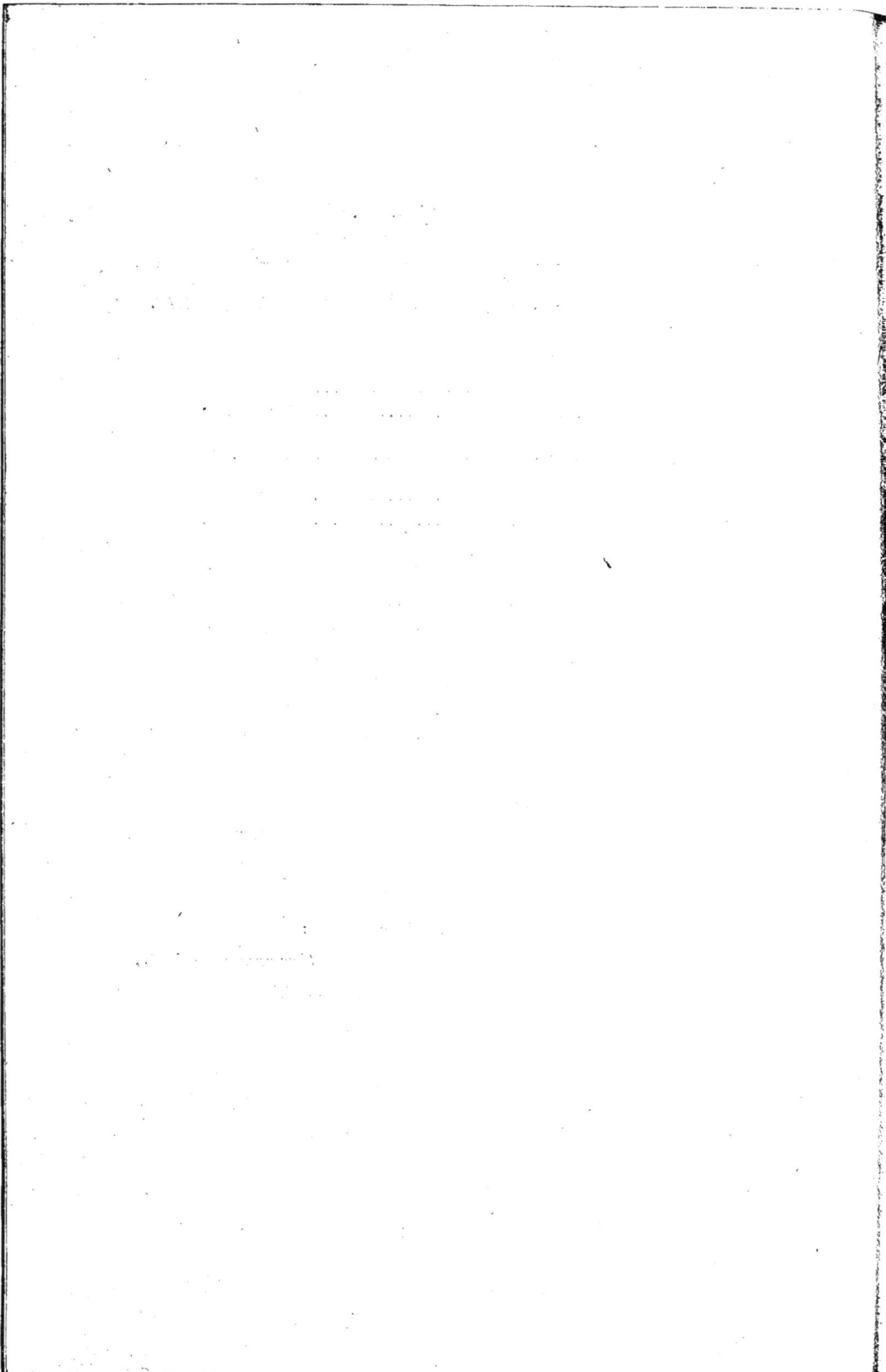

ÉTAT-MAJOR
DU GOUVERNEMENT DE PARIS.

ORDRE du 6 Fructidor an 13.

SERVICE DE L'ÉTAT-MAJOR DU GOUVERNEMENT DE PARIS.

Du 6 au 7 Fructidor.

Adjudant de Place de service à l'Etat-major........................ VIART.
Adjudant de Place de ronde de nuit............................. GRAILLARD.

Visite aux Casernes, Prisons, Hôpital, et distribution de fourrages.

Rive droite de la Seine : le Capitaine-Adjudant de Place.............. GRAILLARD.
Rive gauche : le Lieutenant-Adjudant de Place..................... SANSON.

Du 7 au 8 Fructidor.

Adjudant de Place de service à l'État-major........................ CORDIEZ.
Adjudant de Place de ronde de nuit............................. SANSON.

Visite aux Casernes, Prisons, Hôpital, et distribution de fourrages.

Rive droite de la Seine : le Lieutenant-Adjudant de Place............. SANSON.
Rive gauche : le Capitaine-Adjudant de Place..................... VIART.

Rien de nouveau.

*Le Général de Brigade Chef de l'État-major général du Gouvernement de Paris
et de la première Division militaire,*

CÉSAR BERTHIER.

Pour copie conforme :

L'Adjudant-commandant, Sous-chef de l'État-major général du Gouvernement de Paris,

DOUCET.

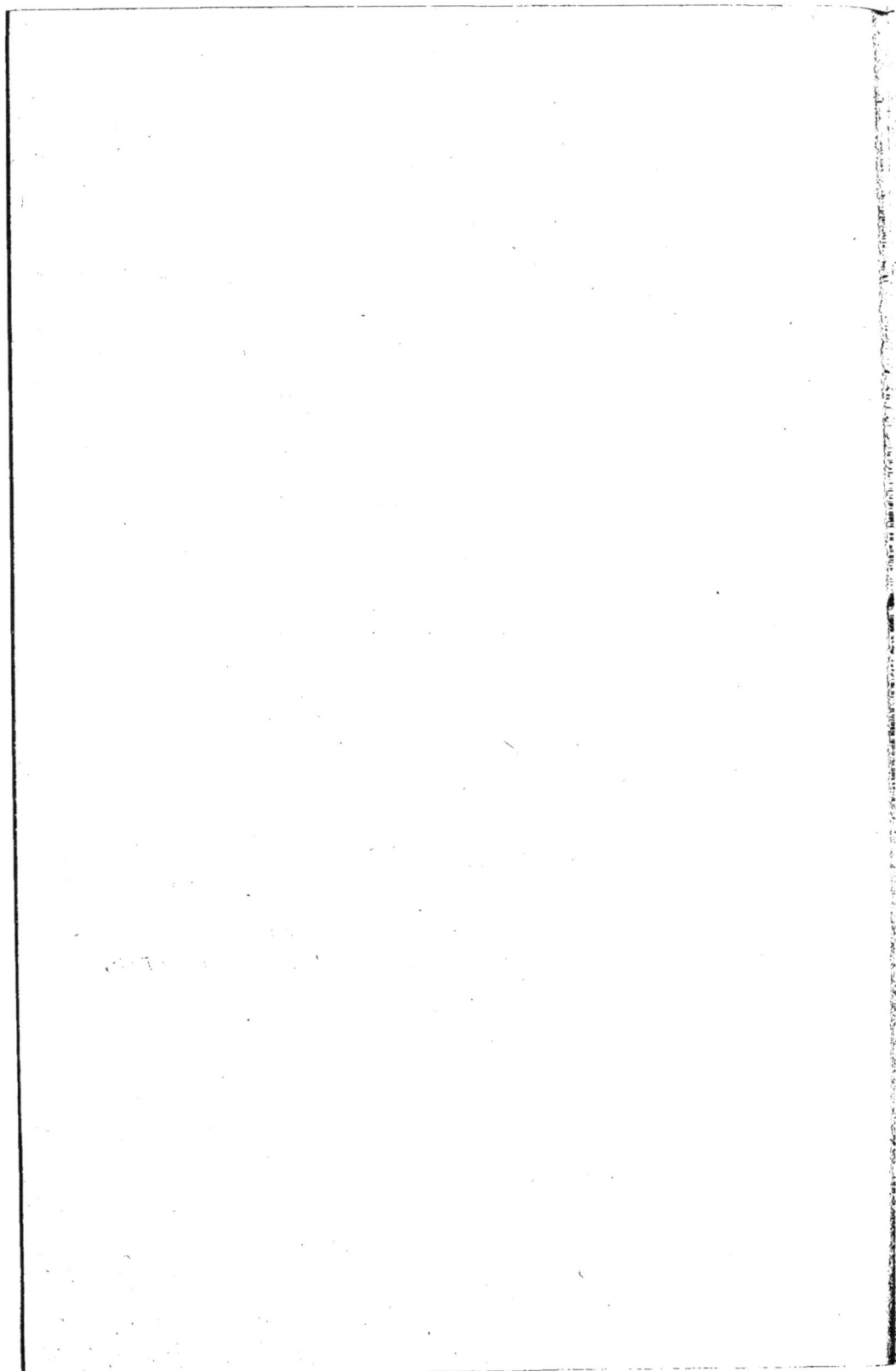

ÉTAT-MAJOR
DU GOUVERNEMENT DE PARIS.

ORDRE du 7 Fructidor an 13.

SERVICE DE L'ÉTAT-MAJOR DU GOUVERNEMENT DE PARIS.

Du 7 au 8 Fructidor.

Adjudant de Place de service à l'État-major....................... CORDIEZ.
Adjudant de Place de ronde de nuit............................... SANSON.

Visite aux Casernes, Prisons, Hôpital, et distribution de fourrages.

Rive droite de la Seine : le Lieutenant-Adjudant de Place............. SANSON.
Rive gauche : le Capitaine-Adjudant de Place....................... VIART.

Du 8 au 9 Fructidor.

Adjudant de Place de service à l'Etat-major....................... CARON.
Adjudant de Place de ronde de nuit............................... VIART.

Visite aux Casernes, Prisons, Hôpital, et distribution de fourrages.

Rive droite de la Seine : le Capitaine-Adjudant de Place.............. VIART.
Rive gauche : le Capitaine-Adjudant de Place....................... CORDIEZ.

Rien de nouveau.

*Le Général de Brigade Chef de l'État-major général du Gouvernement de Paris
et de la première Division militaire,*

CÉSAR BERTHIER.

Pour copie conforme :

L'Adjudant-commandant, Sous-chef de l'État-major général du Gouvernement de Paris,

DOUCET.

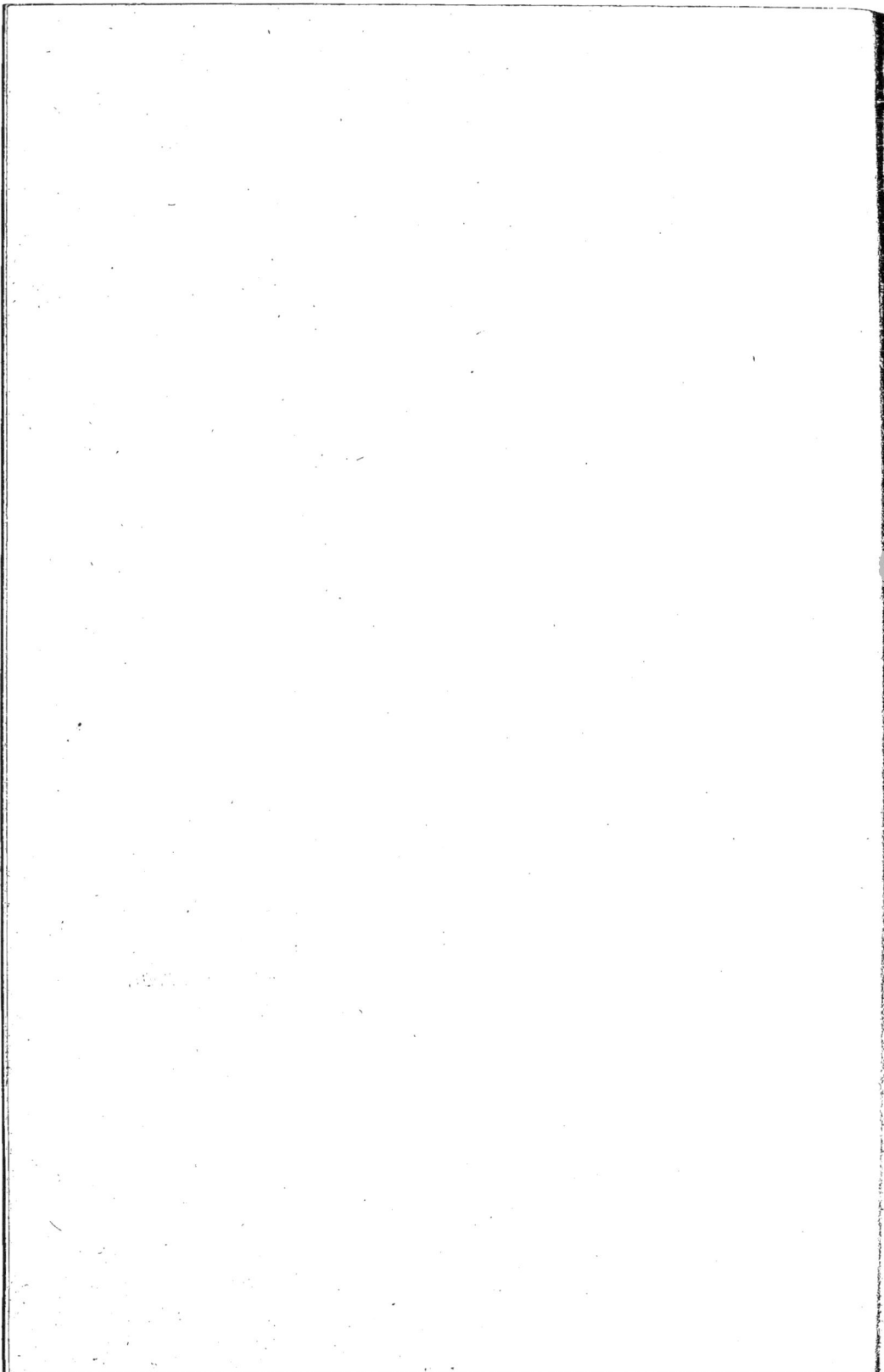

ÉTAT-MAJOR

DU GOUVERNEMENT DE PARIS.

ORDRE du 8 Fructidor an 13.

SERVICE DE L'ÉTAT-MAJOR DU GOUVERNEMENT DE PARIS.

Du 8 au 9 Fructidor.

Adjudant de Place de service à l'État-major...................... CARON.
Adjudant de Place de ronde de nuit.............................. VIART.

Visite aux Casernes, Prisons, Hôpital, et distribution de fourrages.

Rive droite de la Seine : le Capitaine-Adjudant de Place.............. VIART.
Rive gauche : le Capitaine-Adjudant de Place...................... CORDIEZ.

Du 9 au 10 Fructidor.

Adjudant de Place de service à l'État-major........................ VILLERS.
Adjudant de Place de ronde de nuit................................ CORDIEZ.

Visite aux Casernes, Prisons, Hôpital, et distribution de fourrages.

Rive droite de la Seine : le Capitaine-Adjudant de Place.............. CORDIEZ.
Rive gauche : le Capitaine-Adjudant de Place...................... CARON.

CORVÉES.

Le 2.ᵉ Régiment d'infanterie légère fournira, à dater de ce jour, jusqu'à nouvel ordre, tous les hommes de corvée nécessaires aux travaux du Dépôt central de l'artillerie, sur la réquisition particulière de M. le Général *Saint-Laurent*, Directeur dudit Dépôt, ou de l'Officier supérieur qui le représente.

Le Général de Brigade Chef de l'État-major général du Gouvernement de Paris et de la première Division militaire,

CÉSAR BERTHIER.

Pour copie conforme :

L'Adjudant-commandant, Sous-chef de l'État-major général du Gouvernement de Paris,

DOUCET.

ÉTAT-MAJOR
DU GOUVERNEMENT DE PARIS.

ORDRE du 9 Fructidor an 13.

SERVICE DE L'ÉTAT-MAJOR DU GOUVERNEMENT DE PARIS.

Du 9 au 10 Fructidor.

Adjudant de Place de service à l'État-major....................... VILLERS.
Adjudant de Place de ronde de nuit............................. CORDIEZ.

Visite aux Casernes, Prisons, Hôpital, et distribution de fourrages.

Rive droite de la Seine : le Capitaine-Adjudant de Place.............. CORDIEZ.
Rive gauche : le Capitaine-Adjudant de Place...................... CARON.

Du 10 au 11 Fructidor.

Adjudant de Place de service à l'Etat-major....................... GRAILLARD.
Adjudant de Place de ronde de nuit............................. CARON.

Visite aux Casernes, Prisons, Hôpital, et distribution de fourrages.

Rive droite de la Seine : le Capitaine-Adjudant de Place.............. CARON.
Rive gauche : le Capitaine-Adjudant de Place...................... VILLERS.

Rien de nouveau.

*Le Général de Brigade Chef de l'État-major général du Gouvernement de Paris
et de la première Division militaire,*

CÉSAR BERTHIER.

Pour copie conforme :

L'Adjudant-commandant, Sous-chef de l'État-major général du Gouvernement de Paris,

DOUCET.

ÉTAT-MAJOR
DU GOUVERNEMENT DE PARIS.

ORDRE du 10 Fructidor an 13.

SERVICE DE L'ÉTAT-MAJOR DU GOUVERNEMENT DE PARIS.

Du 10 au 11 Fructidor.

Adjudant de Place de service à l'Etat-major......................... GRAILLARD.
Adjudant de Place de ronde de nuit.............................. CARON.

Visite aux Casernes, Prisons, Hôpital, et distribution de fourrages.

Rive droite de la Seine : le Capitaine-Adjudant de Place.............. CARON.
Rive gauche : le Capitaine-Adjudant de Place....................... VILLERS.

Du 11 au 12 Fructidor.

Adjudant de Place de service à l'État-major......................... SANSON.
Adjudant de Place de ronde de nuit................................ VILLERS.

Visite aux Casernes, Prisons, Hôpital, et distribution de fourrages.

Rive droite de la Seine : le Capitaine-Adjudant de Place.............. VILLERS.
Rive gauche : le Capitaine-Adjudant de Place....................... GRAILLARD.

Rien de nouveau.

Le Général de Brigade Chef de l'État-major général du Gouvernement de Paris et de la première Division militaire,

CÉSAR BERTHIER.

Pour copie conforme :

L'Adjudant-commandant, Sous-chef de l'État-major général du Gouvernement de Paris,

DOUCET.

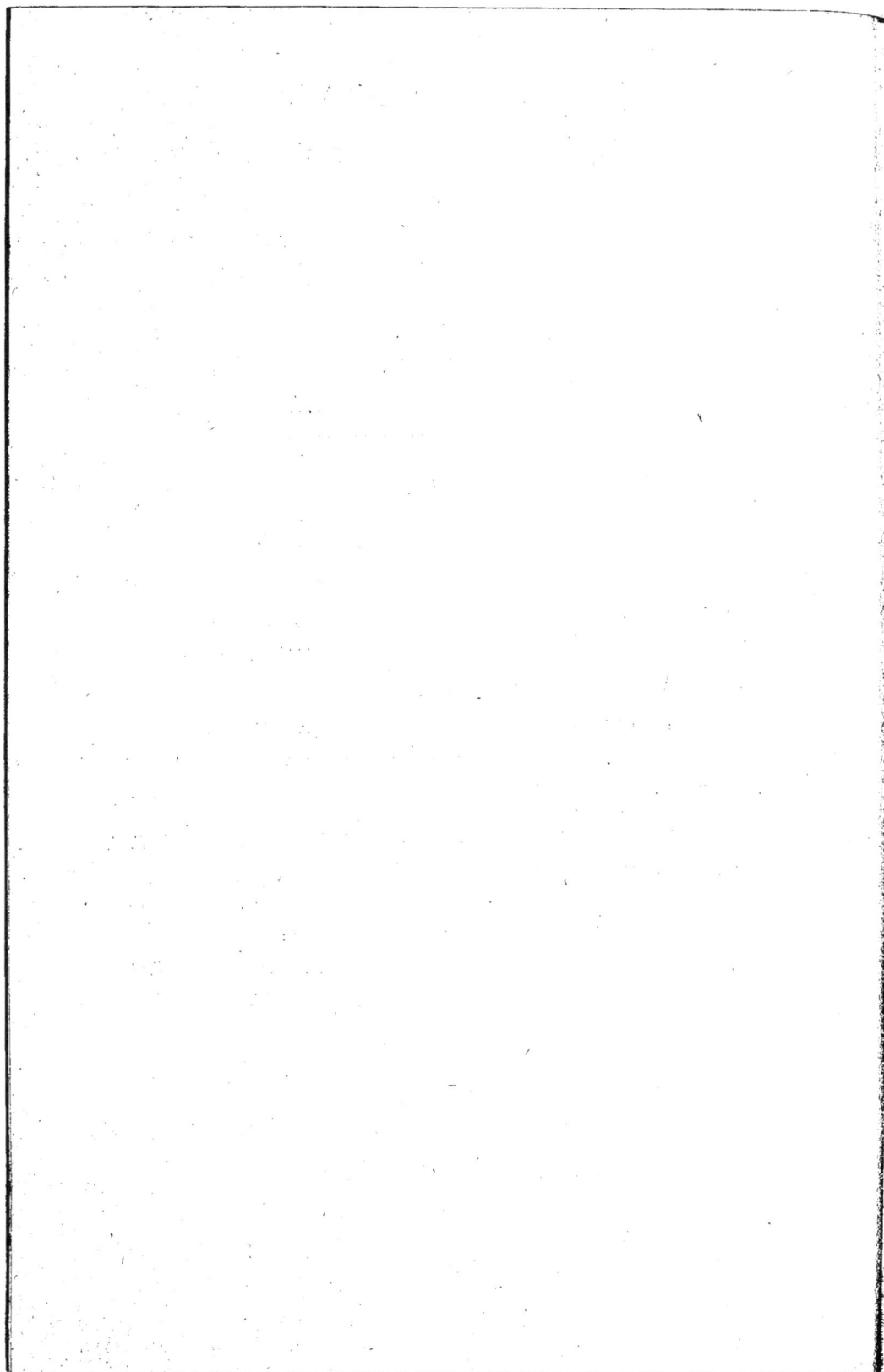

ÉTAT-MAJOR
DU GOUVERNEMENT DE PARIS.

ORDRE du 11 Fructidor an 13.

SERVICE DE L'ÉTAT-MAJOR DU GOUVERNEMENT DE PARIS.

Du 11 au 12 Fructidor.

Adjudant de Place de service à l'État-major........................ SANSON.
Adjudant de Place de ronde de nuit............................... VILLERS.

Visite aux Casernes, Prisons, Hôpital, et distribution de fourrages.

Rive droite de la Seine : le Capitaine-Adjudant de Place.............. VILLERS.
Rive gauche : le Capitaine-Adjudant de Place...................... GRAILLARD.

Du 12 au 13 Fructidor.

Adjudant de Place de service à l'État-major...................... VIART.
Adjudant de Place de ronde de nuit............................. GRAILLARD.

Visite aux Casernes, Prisons, Hôpital, et distribution de fourrages.

Rive droite de la Seine : le Capitaine-Adjudant de Place.............. GRAILLARD.
Rive gauche : le Capitaine-Adjudant de Place...................... SANSON.

Rien de nouveau.

*Le Général de Brigade Chef de l'État-major général du Gouvernement de Paris
et de la première Division militaire,*

CÉSAR BERTHIER.

Pour copie conforme :

L'Adjudant-commandant, Sous-chef de l'État-major général du Gouvernement de Paris,

DOUCET.

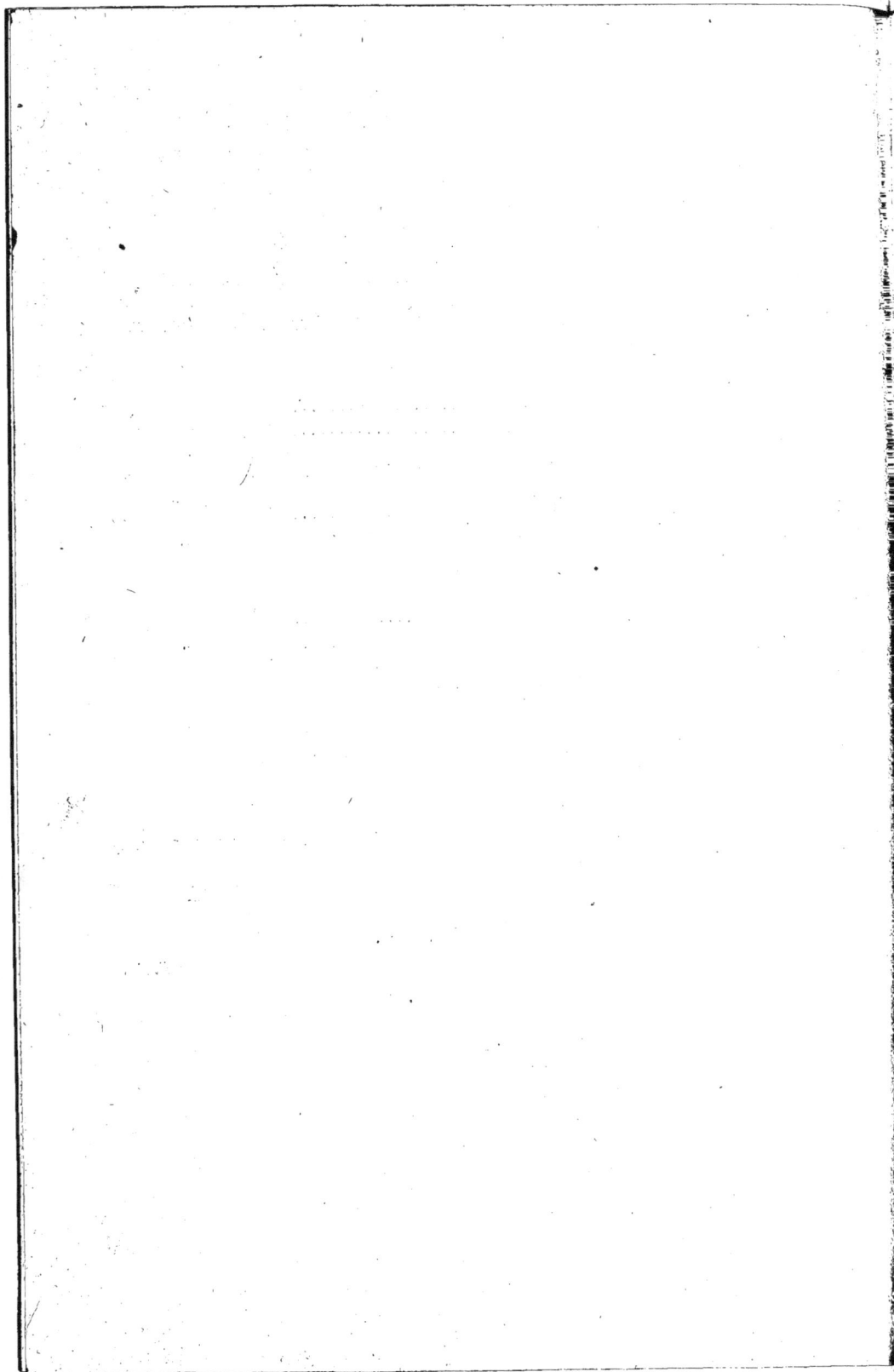

ÉTAT-MAJOR
DU GOUVERNEMENT DE PARIS.

ORDRE du 12 Fructidor an 13.

SERVICE DE L'ÉTAT-MAJOR DU GOUVERNEMENT DE PARIS.

Du 12 au 13 Fructidor.

Adjudant de Place de service à l'Etat-major......................... VIART.
Adjudant de Place de ronde de nuit.............................. GRAILLARD.

Visite aux Casernes, Prisons, Hôpital, et distribution de fourrages.

Rive droite de la Seine : le Capitaine-Adjudant de Place.............. GRAILLARD.
Rive gauche : le Lieutenant-Adjudant de Place...................... SANSON.

Du 13 au 14 Fructidor.

Adjudant de Place de service à l'Etat-major......................... COTEAU.
Adjudant de Place de ronde de nuit.............................. SANSON.

Visite aux Casernes, Prisons, Hôpital, et distribution de fourrages.

Rive droite de la Seine : le Lieutenant-Adjudant de Place.............. SANSON.
Rive gauche : le Capitaine-Adjudant de Place...................... VIART.

Rien de nouveau.

Le Général de Brigade Chef de l'État-major général du Gouvernement de Paris et de la première Division militaire,

CÉSAR BERTHIER.

Pour copie conforme :

L'Adjudant-commandant, Sous-chef de l'État-major général du Gouvernement de Paris,

DOUCET.

ÉTAT-MAJOR
DU GOUVERNEMENT DE PARIS.

ORDRE du 13 Fructidor an 13.

SERVICE DE L'ÉTAT-MAJOR DU GOUVERNEMENT DE PARIS.

Du 13 au 14 Fructidor.

Adjudant de Place de service à l'État-major....................... COTEAU.
Adjudant de Place de ronde de nuit............................... SANSON.

Visite aux Casernes, Prisons, Hôpital, et distribution de fourrages.

Rive droite de la Seine : le Lieutenant-Adjudant de Place.............. SANSON.
Rive gauche : le Capitaine-Adjudant de Place....................... VIART.

Du 14 au 15 Fructidor.

Adjudant de Place de service à l'Etat-major....................... CARON.
Adjudant de Place de ronde de nuit............................... VIART.

Visite aux Casernes, Prisons, Hôpital, et distribution de fourrages.

Rive droite de la Seine : le Capitaine-Adjudant de Place.............. VIART.
Rive gauche : le Capitaine-Adjudant de Place....................... COTEAU.

Rien de nouveau.

Le Général de Brigade Chef de l'État-major général du Gouvernement de Paris et de la première Division militaire,

CÉSAR BERTHIER.

Pour copie conforme :

L'Adjudant-commandant, Sous-chef de l'État-major général du Gouvernement de Paris,

DOUCET.

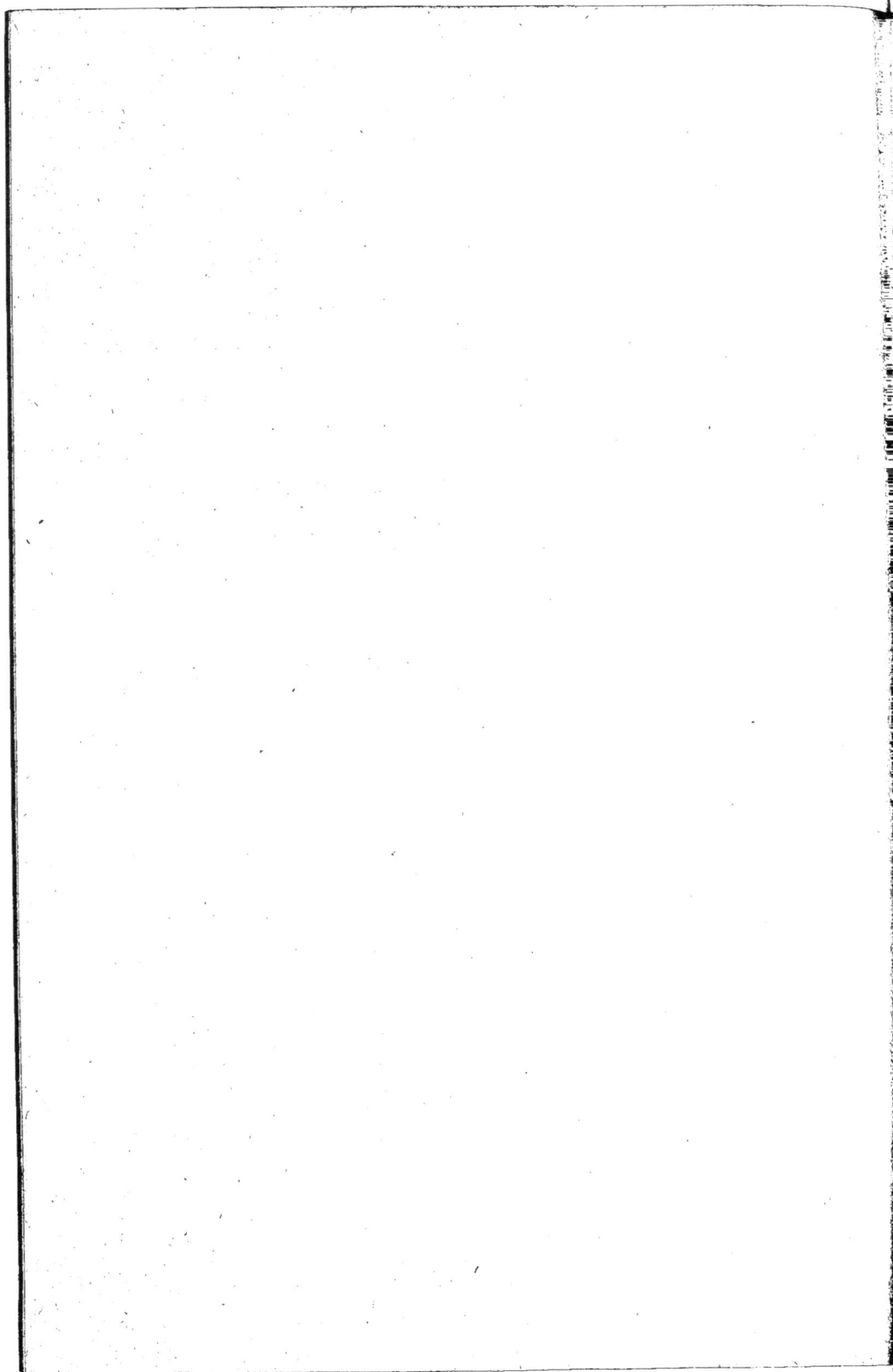

ÉTAT-MAJOR
DU GOUVERNEMENT DE PARIS.

ORDRE du 14 Fructidor an 13.

SERVICE DE L'ÉTAT-MAJOR DU GOUVERNEMENT DE PARIS.

Du 14 au 15 Fructidor.

Adjudant de Place de service à l'Etat-major......................... CARON.
Adjudant de Place de ronde de nuit............................... VIART.

Visite aux Casernes, Prisons, Hôpital, et distribution de fourrages.

Rive droite de la Seine : le Capitaine-Adjudant de Place.............. VIART.
Rive gauche : le Capitaine-Adjudant de Place....................... COTEAU.

Du 15 au 16 Fructidor.

Adjudant de Place de service à l'État-major........................ VILLERS.
Adjudant de Place de ronde de nuit............................... COTEAU.

Visite aux Casernes, Prisons, Hôpital, et distribution de fourrages.

Rive droite de la Seine : le Capitaine-Adjudant de Place.............. COTEAU.
Rive gauche : le Capitaine-Adjudant de Place....................... CARON.

Rien de nouveau.

Le Général de Brigade Chef de l'État-major général du Gouvernement de Paris et de la première Division militaire,

CÉSAR BERTHIER.

Pour copie conforme :

L'Adjudant-commandant, Sous-chef de l'État-major général du Gouvernement de Paris,

DOUCET.

ÉTAT-MAJOR
DU GOUVERNEMENT DE PARIS.

ORDRE du 15 Fructidor an 13.

SERVICE DE L'ÉTAT-MAJOR DU GOUVERNEMENT DE PARIS.

Du 15 au 16 Fructidor.

Adjudant de Place de service à l'État-major...................... VILLERS.
Adjudant de Place de ronde de nuit............................... COTEAU.

Visite aux Casernes, Prisons, Hôpital, et distribution de fourrages.

Rive droite de la Seine : le Capitaine-Adjudant de Place.............. COTEAU.
Rive gauche : le Capitaine-Adjudant de Place....................... CARON.

Du 16 au 17 Fructidor.

Adjudant de Place de service à l'État-major....................... GRAILLARD.
Adjudant de Place de ronde de nuit............................... CARON.

Visite aux Casernes, Prisons, Hôpital, et distribution de fourrages.

Rive droite de la Seine : le Capitaine-Adjudant de Place.............. CARON.
Rive gauche : le Capitaine-Adjudant de Place....................... VILLERS.

Rien de nouveau.

*Le Général de Brigade Chef de l'État-major général du Gouvernement de Paris
et de la première Division militaire,*

CÉSAR BERTHIER.

Pour copie conforme :

L'Adjudant-commandant, Sous-chef de l'État-major général du Gouvernement de Paris,

DOUCET.

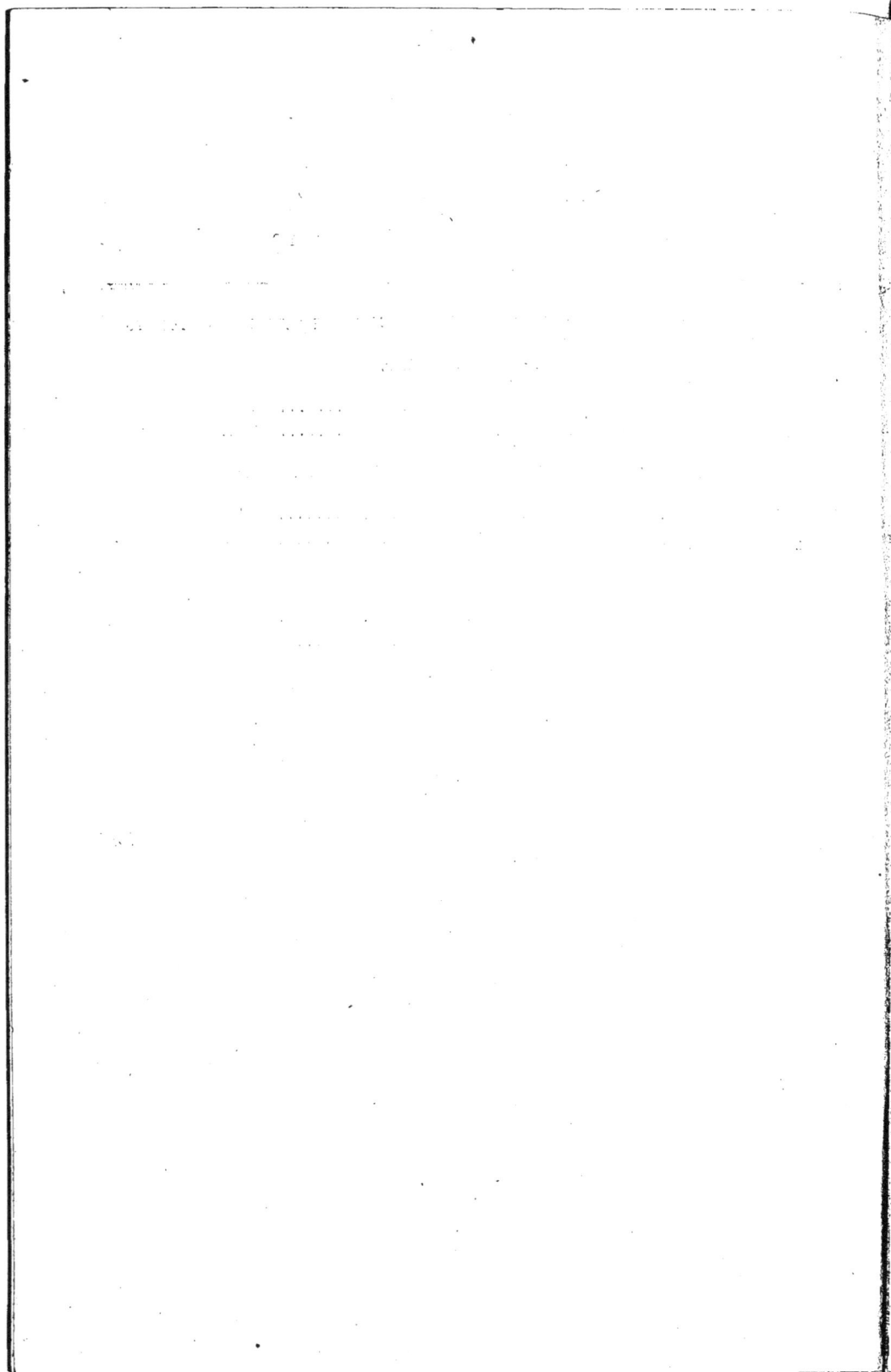

ÉTAT-MAJOR
DU GOUVERNEMENT DE PARIS.

ORDRE du 16 Fructidor an 13.

SERVICE DE L'ÉTAT-MAJOR DU GOUVERNEMENT DE PARIS.

Du 16 au 17 Fructidor.

Adjudant de Place de service à l'État-major........................ GRAILLARD.
Adjudant de Place de ronde de nuit.............................. CARON.

Visite aux Casernes, Prisons, Hôpital, et distribution de fourrages.

Rive droite de la Seine : le Capitaine-Adjudant de Place................ CARON.
Rive gauche : le Capitaine-Adjudant de Place...................... VILLERS.

Du 17 au 18 Fructidor.

Adjudant de Place de service à l'État-major........................ SANSON.
Adjudant de Place de ronde de nuit.............................. VILLERS.

Visite aux Casernes, Prisons, Hôpital, et distribution de fourrages.

Rive droite de la Seine : le Capitaine-Adjudant de Place.............. VILLERS.
Rive gauche : le Capitaine-Adjudant de Place...................... GRAILLARD.

Rien de nouveau.

*Le Général de Brigade Chef de l'État-major général du Gouvernement de Paris
et de la première Division militaire,*

CÉSAR BERTHIER.

Pour copie conforme :

L'Adjudant-commandant, Sous-chef de l'État-major général du Gouvernement de Paris,

DOUCET.

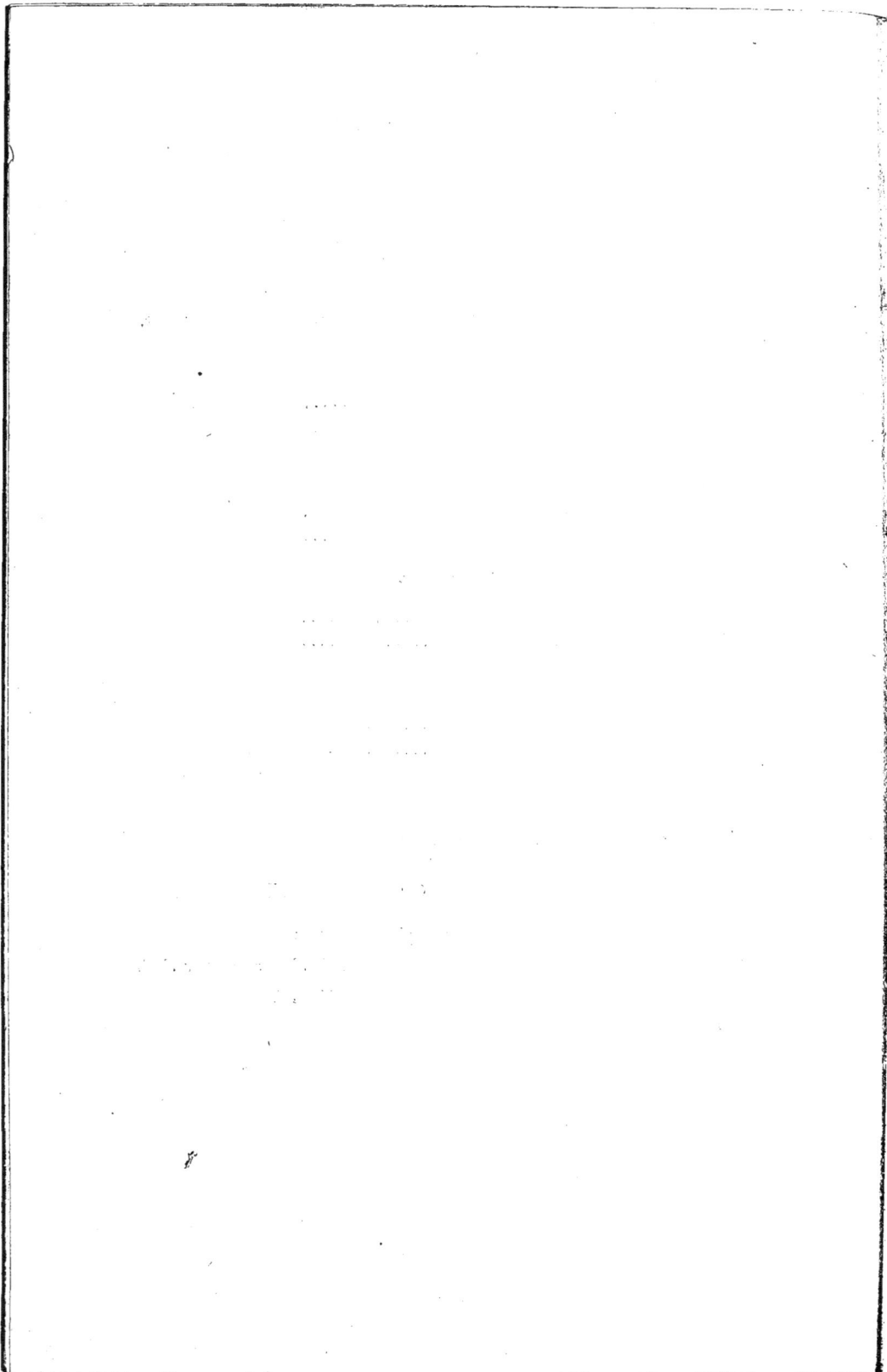

ÉTAT-MAJOR
DU GOUVERNEMENT DE PARIS.

ORDRE du 17 Fructidor an 13.

SERVICE DE L'ÉTAT-MAJOR DU GOUVERNEMENT DE PARIS.

Du 17 au 18 Fructidor.

Adjudant de Place de service à l'État-major...................... SANSON.
Adjudant de Place de ronde de nuit............................. VILLERS.

Visite aux Casernes, Prisons, Hôpital, et distribution de fourrages.

Rive droite de la Seine : le Capitaine-Adjudant de Place.............. VILLERS.
Rive gauche : le Capitaine-Adjudant de Place....................... GRAILLARD.

Du 18 au 19 Fructidor.

Adjudant de Place de service à l'État-major....................... VIART.
Adjudant de Place de ronde de nuit............................. GRAILLARD.

Visite aux Casernes, Prisons, Hôpital, et distribution de fourrages.

Rive droite de la Seine : le Capitaine-Adjudant de Place.............. GRAILLARD.
Rive gauche : le Lieutenant-Adjudant de Place..................... SANSON.

Rien de nouveau.

Le Général de Brigade Chef de l'État-major général du Gouvernement de Paris et de la première Division militaire,

CÉSAR BERTHIER.

Pour copie conforme :

L'Adjudant-commandant, Sous-chef de l'État-major général du Gouvernement de Paris,

DOUCET.

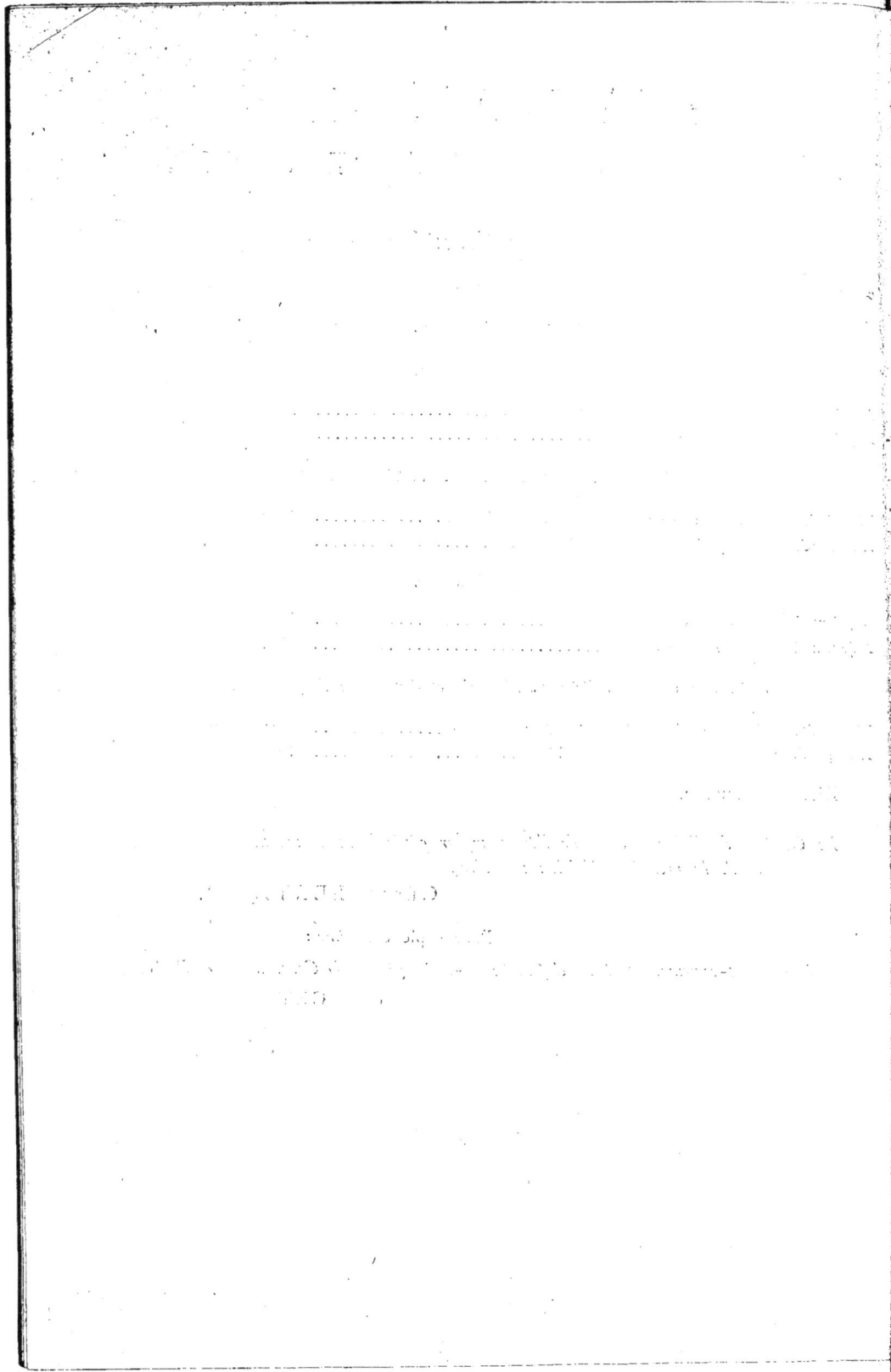

ÉTAT-MAJOR
DU GOUVERNEMENT DE PARIS.

ORDRE du 18 Fructidor an 13.

SERVICE DE L'ÉTAT-MAJOR DU GOUVERNEMENT DE PARIS.

Du 18 au 19 Fructidor.

Adjudant de Place de service à l'État-major......................... VIART.
Adjudant de Place de ronde de nuit............................... GRAILLARD.

Visite aux Casernes, Prisons, Hôpital, et distribution de fourrages.

Rive droite de la Seine : le Capitaine-Adjudant de Place............... GRAILLARD.
Rive gauche : le Lieutenant-Adjudant de Place...................... SANSON.

Du 19 au 20 Fructidor.

Adjudant de Place de service à l'État-major......................... COTEAU.
Adjudant de Place de ronde de nuit............................... SANSON.

Visite aux Casernes, Prisons, Hôpital, et distribution de fourrages.

Rive droite de la Seine : le Lieutenant-Adjudant de Place.............. SANSON.
Rive gauche : le Capitaine-Adjudant de Place...................... VIART.

Rien de nouveau.

Le Général de Brigade Chef de l'État-major général du Gouvernement de Paris et de la première Division militaire,

CÉSAR BERTHIER.

Pour copie conforme :

L'Adjudant-commandant, Sous-chef de l'État-major général du Gouvernement de Paris,

DOUCET.

ÉTAT-MAJOR
DU GOUVERNEMENT DE PARIS.

ORDRE du 19 Fructidor an 13.

SERVICE DE L'ÉTAT-MAJOR DU GOUVERNEMENT DE PARIS.

Du 19 au 20 Fructidor.

Adjudant de Place de service à l'État-major...................... COTEAU.
Adjudant de Place de ronde de nuit............................ SANSON.

Visite aux Casernes, Prisons, Hôpital, et distribution de fourrages.

Rive droite de la Seine : le Capitaine-Adjudant de Place............... SANSON.
Rive gauche : le Capitaine-Adjudant de Place...................... VIART.

Du 20 au 21 Fructidor.

Adjudant de Place de service à l'État-major........................ CORDIEZ.
Adjudant de Place de ronde de nuit............................ VIART.

Visite aux Casernes, Prisons, Hôpital, et distribution de fourrages.

Rive droite de la Seine : le Capitaine-Adjudant de Place............... VIART.
Rive gauche : le Capitaine-Adjudant de Place...................... COTEAU.

Rien de nouveau.

Le Général de Brigade Chef de l'État-major général du Gouvernement de Paris et de la première Division militaire,

CÉSAR BERTHIER.

Pour copie conforme :

L'Adjudant-commandant, Sous-chef de l'État-major général du Gouvernement de Paris,

DOUCET.

ÉTAT-MAJOR
DU GOUVERNEMENT DE PARIS.

ORDRE du 20 Fructidor an 13.

Du 20 au 21 Fructidor.

Adjudant de Place de service à l'État-major........................ CORDIEZ.
Adjudant de Place de ronde de nuit.............................. VIART.

Visite aux Casernes, Prisons, Hôpital, et distribution de fourrages.

Rive droite de la Seine : le Capitaine-Adjudant de Place.............. VIART.
Rive gauche : le Capitaine-Adjudant de Place....................... COTEAU.

Du 21 au 22 Fructidor.

Adjudant de Place de service à l'État-major........................ VILLERS.
Adjudant de Place de ronde de nuit.............................. COTEAU.

Visite aux Casernes, Prisons, Hôpital, et distribution de fourrages.

Rive droite de la Seine : le Capitaine-Adjudant de Place.............. COTEAU.
Rive gauche : le Capitaine-Adjudant de Place....................... CORDIEZ.

Rien de nouveau.

Le Général de Brigade Chef de l'État-major général du Gouvernement de Paris et de la première Division militaire,

CÉSAR BERTHIER.

Pour copie conforme :

L'Adjudant-commandant, Sous-chef de l'État-major général du Gouvernement de Paris,

DOUCET.

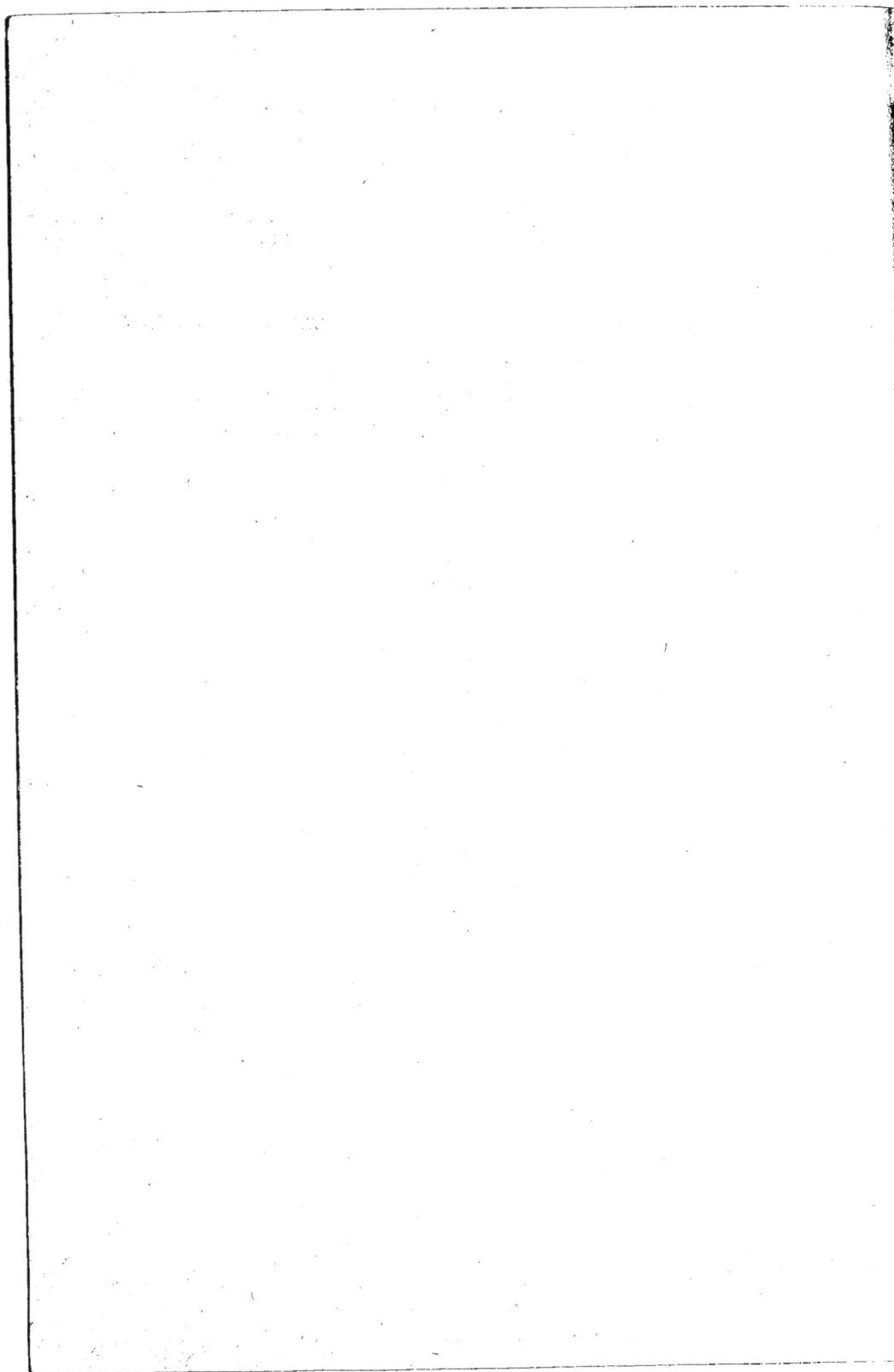

ÉTAT-MAJOR
DU GOUVERNEMENT DE PARIS.

ORDRE du 21 Fructidor an 13.

SERVICE DE L'ÉTAT-MAJOR DU GOUVERNEMENT DE PARIS.

Du 21 au 22 Fructidor.

Adjudant de Place de service à l'État-major........................ VILLERS.
Adjudant de Place de ronde de nuit.............................. COTEAU.

Visite aux Casernes, Prisons, Hôpital, et distribution de fourrages.

Rive droite de la Seine : le Capitaine-Adjudant de Place.............. COTEAU.
Rive gauche : le Capitaine-Adjudant de Place....................... CORDIEZ.

Du 22 au 23 Fructidor.

Adjudant de Place de service à l'État-major........................ GRAILLARD.
Adjudant de Place de ronde de nuit.............................. CORDIEZ.

Visite aux Casernes, Prisons, Hôpital, et distribution de fourrages.

Rive droite de la Seine : le Capitaine-Adjudant de Place.............. CORDIEZ.
Rive gauche : le Capitaine-Adjudant de Place....................... VILLERS.

Rien de nouveau.

*Le Général de Brigade Chef de l'État-major général du Gouvernement de Paris
et de la première Division militaire,*

CÉSAR BERTHIER.

Pour copie conforme :

L'Adjudant-commandant, Sous-chef de l'État-major général du Gouvernement de Paris,

DOUCET.

ÉTAT-MAJOR
DU GOUVERNEMENT DE PARIS.

ORDRE du 22 Fructidor an 13.

SERVICE DE L'ÉTAT-MAJOR DU GOUVERNEMENT DE PARIS.

Du 22 au 23 Fructidor.

Adjudant de Place de service à l'État-major......................... GRAILLARD.
Adjudant de Place de ronde de nuit.............................. CORDIEZ.

Visite aux Casernes, Prisons, Hôpital, et distribution de fourrages.

Rive droite de la Seine : le Capitaine-Adjudant de Place............... CORDIEZ.
Rive gauche : le Capitaine-Adjudant de Place........................ VILLERS.

Du 23 au 24 Fructidor.

Adjudant de Place de service à l'État-major......................... SANSON.
Adjudant de Place de ronde de nuit................................ VILLERS.

Visite aux Casernes, Prisons, Hôpital, et distribution de fourrages.

Rive droite de la Seine : le Capitaine-Adjudant de Place............... VILLERS.
Rive gauche : le Capitaine-Adjudant de Place........................ GRAILLARD.

Rien de nouveau.

*Le Général de Brigade Chef de l'État-major général du Gouvernement de Paris
et de la première Division militaire,*

CÉSAR BERTHIER.

Pour copie conforme :

L'Adjudant-commandant, Sous-chef de l'État-major général du Gouvernement de Paris,

DOUCET.

ÉTAT-MAJOR
DU GOUVERNEMENT DE PARIS.

ORDRE du 23 Fructidor an 13.

SERVICE DE L'ÉTAT-MAJOR DU GOUVERNEMENT DE PARIS.

Du 23 au 24 Fructidor.

Adjudant de Place de service à l'État-major..................... SANSON.
Adjudant de Place de ronde de nuit.............................. VILLERS.

Visite aux Casernes, Prisons, Hôpital, et distribution de fourrages.

Rive droite de la Seine : le Capitaine-Adjudant de Place.............. VILLERS.
Rive gauche : le Capitaine-Adjudant de Place...................... GRAILLARD.

Du 24 au 25 Fructidor.

Adjudant de Place de service à l'État-major....................... VIART.
Adjudant de Place de ronde de nuit.............................. GRAILLARD.

Visite aux Casernes, Prisons, Hôpital, et distribution de fourrages.

Rive droite de la Seine : le Capitaine-Adjudant de Place.............. GRAILLARD.
Rive gauche : le Lieutenant-Adjudant de Place...................... SANSON.

Garde de Paris.

En conséquence des ordres de S. A. S. le Prince MURAT, Grand-Amiral, Gouverneur de Paris, Monsieur le Général, Chef de l'État-major, invite Messieurs les Colonels des trois corps de la Garde de cette ville, à ne délivrer aucun congé limité ou définitif, jusqu'à ce qu'il en soit autrement ordonné.

Le Général de Brigade Chef de l'État-major général du Gouvernement de Paris et de la première Division militaire,

CÉSAR BERTHIER.

Pour copie conforme :

L'Adjudant-commandant, Sous-chef de l'État-major général du Gouvernement de Paris,

DOUCET.

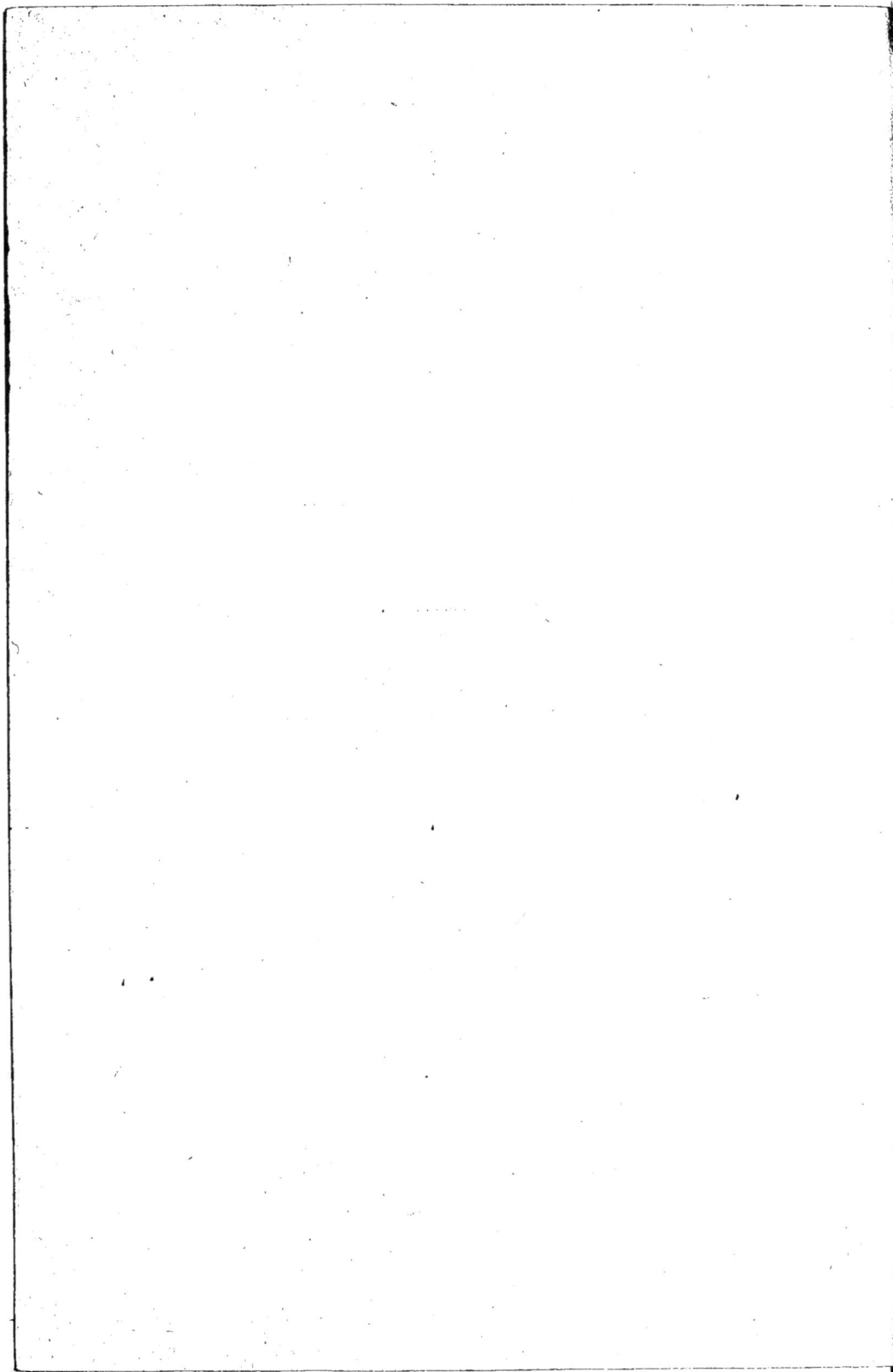

ÉTAT-MAJOR
DU GOUVERNEMENT DE PARIS.

ORDRE du 24 Fructidor an 13.

SERVICE DE L'ÉTAT-MAJOR DU GOUVERNEMENT DE PARIS.

Du 24 au 25 Fructidor.

Adjudant de Place de service à l'État-major......................... VIART.
Adjudant de Place de ronde de nuit.............................. GRAILLARD.

Visite aux Casernes, Prisons, Hôpital, et distribution de fourrages.

Rive droite de la Seine : le Capitaine-Adjudant de Place.............. GRAILLARD.
Rive gauche : le Lieutenant-Adjudant de Place...................... SANSON.

Du 25 au 26 Fructidor.

Adjudant de Place de service à l'État-major......................... COTEAU.
Adjudant de Place de ronde de nuit.............................. SANSON.

Visite aux Casernes, Prisons, Hôpital, et distribution de fourrages.

Rive droite de la Seine : le Lieutenant-Adjudant de Place............. SANSON.
Rive gauche : le Capitaine-Adjudant de Place...................... VIART.

Rien de nouveau.

Le Général de Brigade Chef de l'État-major général du Gouvernement de Paris et de la première Division militaire,

CÉSAR BERTHIER.

Pour copie conforme :

L'Adjudant-commandant, Sous-chef de l'État-major général du Gouvernement de Paris,

DOUCET.

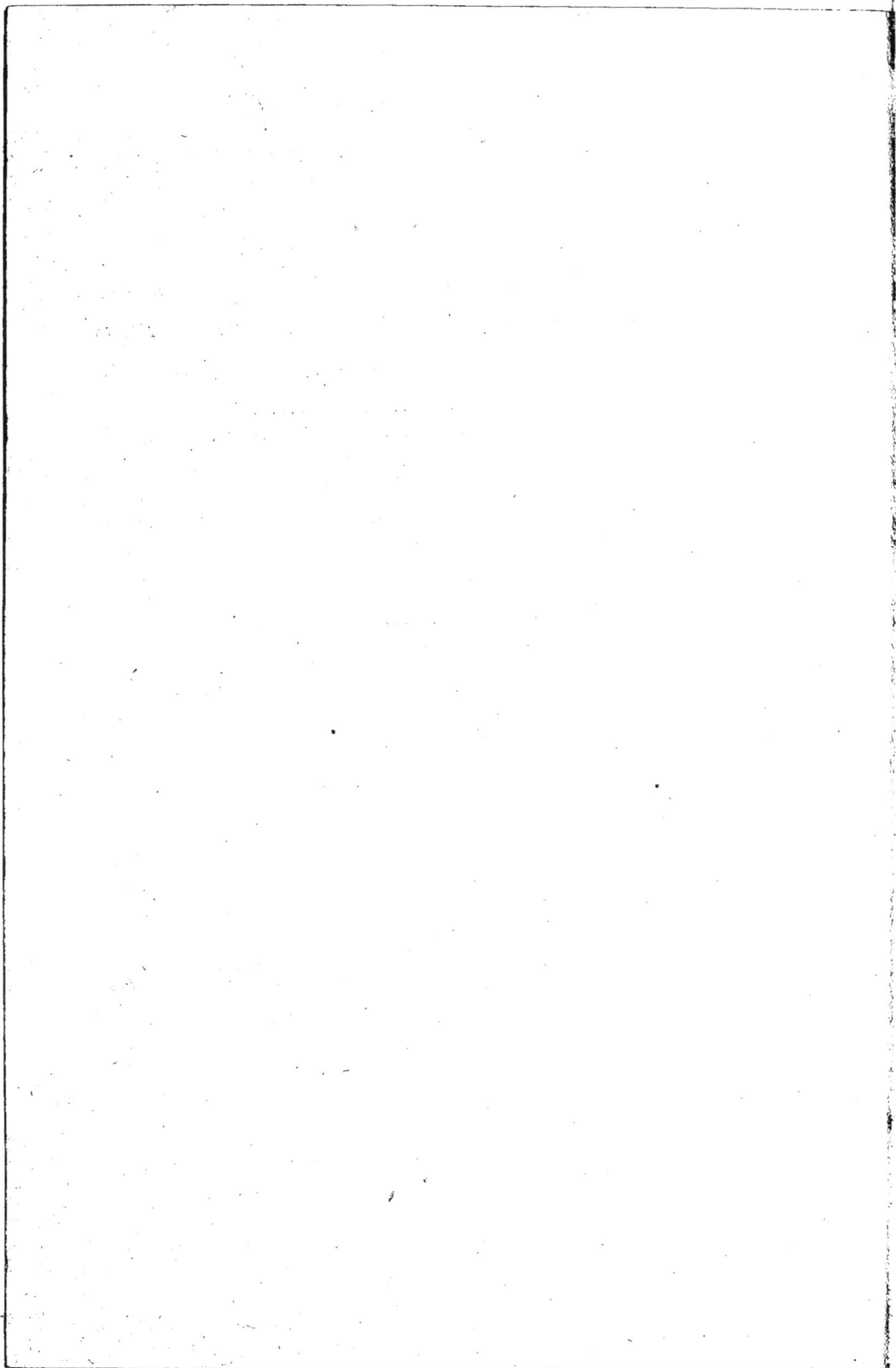

ÉTAT-MAJOR
DU GOUVERNEMENT DE PARIS.

ORDRE du 25 Fructidor an 13.

SERVICE DE L'ÉTAT-MAJOR DU GOUVERNEMENT DE PARIS.

Du 25 au 26 Fructidor.

Adjudant de Place de service à l'État-major........................... COTEAU.
Adjudant de Place de ronde de nuit............................... SANSON.

Visite aux Casernes, Prisons, Hôpital, et distribution de fourrages.

Rive droite de la Seine : le Lieutenant-Adjudant de Place.............. SANSON.
Rive gauche : le Capitaine-Adjudant de Place........................ VIART.

Du 26 au 27 Fructidor.

Adjudant de Place de service à l'État-major......................... CORDIEZ.
Adjudant de Place de ronde de nuit............................... VIART.

Visite aux Casernes, Prisons, Hôpital, et distribution de fourrages.

Rive droite de la Seine : le Capitaine-Adjudant de Place.............. VIART.
Rive gauche : le Capitaine-Adjudant de Place........................ COTEAU.

Rien de nouveau.

Le Général de Brigade Chef de l'État-major général du Gouvernement de Paris et de la première Division militaire,

CÉSAR BERTHIER.

Pour copie conforme :

L'Adjudant-commandant, Sous-chef de l'État-major général du Gouvernement de Paris,

DOUCET.

ÉTAT-MAJOR
DU GOUVERNEMENT DE PARIS.

ORDRE du 26 Fructidor an 13.

SERVICE DE L'ÉTAT-MAJOR DU GOUVERNEMENT DE PARIS.

Du 26 au 27 Fructidor.

Adjudant de Place de service à l'État-major........................ CORDIEZ.
Adjudant de Place de ronde de nuit............................... VIART.

Visite aux Casernes, Prisons, Hôpital, et distribution de fourrages.

Rive droite de la Seine : le Capitaine-Adjudant de Place................ VIART.
Rive gauche : le Capitaine-Adjudant de Place........................ COTEAU.

Du 27 au 28 Fructidor.

Adjudant de Place de service à l'État-major........................ CARON.
Adjudant de Place de ronde de nuit................................ COTEAU.

Visite aux Casernes, Prisons, Hôpital, et distribution de fourrages.

Rive droite de la Seine : le Capitaine-Adjudant de Place.............. COTEAU.
Rive gauche : le Capitaine-Adjudant de Place....................... CORDIEZ.

Rien de nouveau.

*Le Général de Brigade Chef de l'État-major général du Gouvernement de Paris
et de la première Division militaire,*

CÉSAR BERTHIER.

Pour copie conforme :

L'Adjudant-commandant, Sous-chef de l'État-major général du Gouvernement de Paris,

DOUCET.

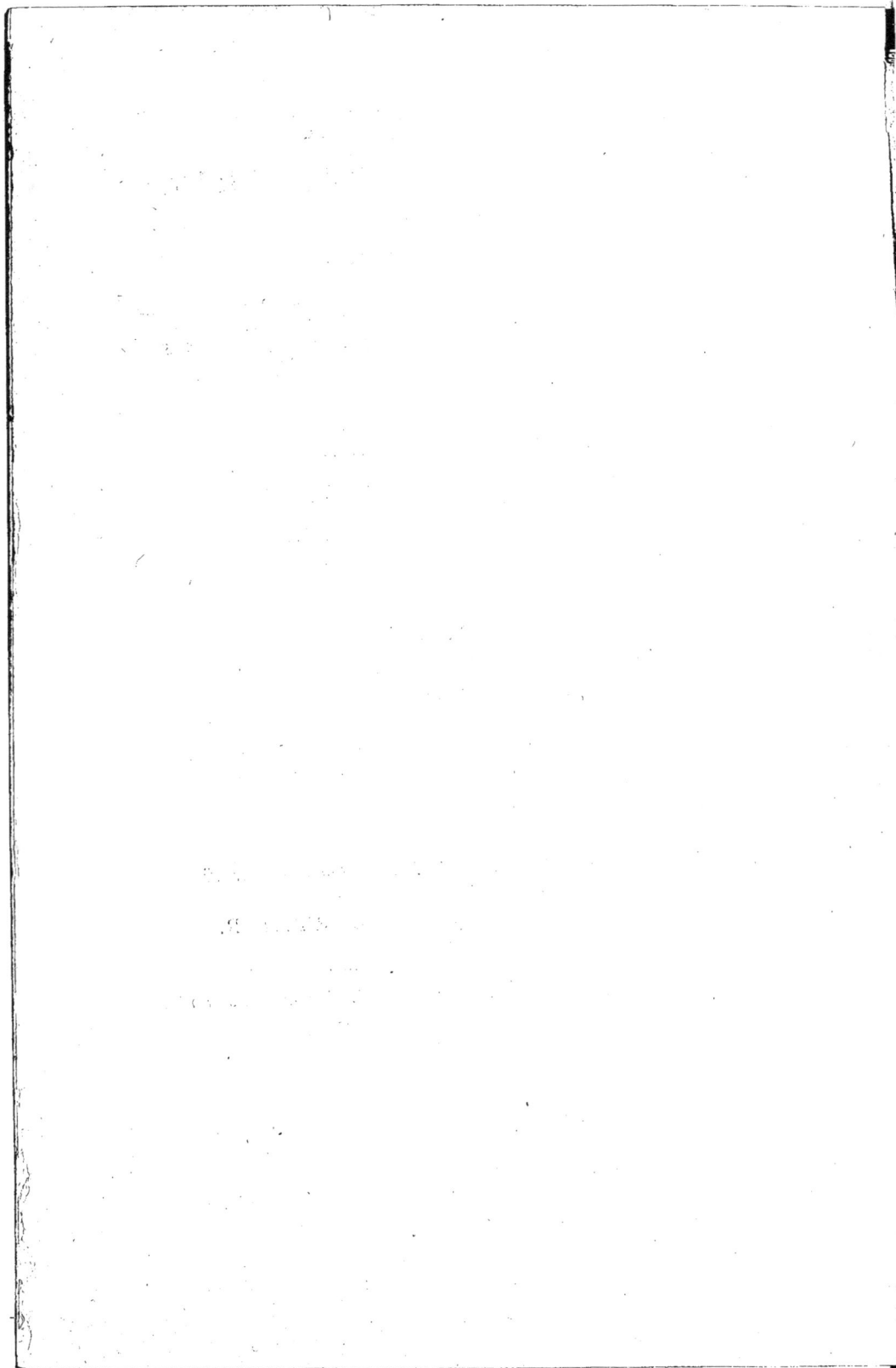

ÉTAT-MAJOR
DU GOUVERNEMENT DE PARIS.

ORDRE du 27 Fructidor an 13.

SERVICE DE L'ÉTAT-MAJOR DU GOUVERNEMENT DE PARIS.

Du 27 au 28 Fructidor.

Adjudant de Place de service à l'État-major........................ CARON.
Adjudant de Place de ronde de nuit............................... COTEAU.

Visite aux Casernes, Prisons, Hôpital, et distribution de fourrages.

Rive droite de la Seine : le Capitaine-Adjudant de Place.............. COTEAU.
Rive gauche : le Capitaine-Adjudant de Place....................... CORDIEZ.

Du 28 au 29 Fructidor.

Adjudant de Place de service à l'État-major........................ GRAILLARD.
Adjudant de Place de ronde de nuit............................... CORDIEZ.

Visite aux Casernes, Prisons, Hôpital, et distribution de fourrages.

Rive droite de la Seine : le Capitaine-Adjudant de Place.............. CORDIEZ.
Rive gauche : le Capitaine-Adjudant de Place....................... CARON.

Rien de nouveau.

Le Général de Brigade Chef de l'État-major général du Gouvernement de Paris et de la première Division militaire,

CÉSAR BERTHIER.

Pour copie conforme :

L'Adjudant-commandant, Sous-chef de l'État-major général du Gouvernement de Paris,

DOUCET.

ÉTAT-MAJOR
DU GOUVERNEMENT DE PARIS.

ORDRE du 28 Fructidor an 13.

SERVICE DE L'ÉTAT-MAJOR DU GOUVERNEMENT DE PARIS.

Du 28 au 29 Fructidor.

Adjudant de Place de service à l'État-major......................... GRAILLARD.
Adjudant de Place de ronde de nuit................................ CORDIEZ.

Visite aux Casernes, Prisons, Hôpital, et distribution de fourrages.

Rive droite de la Seine : le Capitaine-Adjudant de Place............... CORDIEZ.
Rive gauche : le Capitaine-Adjudant de Place....................... CARON.

Du 29 au 30 Fructidor.

Adjudant de Place de service à l'État-major......................... SANSON.
Adjudant de Place de ronde de nuit................................ CARON.

Visite aux Casernes, Prisons, Hôpital, et distribution de fourrages.

Rive droite de la Seine : le Capitaine-Adjudant de Place............... CARON.
Rive gauche : le Capitaine-Adjudant de Place....................... GRAILLARD.

Rien de nouveau.

*Le Général de Brigade Chef de l'État-major général du Gouvernement de Paris
et de la première Division militaire,*

CÉSAR BERTHIER.

Pour copie conforme :

L'Adjudant-commandant, Sous-chef de l'État-major général du Gouvernement de Paris,

DOUCET.

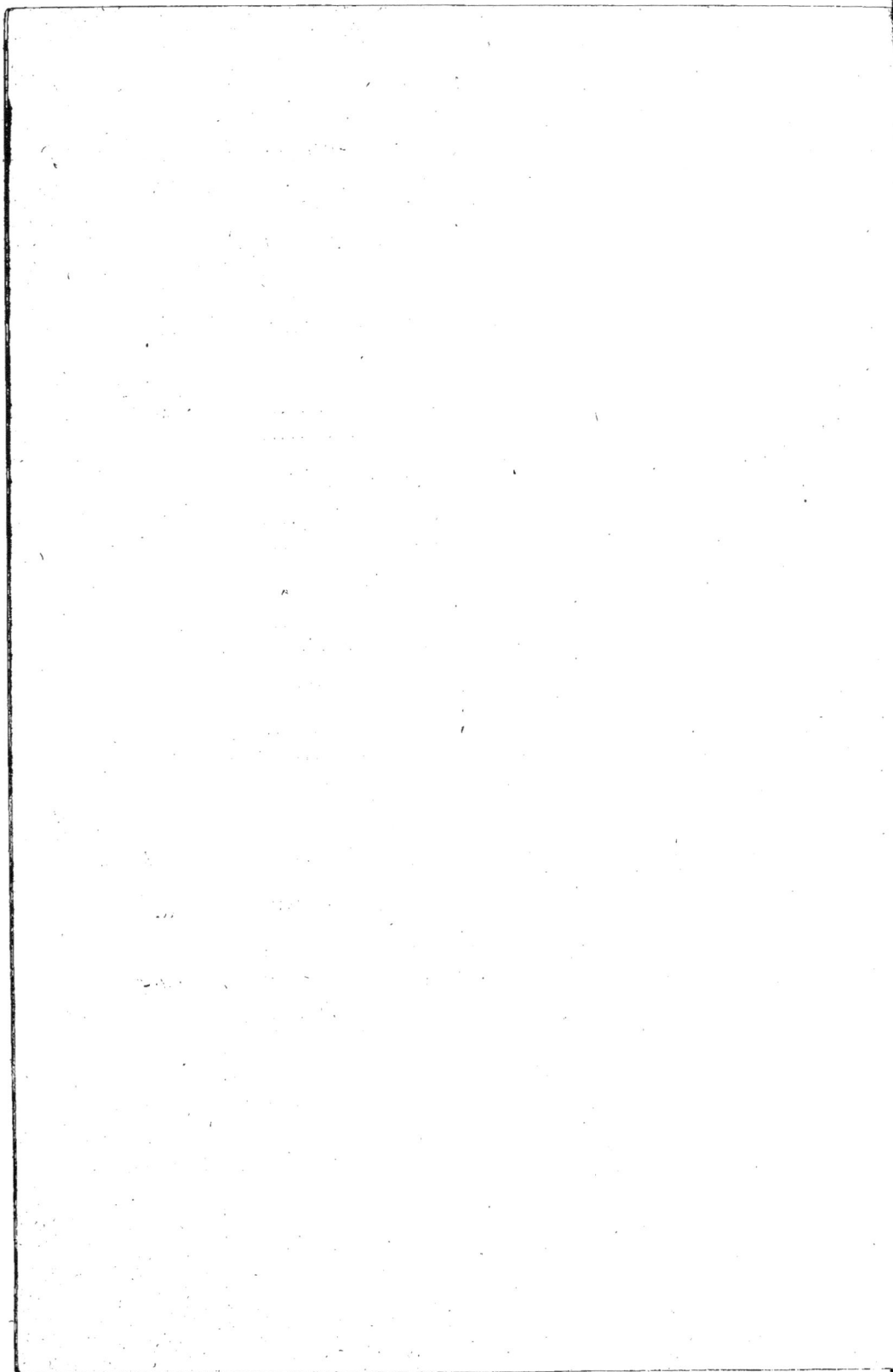

ÉTAT-MAJOR
DU GOUVERNEMENT DE PARIS.

ORDRE du 29 Fructidor an 13.

SERVICE DE L'ÉTAT-MAJOR DU GOUVERNEMENT DE PARIS.

Du 29 au 30 Fructidor.

Adjudant de Place de service à l'État-major......................... SANSON.
Adjudant de Place de ronde de nuit.............................. CARON.

Visite aux Casernes, Prisons, Hôpital, et distribution de fourrages.

Rive droite de la Seine : le Capitaine-Adjudant de Place.............. CARON.
Rive gauche : le Capitaine-Adjudant de Place...................... GRAILLARD.

Du 30 Fructidor au 1.er Complémentaire.

Adjudant de Place de service à l'État-major......................... VIART.
Adjudant de Place de ronde de nuit............................... GRAILLARD.

Visite aux Casernes, Prisons, Hôpital, et distribution de fourrages.

Rive droite de la Seine : le Capitaine-Adjudant de Place.............. GRAILLARD.
Rive gauche : le Lieutenant-Adjudant de Place...................... SANSON.

Rien de nouveau.

Le Général de Brigade Chef de l'État-major général du Gouvernement de Paris et de la première Division militaire,

CÉSAR BERTHIER.

Pour copie conforme :

L'Adjudant-commandant, Sous-chef de l'État-major général du Gouvernement de Paris,

DOUCET.

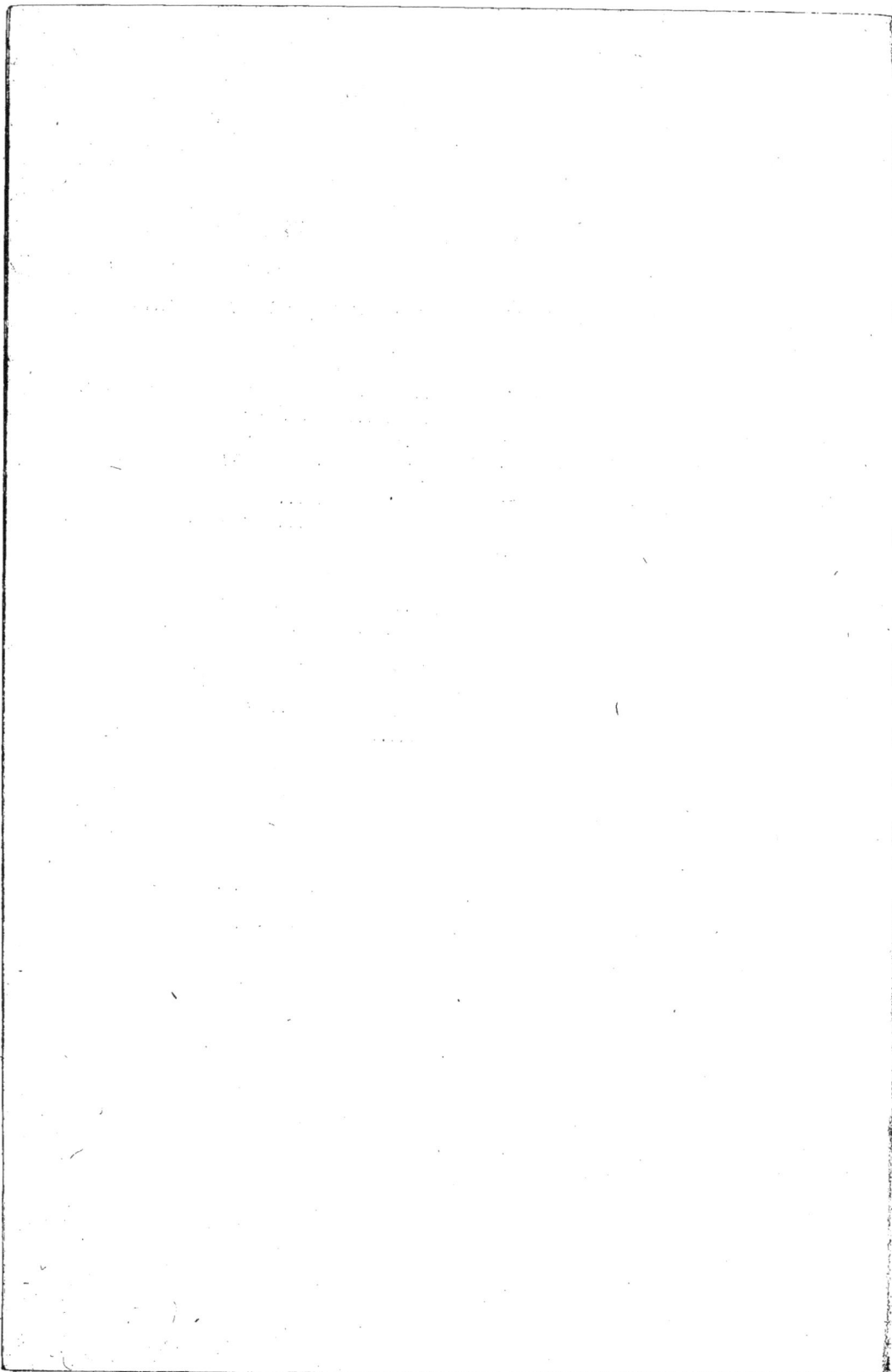

ÉTAT-MAJOR
DU GOUVERNEMENT DE PARIS.

ORDRE du 30 Fructidor an 13.

SERVICE DE L'ÉTAT-MAJOR DU GOUVERNEMENT DE PARIS.

Du 30 Fructidor au 1.ᵉʳ Complémentaire.

Adjudant de Place de service à l'État-major......................... VIART.
Adjudant de Place de ronde de nuit.............................. GRAILLARD.

Visite aux Casernes, Prisons, Hôpital, et distribution de fourrages.

Rive droite de la Seine : le Capitaine-Adjudant de Place.............. GRAILLARD.
Rive gauche : le Lieutenant-Adjudant de Place...................... SANSON.

Du 1.ᵉʳ au 2.ᵉ jour Complémentaire.

Adjudant de Place de service à l'État-major......................... COTEAU.
Adjudant de Place de ronde de nuit.............................. SANSON.

Visite aux Casernes, Prisons, Hôpital, et distribution de fourrages.

Rive droite de la Seine : le Lieutenant-Adjudant de Place.............. SANSON.
Rive gauche : le Capitaine-Adjudant de Place...................... VIART.

Rien de nouveau.

*Le Général de Brigade Chef de l'État-major général du Gouvernement de Paris
et de la première Division militaire,*

CÉSAR BERTHIER.

Pour copie conforme :

L'Adjudant-commandant, Sous-chef de l'État-major général du Gouvernement de Paris,

DOUCET.

ÉTAT-MAJOR
DU GOUVERNEMENT DE PARIS,

ORDRE du 1.ᵉʳ jour Complémentaire. an 13.

Du 1.ᵉʳ au 2.ᵉ jour Complémentaire.

Adjudant de Place de service à l'État-major....................... COTEAU.
Adjudant de Place de ronde de nuit.............................. SANSON.

Visite aux Casernes, Prisons, Hôpital, et distribution de fourrages.

Rive droite de la Seine : le Lieutenant-Adjudant de Place............... SANSON.
Rive gauche : le Capitaine-Adjudant de Place....................... VIART.

Du 2.ᵉ au 3.ᵉ Complémentaire:

Adjudant de Place de service à l'État-major........................ CORDIEZ.
Adjudant de Place de ronde de nuit............................... VIART.

Visite aux Casernes, Prisons, Hôpital, et distribution de fourrages.

Rive droite de la Seine : le Capitaine-Adjudant de Place.............. VIART.
Rive gauche : le Lieutenant-Adjudant de Place...................... COTEAU.

Rien de nouveau.

Le Général de Brigade Chef de l'État-major général du Gouvernement de Paris et de la première Division militaire,

CÉSAR BERTHIER.

Pour copie conforme :

L'Adjudant-commandant, Sous-chef de l'État-major général du Gouvernement de Paris,

DOUCET.

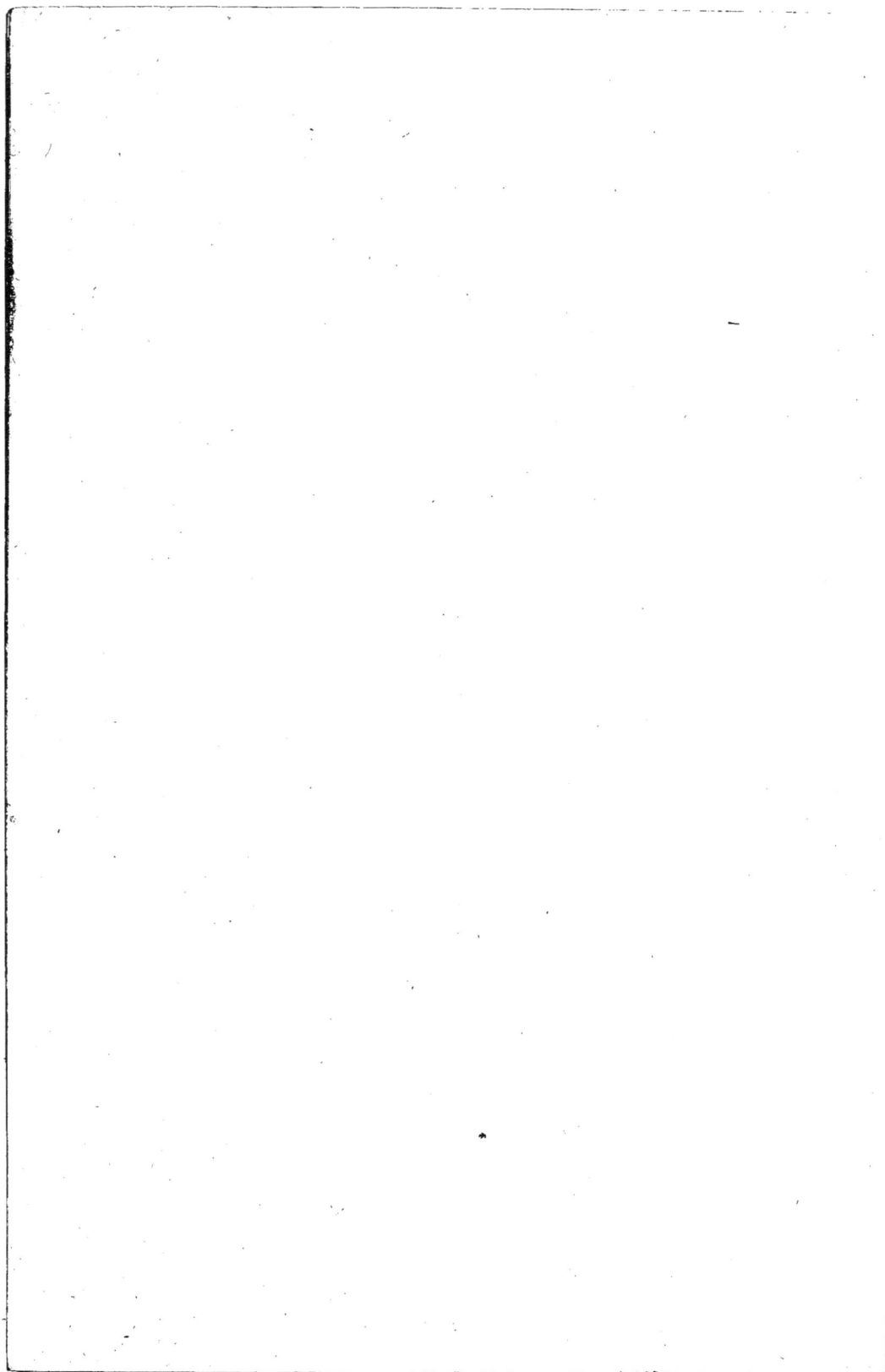

ÉTAT-MAJOR
DU GOUVERNEMENT DE PARIS,

ORDRE du 2.ᵉ jour Complémentaire. an 13.

SERVICE DE L'ÉTAT-MAJOR DU GOUVERNEMENT DE PARIS.

Du 2.ᵉ au 3.ᵉ jour Complémentaire.

Adjudant de Place de service à l'État-major................................. CORDIEZ.
Adjudant de Place de ronde de nuit............................... VIART.

Visite aux Casernes, Prisons, Hôpital, et distribution de fourrages.

Rive droite de la Seine : le Capitaine-Adjudant de Place............... VIART.
Rive gauche : le Capitaine-Adjudant de Place........................ COTEAU.

Du 3.ᵉ au 4.ᵉ jour Complémentaire.

Adjudant de Place de service à l'État-major......................... CARON.
Adjudant de Place de ronde de nuit............................... COTEAU.

Visite aux Casernes, Prisons, Hôpital, et distribution de fourrages.

Rive droite de la Seine : le Capitaine-Adjudant de Place............... COTEAU.
Rive gauche : le Capitaine-Adjudant de Place........................ CORDIEZ.

Rien de nouveau.

Le Général de Brigade Chef de l'État-major général du Gouvernement de Paris et de la première Division militaire,

CÉSAR BERTHIER.

Pour copie conforme :

L'Adjudant-commandant, Sous-chef de l'État-major général du Gouvernement de Paris,

DOUCET.

ÉTAT-MAJOR
DU GOUVERNEMENT DE PARIS.

ORDRE du 3.ᵉ jour Complémentaire. an 13.

SERVICE DE L'ÉTAT-MAJOR DU GOUVERNEMENT DE PARIS.

Du 3.ᵉ au 4.ᵉ jour Complémentaire.

Adjudant de Place de service à l'État-major......................... CARON.
Adjudant de Place de ronde de nuit............................... COTEAU.

Visite aux Casernes, Prisons, Hôpital, et distribution de fourrages.

Rive droite de la Seine : le Capitaine-Adjudant de Place.............. COTEAU.
Rive gauche : le Capitaine-Adjudant de Place....................... CORDIEZ.

Du 4.ᵉ au 5.ᵉ jour Complémentaire.

Adjudant de Place de service à l'État-major......................... VILLERS.
Adjudant de Place de ronde de nuit............................... CORDIEZ.

Visite aux Casernes, Prisons, Hôpital, et distribution de fourrages.

Rive droite de la Seine : le Capitaine-Adjudant de Place.............. CORDIEZ.
Rive gauche : le Capitaine-Adjudant de Place....................... CARON.

EXTRAIT de l'Ordre général du 2.ᵉ jour Complémentaire.

A dater de demain, 3.ᵉ jour complémentaire, M. le Général *Broussier*, Commandant les troupes de la garnison, en prendra le commandement immédiat ; son premier Aide-de-camp fera les fonctions de Chef d'État-major.

Les Corps de toute arme de la garnison, lui adresseront directement leurs rapports et leurs états de situation.

Les ordres de l'État-major, relatifs aux divers Corps de la garnison, leur seront transmis par le général *Broussier*.

Signé LOUIS BONAPARTE.

Pour copie conforme :

Le Général de Brigade Chef de l'État-major général du Gouvernement de Paris et de la première Division militaire ;

CÉSAR BERTHIER.

Pour copie conforme :

L'Adjudant-commandant, Sous-chef de l'État-major général du Gouvernement de Paris ;

DOUCET.

ÉTAT-MAJOR
DU GOUVERNEMENT DE PARIS.

ORDRE du 4.ᵉ jour Complémentaire, an 13.

SERVICE DE L'ÉTAT-MAJOR DU GOUVERNEMENT DE PARIS.

Du 4.ᵉ au 5.ᵉ jour Complémentaire.

Adjudant de Place de service à l'État-major............................. VILLERS.
Adjudant de Place de ronde de nuit............................... CORDIEZ.

Visite aux Casernes, Prisons, Hôpital, et distribution de fourrages.

Rive droite de la Seine : le Capitaine-Adjudant de Place............... CORDIEZ.
Rive gauche : le Capitaine-Adjudant de Place........................ CARON.

Du 5.ᵉ jour Complémentaire au 1.ᵉʳ Vendémiaire an 14.

Adjudant de Place de service à l'État-major......................... SANSON.
Adjudant de Place de ronde de nuit............................... CARON.

Visite aux Casernes, Prisons, Hôpital, et distribution de fourrages.

Rive droite de la Seine : le Capitaine-Adjudant de Place............... CARON.
Rive gauche : le Capitaine-Adjudant de Place........................ VILLERS.

Rien de nouveau.

Le Général de Brigade Chef de l'État-major général du Gouvernement de Paris et de la première Division militaire,

CÉSAR BERTHIER.

Pour copie conforme :

L'Adjudant-commandant, Sous-chef de l'État-major général du Gouvernement de Paris,

DOUCET.

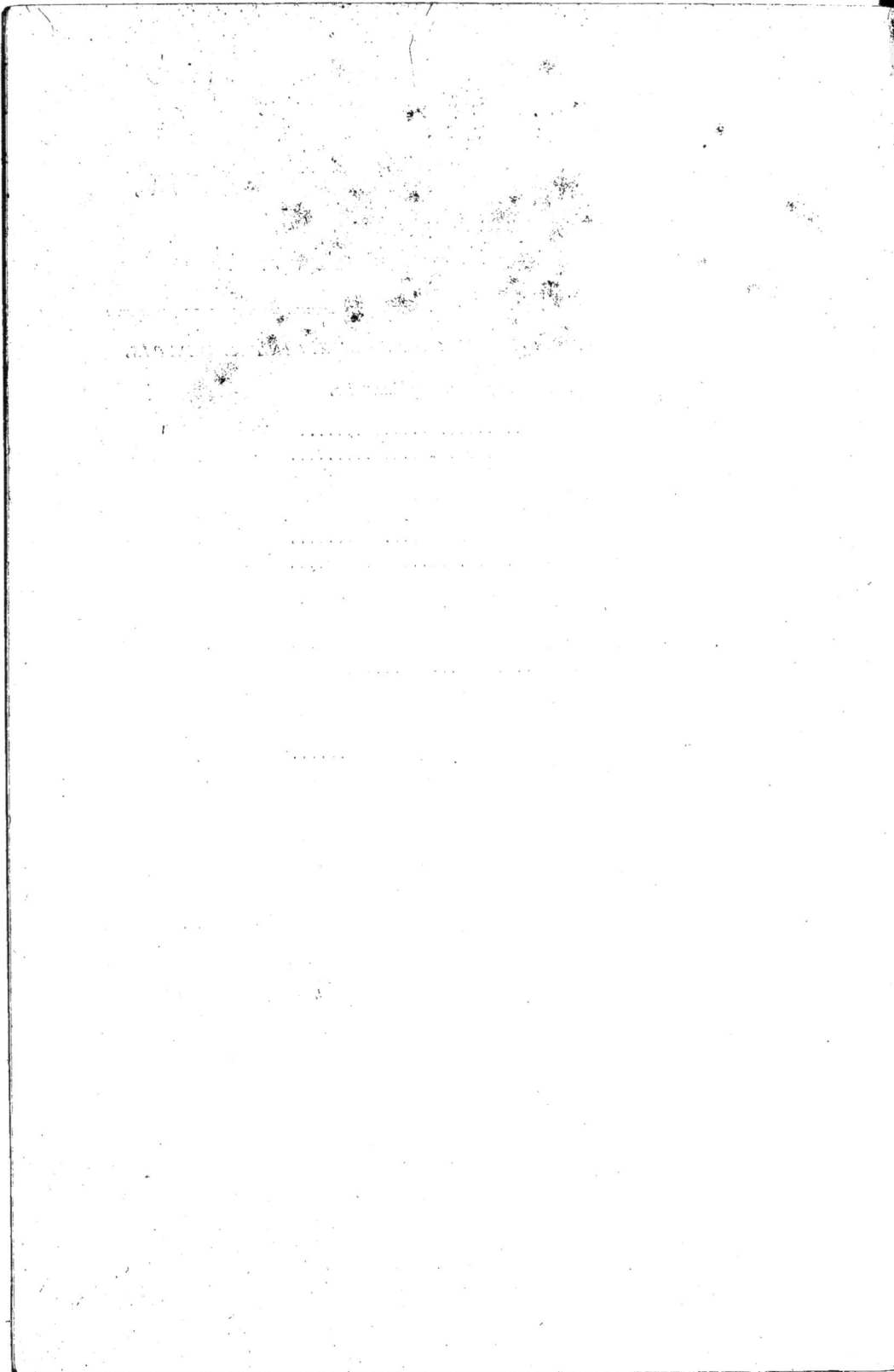

ÉTAT-MAJOR
DU GOUVERNEMENT DE PARIS.

ORDRE du 5.e jour Complémentaire an 13.

SERVICE DE L'ÉTAT-MAJOR DU GOUVERNEMENT DE PARIS.

Du 5.e jour Complémentaire au 1.er Vendémiaire an 14.

Adjudant de Place de service à l'État-major.................................., SANSON.
Adjudant de Place de ronde de nuit............................... CARON.

Visite aux Casernes, Prisons, Hôpital, et distribution de fourrages.

Rive droite de la Seine : le Capitaine-Adjudant de Place................... CARON.
Rive gauche : le Capitaine-Adjudant de Place........................ VILLERS.

Du 1.er au 2 Vendémiaire.

Adjudant de Place de service à l'État-major......................... VIART.
Adjudant de Place de ronde de nuit............................... VILLERS.

Visite aux Casernes, Prisons, Hôpital, et distribution de fourrages.

Rive droite de la Seine : le Capitaine-Adjudant de Place.............. VILLERS.
Rive gauche : le Lieutenant-Adjudant de Place........................ SANSON.

Rien de nouveau.

Le Général de Brigade Chef de l'État-major général du Gouvernement de Paris et de la première Division militaire,

CÉSAR BERTHIER.

Pour copie conforme :

L'Adjudant-commandant, Sous-chef de l'État-major général du Gouvernement de Paris;

DOUCET.

www.ingramcontent.com/pod-product-compliance
Lightning Source LLC
Chambersburg PA
CBHW071627270326
41928CB00010B/1811